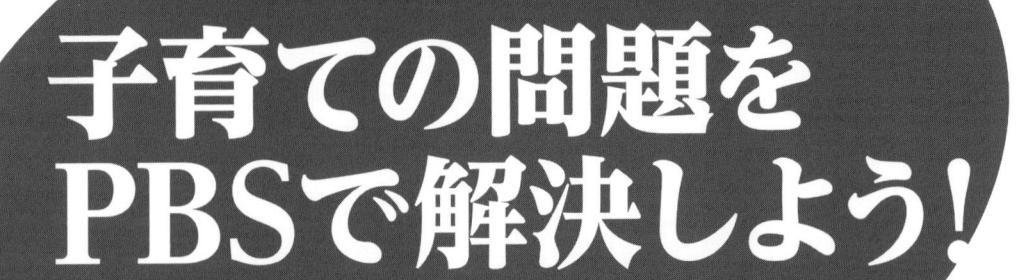

子育ての問題を
PBSで解決しよう！

ポジティブな行動支援で親も子どももハッピーライフ

ミミ・ハイネマン，カレン・チャイルズ，ジェーン・セルゲイ 著

三田地真実 監訳

神山　努，大久保賢一 訳

Meme Hieneman, Karen Childs, Jane Sergay
PARENTING WITH POSITIVE BEHAVIOR SUPPORT
A PRACTICAL GUIDE TO RESOLVING YOUR CHILD'S DIFFICULT BEHAVIOR

金剛出版

Parenting with Positive Behavior Support : a practical guide to resolving your child's difficult behavior
by Meme Hieneman, Karen Childs, and Jane Sergay.

Originally published in the United States of America by Paul H. Brookes Publishing Co., Inc.
Copyright © 2006 by Paul H. Brookes Publishing Co., Inc.

Japanese translation rights arranged with Paul H. Brookes Publishing Co., Inc.
through Japan UNI Agency, Inc., Tokyo

日本語版への序

　本書が日本語に訳出され，さらに多くの家族の手元に届くようになることを原著者として光栄に思います。私たち原著者は問題行動を示す子どもと数年間関わった後に，本書を書き下すことにしました。私たち原著者は専門家であるだけではなく，親の立場でもありました。自分たちの子どもの行動を支援するためには，ポジティブで個別化された方法に価値があることがわかったのです。本書を執筆し始めた頃には，特に親御さん向けのポジティブな行動支援（positive behavior support；以下，PBS）のリソースはほとんどありませんでした。私たちの目標は，PBSの原理を伝え，家族の自然な文脈や日課内での問題解決の方法をガイドするために使える，難しい専門用語のないワークブックを作成することでした。

　本書は，ポジティブな行動支援の研究・指導センター（the Research and Training Center on Positive Behavioral Support）の同僚たち，および応用行動分析学の原理を当事者中心の価値観，協働，子どもや家族の生活の質を改善したいという願いに組み入れることに力を注いでいる多くの研究者や実践家たちの，たくさんの研究業績に基づいています。PBSはただ一つのプログラムやただ一つの実践方法ではなく，それが使われる状況に合わせることが可能な，個別化されたプロセスと原理なのです。

　本書は4つの節で構成されています。第1節では，PBSの基本的な考え方を紹介します。そして，親が子どもの行動に介入する必要がある時を判断する一助を示します。第2節では，ゴールと気になる行動を明らかにすること，パターンを見つけるために情報を収集し分析すること，予防的な介入方法を作り出すこと，問題行動の置き換えとなるスキルを子どもに教えること，子どものポジティブな行動を促し維持させるために後続事象をマネジメントすること，介入を実行しその結果をチェックすることといった，一連のプロセスを示します。第3節では，3名の子どもの事例から，PBSを個々の子どもや状況にどのように応用することができるのかを示します。最後に第4節では，家族の生活内やさらに広い生活に対して，PBSを組み入れる方法を示します。巻末にはすぐに使える書式と情報リソースを掲載しています。

　本書が日本の読者の皆様にとっても，お子さん，そして家族の行動や生活を改善させるための実践的なリソースとなることを願っております。

2014年6月3日
ミミ・ハイネマン

本書をより良く理解していただくためのキーワード解説

　本書では，家庭生活の中でお子さんたちが示す問題行動に対して，ポジティブな行動支援（以下，PBS）に基づいた対応を行うときに必要な手順が，親の方をはじめとしたご家族にもわかりやすく書かれています。ここでは，本書の理解をさらに深めるために，いくつかの主要なキーワードについて解説します。

1．ポジティブな行動支援（PBS〈positive behavioral support〉）について

　PBSとはポジティブな行動支援の英語の頭文字を取ったものです。この「positive」の意味するところは，子どもの問題行動をなくすことではなく「子どもができること（ポジティブな行動）を増やすこと」に注目すること，対症療法的でなく「予防的な介入方法（ポジティブな介入方法）」を使うこと，の二点に集約されます。この意味をシンプルに示すために「ポジティブな行動支援」と訳してあります（補足ですが，PBSを含む専門用語の訳語については基本的に，書籍『スクールワイドPBS――学校全体で取り組むポジティブな行動支援』(2013，二瓶社）に倣っています）。

2．応用行動分析学（applied behavior analysis）について

　第2章の冒頭に記されているように，PBSにはさまざまな背景理論がありますが，その方法論の背景では応用行動分析学が特に重要と捉えられます。行動分析学とは，人や動物の行動の原理を，個体と環境との相互作用から分析する学問です。特に応用行動分析学では，行動分析学から見出された行動原理を，人の生活の質を高めることや，生活上のさまざまな問題を解決することに対して応用し，効果的な支援方法などを同定しようとしています。応用行動分析学は，英語では「Applied Behavior Analysis」と言い，日本語でも最近は頭文字を取って「ABA」と称されることが多いです。原著者の「読者へのメッセージ」(P.8)にもありますように，本書は専門用語を極力省いているため，本書内に応用行動分析学についての詳しい説明はありませんが，応用行動分析学の学びを深めたい方は巻末の「日本語で読める関連文献」を参照してください。

3．problem behavior, behavior problem, challenging behavior等の「問題となっている行動」を示す用語について

　問題行動とは，いわゆる問題となっている行動を示す言葉ですが，英語でもproblem behavior, behavior problem, challenging behaviorなど，表現がいくつかあります。これらの用語はほぼ同義ですが，ニュアンスが若干異なっています。problem behaviorは，その行動が本人や周囲の人にとって問題であることを示しています。behavior problemは行動上の問題を示す中立的な用語です。challenging behaviorはいわゆる問題行動は対応が困難であるため，周囲の人にとって一つのチャレンジ（challenge）として捉え，何とか改善していくべき大きな課題であることを意味していま

す（詳細は，『自閉症教育基本用語事典』（小林重雄監修，2012，学苑社）の中の「チャレンジング行動」を参照）。本書ではいずれの用語も「問題行動」という訳語を採用しています。

なお，日本では最近は問題行動と同じ意味で，「気になる行動」（この場合は周りの人が気になっている行動という意味合い），「困っている行動」（この場合は本人が困っているという意味合い）という言葉が好んで使われているようです。

4．介入を意味する「intervention」について

interventionは直訳すると「介入」や「調停」など，「間に入ること」を示しています。本書では，支援計画等において「intervention」という表現が頻出します。その背景は，PBSにおける支援計画が，子どもに一方的に働きかけてスキルを教え込むだけでなく，子どもの周囲の環境や関わりを変えるといった，子どもと取り巻く環境の間に入り，両方にはたらきかけることを意味しているためと思われます。本書における意味ニュアンスをうまく表す日本語は，「ちょっと（周りの環境を）いじってみる」位ですが，「介入」というと少々強い意味に捉えられてしまうかもしれません。訳者3名で何度も議論した結果，本書はこのようなソフトな環境への働きかけを意味している「intervention」を，子育ての文脈では若干の違和感があるかもしれませんが，「介入」と訳出することとしました。

以上のように英語の本を日本語に訳すときには，そのまま鏡写しのようにできない言語の壁が至るところにあります。また，明らかな原著の間違いと思われるところは訳者の責任において修正してあります。さらに登場人物の名前はすべて日本語名にしてあります。本書はできるだけ原著者の伝えたいことが日本の母親，父親や療育者の方にそのまま伝わるように，日本語の表現も「ですます」調にし，なるべくわかりやすく訳すことを心がけました。そのために訳者3人が全員全部の文章に目を通して，何度も訳文をチェックして作業を進めました。それでもわかりにくいところ，訳が不適切と思われるところもまだあるかもしれません。その場合にはどうぞ訳者にご連絡をいただければと思います。

訳者一同

本書の著者について

　本書はミミ（Meme），カレン（Karen），ジェーン（Jane）の3人の女性が執筆したものです。この3名は，問題行動がある子どもやその家族を支援したことがある専門家というだけでなく，全員がさまざまな年齢の子どもがいる親でもあります。また，協力的なパートナー，家族や友人とのネットワーク，活発な地域生活も持っています。3人合わせると，50年以上の専門家としての経験があります。それぞれの専門家の役割の中で，研究に基づいた情報を得て，子どもたちやその家族の生活を改善するための実践的な方法にその情報を応用してきました。

　また，3人はある共通の価値観を持っています。その価値観は本書全体を通して明らかになるでしょう。それぞれ，各自の経験から特有なものの見方を持っています。しかし，3人とも家族の生活における支援や関係性をより良くすること，受け身で罰を使うようにするよりも，前向きで元気づけるようにすること，そして丁寧に，かつ効果的な方法で問題に対応するという信念を持っています。

ミミ・ハイネマン（Meme Hieneman），博士 Ph. D.

　ポジティブな家族介入プロジェクト（Positive Family Intervention Project）のリーダーであり，南フロリダ大学セントピーターズバーグ校教養学部の心理学で特任助教授を勤めている。大学の住所は 140 7th Avenue South, St. Petersburg, Florida 33701。

　ミミ・ハイネマンは母親の役割を自身の中心にしており，また南フロリダ大学セントピーターズバーグ校で，重篤な問題行動がある子どもの親に対する教育をテーマにした研究プロジェクトを指揮する非常勤の教員をしています。幼い二人の息子がおり，この二人は，思いやりがあり，元気で，普段は行儀が良い子たちです（4歳と6歳）。しかし，時にこの二人は，子育てに負担をかけ，ミミが我慢しきれなくなることもあります。子育てに関しては誠実なパートナーである夫がいます。長男が生まれた後，子どもと一緒に家にいるために，フルタイムの仕事を辞めることにしました。現在は，子どもが通う学校でボランティアを行ったり，遊びの時間や課外活動の調整をしながら，専門家として活動する生活を両立しています。専門家としてのキャリアにおいて，重篤な問題行動がある子ども，その家族，その子の先生などの支援者と20年以上仕事をしています。その傍ら，グループホームの管理者，ある学区の行動スペシャリスト（behavior specialist），自閉症やその関連の障害がある子どもの家族や専門家を援助するプログラムのスタッフ，ポジティブな行動支援（以下，PBS）の実行について学校を援助する州規模のプロジェクトのディレクター，PBSリハビリテーション研究・トレーニングセンターの共同指導のコーディネーターとして働いています。

カレン・チャイルズ（Karen Childs），文学修士

　南フロリダ大学の子ども・家族研究学科において，フロリダのPBSプロジェクトにおけるテクニカルアシスタント・スペシャリスト。住所は13301 Bruce B. Downs Boulevard, Tampa, Florida 33613。

　カレン・チャイルズは2児の母親であり，一人は思春期を迎える11歳の娘で，もう一人は大人の入り口にいる15歳の息子です。子どもの学校，教会，スポーツ，社会的活動をマネジメントしているだけでなく，スクールワイドPBSのシステム開発，実行，評価を指導することや，問題行動がある子どもを支援する教師や家族を援助することを専門としています。自分の時間がある時は，トライアスロンやマラソンといった持久力系のスポーツを楽しんでいます。専門家としての経験には，重篤な情緒的混乱があるとされた児童生徒の指導，問題行動がある子どもに対するPBSの研究の実施，教育における家族の関与について州のセンターの調整，家族の関与や幼稚園への移行において親や教育者を指導することなどがあります。このような経験が，自身が親として直面するさまざまな困難を対処する時に非常に役に立ってきました。

ジェーン・セルゲイ（Jane Sergay），教育学修士

　ヒルズボロの学区で成人・地域教育，家族に対する包括的な読み書き支援の部門における親教育のスペシャリストでありリソースルームの教師[訳註1]でもある。住所は2322 North Tampa Street, Tampa, Florida 33602。

　ジェーン・セルゲイはタンパ[訳註2]で神経学者である夫のステファンと，現在は20代の3人の娘を育てました。アマンダは内科医，レベッカは法律学の学生，そして，サマンサは大学2年生です。子どもたちが大きくなったので，自分の子育てを振り返る時間を持ち，その振り返りから洞察を深め，子育ての質の重要性や，家族が上手な子育てをしようと努力する時に直面する困難についての見識を広げました。また，子どもたちが幼い時に親教育のプログラムを開発して，親の集団や個人に対して，ポジティブな子育てのスキルを教え続けています。子どもたちやその家族の幸福が拡大することを，自分の仕事の中心としてきました。ハーバード大学大学院（教育）では，効果的な子育ての質についての研究を行っており，また，特別なニーズのある子どもに対して基本的なスキルを教える時に，親を指導していました。レズリー大学では児童発達の授業を持ち，南フロリダ大学では親が学校に関わることを強調したプログラムを指導していました。子育てや他人の努力を支援することに対する献身さは，自身の中核的なテーマです。そしてこれは，自身の生活において最も大事なものであり，意味ある業績であり続けています。

＊訳註1　障害のある児童生徒の読み書き等の支援をする教員。
＊訳註2　フロリダ西部にある都市。

読者へのメッセージ

　本書は，子どもに改善させたい行動がある親や養育者の方のために特に書き下ろされたものです。この本を読み，そして，ポジティブな行動支援（PBS）の考え方を本書の事例や自分自身の実生活の例に当てはめてみることで，子どもの問題行動を解決し，また家族生活全般を改善するためにPBSという効果的な問題解決のプロセスの使い方を学習することができるでしょう。本の内容に入る前に，読者の皆さんと本書を書いた理由を共有し，本書の使い方といくつかの特徴を説明することは役に立つと考えて，この節を書きました。

1　本書を書いた理由

　私たち著者3名が親であり，PBSを用いることを専門の仕事としている限り，PBSの本，それも特に親向けの本を書くことは長年のゴールでした。本書の執筆が重要であると感じた理由は，①PBSが家族にもたらす利益を直に知っていたということ，②家族向けのPBSについて親を対象とした，または専門家ではない養育者を対象とした包括的で使いやすい教材がなかったこと，でした。

　長年にわたって，自分たちのようにPBSを用いた経験や専門家としてトレーニングを受けた経験がある場合でさえ，子育てには非常に難しい場合がありました。時には，自分の子どもの一見普通に見える行動に対しても大変になり，イライラが溜まって疲れ果てることもありました。そのような自分たちの専門家としての経験を通して，PBSが状況を整理したり問題行動を解決したりするために，いかに効果的であり得るのかがわかったのです。自分たちが親として困難に直面したこと，自分たちにPBSの背景があったことの結果として，3名のそれぞれが自分自身の子育ての実践にPBSを組み込み，ポジティブな結果を得ることができました。PBSの原理を自分たちの子どもや家族に用いることで，自らがもっと予防的かつ創造的になれ，そして，我が子を愛せるようになりました。さらに，問題行動に対してより効果的かつ効率的に対応できるようになりました。

　PBSは子どもへの効果や学校における効果を一貫して示していますが，親向けの教材はほとんどありません。親が手に入れられる教材の中に，多くの親が簡単にその教材を利用して，PBSを実行できるような方法について書かれたものはありませんでした。子育てやしつけに関する本や指導プログラムの多くは，メディアを通して一般の人々も利用できます。しかし，その中でPBSの原理やプロセスを完全に示したものは一つもありませんでした。このような一般向けの教材からでも良いアイデアや方法は得られます。しかし，親自身の行動の問題を解決し，子どもたちや家族に対して適切な行動的介入を選ぶことを親に示すための，全体を統合した枠組みを得ることはできませんでした。本書を通して，自分たちの専門家としての経験と，個人的な経験を結び付けて，特に親向けの使いやすいワークブックを作ることができたと思っています。

2　本書は誰を対象に意図されているか

本書は典型的な問題行動，あるいはより重度の困難を示す子どもの親を対象にしています。また，教師，ベビーシッター，祖父母，コーチ，セラピストなど，子どもや家族の生活に定期的に関わっているその他の養育者も得るものがあるでしょう。

親や養育者だけではなく，親を教育する人や家族と関わる専門家には，本書は，実践的なリソースと思っていただけるかもしれません。本書の構成，事例，ワークは，セミナー等の指導フォーマットに適しています。

3　文体について

本書の書かれ方にはいくつかの特徴があります。第一に，親のために親によって書かれた本であることをふまえ，著者である私たちは読者である親御さんに向けて直接語りかけたいと思いました。私たち自身も親であり，読者である皆さんが経験しているのと同じ多くの課題や困難に直面してきたことをふまえて，『私たち親の』意見を集めた中から本書を書くことにしました。本書を通して「私たち親＊訳註3 は（we）」と言うとき，読者と著者の両方を意味し，さらに，あなたの子どもや家族の生活に関わるすべての人も意味しています。

第二に，不必要な専門用語を避けるようあらゆる努力をしました。できるだけ正確を期そうとしていますが，多くの場合において私たちが伝えたいポイントをわかってもらうために，一般用語や俗語であっても専門用語の代わりに使いました。

第三に，著者たちが指示的になることを避けました（たとえば，「親は〇〇すべきだ」と言うなど）。その代わりに個人としての意思決定を導くために，選択肢を挙げたり，考慮するべき点を示したりしています。PBSは指導方法の一つのセットメニューではありません。むしろ，個に応じた問題解決のプロセスで，あなた自身のニーズや状況に基づいて子育ての方法は選ぶものです。

4　本書から最も多くのことを得るには

本書は，子どもの問題行動に直面した時に親御さんが使う実践ガイドとなることをねらいとしています。また，親が自分の家庭内でのポジティブなやり取りを最大化するために使える枠組みを示します。この実践ガイドから得られるものを最大にするために，次のことをお勧めします。

本書で学んだことを実際に使ってみる：PBSの原理，枠組み，プロセスを自分の子どもや家族に関連付ける方法について理解し，深く考え，さらに本書で紹介している事例やワークを通して自

＊訳註3　原文では「we」となっているところは，この後も日本語では「私たち親は」と訳してある。これは，著者と読者の両方が「we」という意味である。

分が学んだことを実際に使ってみるために本書を読んで下さい。PBSの最終的な有用性とは，その原理やプロセスを自分のものとすることです。

介入計画について創造的になる：本書で示された考え方にのみ自分自身を制限しないようにして下さい。本書で紹介している考え方は，自分の子どもや家族にうまくいくかもしれませんし，うまくいかないかもしれません。PBSとは問題解決のプロセスであって，介入の選択肢が掲載されたレシピ集ではありません。自分に独自の状況，リソース，ニーズに基づいて解決方法を編み出すことになるでしょう。

人と協働する：自分の子どもや家族のことを一番よく知っている人，日常的にあなたとやり取りする人，行動を変えようとするあなたの努力に影響を与える可能性のある人となるべく関わるようにして下さい。それは，あなたの生活に関与している人には，PBSのプロセスを強めるか妨げるかのどちらかの力があるからです。

PBS以外の方法も組み入れる：適切かつ必要であれば，自分の子どもや家族に利益をもたらすかもしれない他の考え方，方法，サービス（たとえば，カウンセリング，医療的介入など）とPBSを組み合わせてください。PBSは子どもたちやその家族の支援となるかもしれない他の方法を排除することを意図していません。

本書を手に取って下さったことに感謝します。著者たちにとってPBSが有用であり続けているように，あなたにとっても有用であることを願っています。

謝　辞

　本書は家族が用い易いようにとPBSをまとめ，作り直し，そして応用した私たち著者の努力から生み出されました。本書に示した一般原理や原則は，私たちが創り出したものではなく，非常に多くの研究者や実践者の貢献によるものです。その方たちの多くは参考文献に示されています。私たちはその研究者や実践者の業績を高く評価しています。また，自分たちもこれらの先行研究の考え方を正しく扱っていることを切に願っています。

　特に，本書を執筆するプロジェクトに支援や指南を示してくれた，私たちの助言者であり友人であるグレン・ダンロップ（Glen Dunlap）に感謝したいと思います。また，初期の原稿にフィードバックをしてくれた方々のご意見や援助に感謝致します。ドン・キンケイド（Don Kincaid），ブラッド・ハイネマン（Brad Hieneman），ティム・ノスター（Tim Knoster），ペギー・クアランテロ（Peggy Quarantello），スーザン・モアヘッド（Susan Moorhead），デロア・ラズマン（Delores Razman）。

　ポール・ブルックス出版社のレベッカ・レイゾ（Rebecca Lazo）をはじめ，優秀で励まし続けてくれたスタッフの援助に感謝を申し上げます。本書を企画し創っている時に，私たちのビジョンを生かし続けていただきました。

　そして最後に，本書の執筆全体を通して忍耐強く励ましてくれた，私たちの家族や友人たちに感謝したいと思います。彼らなしには本書を完成させることはできなかったでしょう。

親御さん方へのメッセージ

　本書は次のようなすべての親の方に捧げます。あまりにも疲れていて一歩も動けないような時でさえ赤ちゃんの泣き声に応対してきた方，たとえ遅くなるとわかっていても我が子が靴紐を結べるならばと辛抱強く待っている方，洗濯したり翌日の昼食を用意したりと毎日がスムーズにいくようにさまざまな準備をして夜遅くまで起きている方，子どもが口論し，言い訳を言い，泣いていても制限を守らせる時には落ち着きと毅然とした態度を保っている方，子どもが旅行に行く時，大学に行く時，そして一人立ちして家を出る時にさよならと手を振っている方に。そして，このときに子どもたちが現実世界の中で安全で，幸せで，かつ建設的であるために必要なスキル，知識，価値観を，親が授けられることを願っている方々にこの本を捧げます。

　親である読者の皆さんもまさに私たちと同じように，可能な限り良い親になろうとして，子育ての方法や子どもの行動への対応方法についての困難な意思決定に取り組もうと努めていることでしょう。読者の皆さんがこのような大変だけれども素晴らしい旅を続ける時の，更なる洞察や指南を，本書が提供できることを著者一同心から願っています。

目　次

日本語版への序 3
本書をより良く理解していただくためのキーワード解説 4
本書の著者について 6
読者へのメッセージ 8
謝　辞 11
親御さん方へのメッセージ 12

第1部　ポジティブな行動支援（PBS）の紹介とその全体像
──PBS の基礎知識── 19

第1章　問題行動の理解とその対応 21
　　　　　1　何が問題行動と言えるのか？ 21
　　　　　2　行動に対応するための考慮点 23
　　　　　3　問題行動への対応方法 25
　　　　　4　より良い方法を見つける 27
　　　　　5　本書のまとめ 28

第2章　ポジティブな行動支援（PBS）について 29
　　　　　1　定　義 29
　　　　　2　状況の文脈 30
　　　　　3　行動についての前提にある考え方 31
　　　　　4　PBS の特徴 32
　　　　　5　ポジティブな行動支援のプロセス 35
　　　　　6　本章のまとめ 39

第2部　ポジティブな行動支援（PBS）のプロセス
──問題解決プロセスの全体像── 41

第3章　ゴールの設定 43
　　　　　1　気になる行動を定義する 43
　　　　　2　より大きなゴールを設定すること 45
　　　　　3　スタート地点を明らかにする 47
　　　　　4　本章のまとめ 49

第4章　情報の収集と分析 51
　　　　　1　情報収集の方法 52
　　　　　2　行動パターンの分析 60
　　　　　3　本章のまとめ 65

第5章　計画の作成 67
  1　問題の予防 69
  2　問題行動を適切な行動に置き換える 74
  3　後続事象をマネジメントする 77
  4　本章のまとめ 83

第6章　計画の実行 85
  1　計画を子どもと家族に適したものにする 85
  2　生活を改善させる 87
  3　計画を実行する 89
  4　結果をチェックする 91
  5　本章のまとめ 94

第3部　ポジティブな行動支援（PBS）の実際
──事例を通して実際のプロセスを体験する── 95

第7章　アヤの事例 97
  1　ステップ1：ゴールを立てること 98
  2　ステップ2：子どもの行動に関する情報収集 102
  3　ステップ3：パターンの分析 104
  4　ステップ4：支援計画の作成 106
  5　ステップ5：結果のチェック 113
  6　アヤの全体的な結果 114

第8章　ユキの事例 115
  1　ステップ1：ゴールを立てること 117
  2　ステップ2：子どもの行動に関する情報収集 120
  3　ステップ3：パターンの分析 124
  4　ステップ4：支援計画の作成 126
  5　ステップ5：結果のチェック 134
  6　ユキの全体的な結果 135

第9章　ケイタの事例 137
  1　ステップ1：ゴールを立てること 139
  2　ステップ2：子どもの行動に関する情報収集 142
  3　ステップ3：パターンの分析 144
  4　ステップ4：支援計画の作成 145
  5　ステップ5：結果のチェック 152
  6　ケイタの全体的な結果 152

第4部　ポジティブな行動支援（PBS）による生活の拡大
──そのプロセスを家族に役立たせる── 155

第10章　ポジティブな行動支援（PBS）を家族生活に取り入れる 157
  1　家庭生活を組み立てること 158

　　　　　2　困難な状況や日課の問題解決 ……………………………………………… 167
　　　　　3　本章のまとめ ……………………………………………………………… 173

第 11 章　誰に対してもポジティブな行動支援（PBS）が機能するために …… 175
　　　　　1　自らの行動に対応すること ………………………………………………… 175
　　　　　2　子どもが自分自身の行動をマネジメントするように促すこと ………… 177
　　　　　3　子どもの行動を改善するために関係者が協働すること ………………… 180
　　　　　4　本章のまとめ ……………………………………………………………… 183

文　献 ……………………………………………………………………………………… 185
付録 A　情報収集ツールの記入ワークシート ………………………………………… 191
付録 B　事例に対する行動支援計画 …………………………………………………… 199
付録 C　困難な家族の日課における問題解決の例 …………………………………… 219
監訳者あとがき …………………………………………………………………………… 223

子育ての問題をPBSで解決しよう！

──ポジティブな行動支援で親も子どももハッピーライフ──

第1部
ポジティブな行動支援(PBS)の紹介とその全体像
──PBSの基礎知識──

　子どもを育てるということは，これから体験するであろう中でも最も大切であり，大変なことでもあるでしょう。このことはすでに繰り返し言われていることで，月並みな表現のように聞こえるかもしれません。しかし私たち親は，我が子を責任感や思いやりがある大人へと育て上げるという，一見すると非常に大変な責務を負っていることは事実です。親は何年にも渡り，我が子に健康な習慣が発達するように，また，良い関係を保てるように，そして，成功するために必要となるスキルを学ぶようにと心を配ります。親として行う必要がある他のことすべてにうまく対応している時には，子どもを導き支える自分の能力に対して自信を感じるかもしれませんが，別の時には，親としての役割に混乱や不満を感じることがあるかもしれません。

　私たち親に突きつけられる最も障壁となり得る問題の一つは，我が子の行動です。子どもが言われたことをしないとき，下品なことや不適切なことを言うとき，人を傷つけるとき，親は苛立ちます。そして，このようなことに対応するために，子どもの行動をコントロールしようとさまざまな方法を試すかもしれません。このような方法は時には成功し，時には好ましくない結果を示し，時には何の変化ももたらさないでしょう。解決方法をこのように模索している時，我が子の行動の仕方や，その行動に対する自分の反応の仕方が，生涯続くパターンとなるのではないかと心配になるかもしれません。このような全てを踏まえて，私たち親は適切な行動を促し，かつ問題に対応するための一貫した効果的なアプローチ方法を模索します。そしてこのような方法は，自分の子どもが幸せで満たされた，かつ，能力がある大人になる一助となります。

　本書では，これまでに学校や地域において効果が示されており，家庭場面でも非常に有用である，ポジティブな行動支援（以下，PBS）というアプローチについて解説します。PBSは，家庭や生活の組み立て方や，子どもへの反応の仕方を変える手助けとなります。これにより，子どもの行動にもっと自信を持って，かつ効果的に対応することができます。PBSには，なぜ子どもが今のようなやり方で行動するのか理解し，望ましい行動を促し，望ましくない行動を予防したり止めさせたりするための解決方法を編み出す助けとなる，問題解決のプロセスが含まれています。

問題行動に対応する際のPBSの価値は，研究場面においても実際の生活場面においても（これには，本書の著者の子どもたちや家族の生活も含まれます）これまでに何度も示されてきました。初期の頃は，PBSの原理や実践は最重度の障害がある人々や，問題行動を示す人々のために作られました。しかし現在では，もっと幅広い人々や場面に対して効果的に用いられています。かんしゃく，反抗，攻撃などといった重篤で長期にわたる問題行動を示していた子どもたちにおいて，このような問題行動が劇的に減少したり，完全に見られなくなったりさえするなどの，生活が大きく変わる結果が示されています（研究の引用として巻末に掲載してある参考文献を参照してください）。さらに，PBSは子どもたちや家族の生活に問題行動の減少のみでなく，もっと広い影響を及ぼします。子どもたちや家族がより多くの活動に参加したり，新しい場所によく行くようになったり，人とより多くの時間を過ごすようになったり，ごく自然により効果的な役目を果たすようになったりします。PBSがどの程度それぞれの家族に合ったものであるか，利益をもたらすかは，本書全般を通して明らかになるでしょう。

　本書は4部に分かれています。第1部では，PBSを概観し紹介します。そして毎日の生活の中で子どもを育て支える際のPBSの役割を示します。第2部では，問題に対応するための段階的なプロセスを示します。第3部では，3人の子どもに対するPBSのプロセスについての事例を紹介します。第4部では，親が自分の生活や家族の中にどのようにしてPBSを組み込むことができるのか，そしてPBSをうまく実行するための障壁となるものを克服する方法について論じます。それぞれの部には，本書で示した情報を補うためのさまざまな事例や演習（ワーク）があります。

　第1部は二つの章で構成されています。第1章では，どのようなタイプの行動が問題となり得るのか，なぜ問題行動に対応することが必要なのか，どのように問題行動に対応するのかについて取り上げます。第2章では，PBSの根底にある考え方や特徴，さらには，なぜPBSが親や子育てに関わる人々にとって重要なのかという理由など，PBSの全体像を示します。

第1章
問題行動の理解とその対応

〈いくつかのエピソード〉

- 2歳になる子どもがすすり泣き，足にしがみついてきて，何度も何度も抱っこをせがみます。そのせいで，自分は夕食の準備や，電話，メールチェックさえ，ほとんどできません。

- 9歳の息子が泣き叫んで，自分のものを独り占めしたがり，妹が泣くまで悪口を言い続けます。妹が抵抗しようとすれば，暴力を振るおうとします。息子のお尻を叩いても何も変わるようには見えません。

- 14歳の娘が，自分が話したい話題について話したり，参加したい活動に参加することが，自分の問題行動によって非常に制限されてしまっています。このことが，娘の友達を作る力や，もっと自立する力の妨げになっていると，親は感じています。

親として，このような問題に対応するために何をすべきでしょうか。自分の子どもが，親を困らせるような行動をした時，難しい判断に迫られます。どのような行動が受け容れられて，どのような行動は受け容れられないのか，そして介入する意味があるのかどうか，その行動に対応するためにどのように取り組むのかという判断です。これらは重要な判断です。このような判断をするには，自分の信念や，子どもや家族が持つ固有の特徴，ニーズ，優先順位について注意深く考える必要があります。本章では，何が問題行動といえるのか，いつ，どこで，そしてなぜ介入することを選ぶのかなどといった問題について考えます。

1　何が問題行動と言えるのか？

本書は，ポジティブで効果的に，子どもの行動へ対応する方法ついての本です。そこでまず，行動とは何か，どのようなタイプの行動が問題といえるのかを，説明する必要があります。行動という用語は，人が話したり行ったりする，あらゆることを指しています。お喋りすることも，歩くことも，触ることも，動くことも行動です。行動それ自体は問題ではありません。行動とは単に人生を切り抜ける方法です。しかし，かんしゃく（たとえば，叫ぶ，物を投げるなど），他傷，他人に耳を傾けない口答えや口論，指示に従わないなどといった，一般に問題と考えられる行動があります。

表1 問題行動の5つのDs（Big Ds）

危険な行動（Dangerous）：その行動により，子ども自身や誰かが傷付く可能性がある。
　　　　例：怒ると他の子に噛みつく
破壊的な行動（Destructive）：その行動により，物が壊れるかもしれない。
　　　　例：父親のCDを折り曲げて壊す。
周りを乱す行動（Disruptive）：その行動により，家庭や他の場所（レストラン，公園など）で全体的に和やかな雰囲気が損なわれたり妨げられたりする。
　　　　例：駄目と言われると激しく口論する。
嫌悪的な行動（Disgusting）：その行動により，子どもが周りの人から拒絶されたり避けられたりする。
　　　　例：鼻をほじって，鼻くそを食べたりこすり付けたりする。
発達から考えて不適切な行動（Developmentally inappropriate）：その行動は，その子より年齢が低い子どもには通常見られるが，その子の年齢では普通とは考えられない。
　　　　例：毎日数回は泣く（子どもが生後6カ月ならば，泣くことは普通である。それは乳幼児が要求を伝える主たる方法だからである。しかしもし，8歳ならば，自分のニーズを表すにはより年齢に適した他の方法を身につけているべきである）。

　行動は，その行動を行っている子ども自身，あるいは周囲の人や環境へ及ぼす影響によって，またはその行動が単に日常の活動や家庭に合わないことによっても，問題とみなされます。表1では問題行動とされることが多い行動のカテゴリーを挙げています。著者らはそれを「問題行動の5つのDs*訳註1」と呼んでいます。

　ある行動に介入する必要があると考えるかどうかは，次のような多くのことに基づきます。一つはその行動がどのくらい深刻なのかという点です。危険な行動，破壊的な行動に対しては，家族や友達，周囲の環境の安全を守るために，すぐに対応する必要があります。その他の行動（周りを乱す行動，嫌悪的な行動，発達から考えて不適切な行動）は周囲の人をイライラさせたり悩ませたりしますが，実際には有害なものではありません。このような行動が特に厄介であったり，子どもや家族の成功や幸せの妨げになったりする場合には，対応することにします。

　もう一つ考えるべきことは，その問題行動は1〜2回だけ起こるのか，それとも長期的なパターンとなっているのかどうかです。パターンとは普段よく見られる行動や，状況に深く関与している反応です。そのような行動は建設的でなく，強固なものとなり，子どもや家族の生活にネガティブな影響を及ぼす可能性があります。「悪い行動」と考えられている行動は，個々によれば，ごく普通にある行動です（子どもだけにではなく，すべての人に普通にあります）。そうだとしても，問題行動が高頻度で起こる，あるいは長期的に見られるということは，通常はその行動に対応する必要がある合図として捉えられます。

　ある特定の行動が問題であるかどうかを判断する際に，個人や家族の価値観は，最後のとても重要な考慮点となります。人はみんな違い，その違いが，ある行動を問題として認識するかどうかに影響するのです（私たちが受け容れられる反応とみなすのは，どのような反応なのかということも

＊訳註1　英語ではすべて「D」で始まる言葉のため，複数形の「Ds」となっている。この後は「Big Ds」とする。

同様です)。行動の許容度についての考えは，自分が子どもの時に両親が自分に期待していた行動や，行動や公教育（たとえば，教員養成課程や，マネジメント・トレーニングへの参加など）に関する個人的体験など，さまざまな事から形成されてきているでしょう。このような考え自体も，多くの要因の中でも，自分の文化や地域社会の中で受け容れられると考えられているものから影響を受けているかもしれません。

　まとめると，問題といえる行動は，個人の価値観や状況，そしてその行動が子どもや家族，地域社会に影響を及ぼす程度に基づいて判断されるべきだということです。子どもの行動に介入することを判断する際には，自分の好みや優先順位を注意深く考えるべきです。つまり，本節で示した論点に基づいて問題行動に取り組むべきかどうかを選びます。

ワーク：複数の気になる行動に優先順位をつけましょう

　あなたのお子さんの気になる行動を書き出し，1から5まで（「最も気になる」から「最も気にならない」の順で）順位づけしましょう。それぞれの行動に取り組む価値があるかどうかを判断し，取り組まない行動は線を引いて消します。判断する際には，本節に示された Big Ds などの基準を考慮してみましょう。

1. ＿＿＿
2. ＿＿＿
3. ＿＿＿
4. ＿＿＿
5. ＿＿＿

2　行動に対応するための考慮点

　前述したように，継続的な行動上の問題は，単なる典型的な成長の一過程かもしれません（たとえば，「魔の2歳児[訳註2]」や思春期の反抗期など）。しかし，問題行動がある期間続き，重篤化し，そして長い間続いているパターンとなってしまっている時は，生活の中で子どもや家族などの人々に長期的な影響を及ぼすかもしれません。このような場合は，私たち親には介入する権利だけではなく責任があります。

2-1　問題行動の影響

　問題行動は子どもたちやその家族にさまざまな形で影響を及ぼします。本節では，問題行動の影響（そしてその結果として，その問題行動に取り組むことを選ぶ理由）をいくつか示します。

＊訳註2　子どもに自我が芽生え，駄々をこねて言うことを聞かない時期のこと。第一次反抗期とも呼ばれる。

2-1-1　学習や発達の遅れ

　子どもが問題行動を起こしている時間があることで，実際には他のよりポジティブな活動に参加する機会が減っているかもしれません。問題行動がある子どもは，新しいスキルを学べるかもしれない状況において，あまり積極的ではないかもしれません。たとえば，落ち着いて座って本を読んだり，団体競技のスポーツに参加したり，同年齢の子どもと上手く遊ぶことが難しいかもしれません。このような子どもは破壊的で反抗的なために，大事な経験を逃してしまうかもしれないのです。その結果，問題行動により，その子の社会的成長や知的な成長，さらには身体的な成長さえも妨げられてしまうかもしれません。

2-1-2　家族生活や地域生活の破壊

　問題行動はその行動を起こしている人の悩みとなるだけではなく，その人の周りのすべての人に影響を及ぼす可能性があります。子どもの問題行動は親の結婚生活のストレスとなり，家族の日常的な活動を壊し，家族全体の調和を妨げ，また，ドミノ倒しのような効力がある場合があり，家族の一人が問題行動を示すと，すぐに家庭全体が大きく混乱します。問題行動を示す子どもの家族やその関係者は，問題行動がもたらす混乱により，外食や，一緒にゲームするなどといった，将来的に価値のある経験を諦めているかもしれません。

2-1-3　子どもや家族の疎外感

　問題行動を示す子どもの家族は，地域社会から孤立していると感じることがあります。その理由は，両親や世話をしている人が，自分の子どもの行儀が悪い行動に対して，周りの人がどのように反応するだろうかと心配することから，孤立感が生じるのです。レストランやお店，地域の催し等に出かけることを，難しいと思うかもしれません。両親は問題が起きるのではないかと心配するために，誘いを断ったり，外出を避けたり，関わる人を制限したりしているかもしれません。特に状況が悪い場合には，問題行動により子どもが停学となってしまったり，託児所や公的な場所や催しから立ち去るよう求められることがあるかもしれません。

2-1-4　家庭内の関係へのダメージ

　継続的に問題行動に対応しなければならないことにより，子どもや他の家族と親との関係にダメージを受ける可能性があります。特に子どもを抱きしめたり，子どもと遊んだり，あるいは単純にわが子と一緒にいることを楽しんだりするなどの価値ある時間を過ごすよりも，絶えずしつけ（特に罰）をしていると親が考えているならば，疲れることや気分的に消耗することが多々あります。親は子どもを否定的にとらえ，否定的なアプローチをするようになるかもしれません。親同士で「我が子に何をするべきなのか」について言い争い，他の家族に不公平な我慢をさせているかもしれません。このことから，親は自分が子どもや家族から孤立していると感じるかもしれません。

　関係の問題は家の外でも起こる可能性があります。問題行動がある子どもは，親以外の大人と関わることや，友達を作りその関係を維持させることが難しいかもしれません。その結果，子どもは

お誕生会や，外泊，近所に出かけるなどといった，子ども時代の大事な活動から仲間はずれになるかもしれません。

以上のようなことは，問題行動に取り組むことが，子どもや家族にとって重要である理由のいくつかであり，もちろん全部ではありません。効果的に介入することや，問題行動のパターンを変えることに失敗することは，小さな問題が，長期的にネガティブな結果をもたらす大きな問題になるということなのです。

2-2　介入への考慮

子どもの行動が受け容れられるかどうかを評価し，介入するかどうかを決めることは難しいことです。意図的に他人の行動を変えようとすることが，押しつけがましくなる可能性があることを認識しなければなりません。親の役割は，子どもの行動をある方向に導いて育てることであるのは確かですが，子どもの行動に影響を及ぼす自分たちの心配や計画を，子どもや家族，そして自分自身にかかる可能性があり得るコストと天秤にかけなければなりません。

私たち親は自分たちの親子関係や子どもの持つ自信に対する，介入の影響について考え，次のような問いかけをすると良いかもしれません。たとえば，「子どもは私を横暴だと思うかしら」とか，「子どもが自分で自分をコントロールしていないと感じるのではないだろうか」などです。また，介入を始めるタイミングを考慮する必要もあるかもしれません。たとえば，「うちの子は新しい学校に慣れてきているところで，今この問題行動に取り組むことは適切なのだろうか」と問うことは，大事です。最後に，子どもの問題行動に対応する方法を導入するために，費やさなければならない時間と労力が，どのくらいなのかを評価する必要があります。もし子どもの問題行動があまり厄介でなく，他に優先するもので相当自分がまいっている場合や，その問題行動を変えるための労力が大きい場合は，介入のタイミングとしてよりふさわしい時まで待つ必要があります。

3　問題行動への対応方法

一度，介入する必要があると判断すると，次に何をなすべきか悩んでしまうことがよくあります。その問題行動を無視するべきなのでしょうか，子どもに言って聞かせるべきなのでしょうか，後続事象*[訳註3]（consequence）を強制的に変えるべきでしょうか，それとも今回の問題はただやり過ごして，次がより良くなるための計画を練るべきなのでしょうか。この判断は少なくとも一部は，個々の価値観，個人的経験，子どもの行動に関する信念に基づきます。

特に，自分が子ども時代にしつけられた方法など，自分の過去から考え出すかもしれません。友達や家族，近所の人から助言を求める場合もあるでしょう。医療の専門家や教師，カウンセラーなど，その子どもと関わる人々からの情報を求めるかもしれません。子どもが成長して今の状態から脱することを期待しながら，ただ見守るかもしれません。しつけに関する多くの役立つ本やプログ

＊訳註3　行動の直後に生じた事象のこと。応用行動分析学のABCフレームの「C」にあたる。

ラム（巻末の参考文献「ペアレンティングについて」(P.186) を参照してください）の中から，一つを念頭に置き，良さそうな感じがする，あるいは魅力的に見える方法を選ぶかもしれません。自分がどの方向を向いているかに関わらず，子どもの行動にどのように対応するかを判断する際の論理を吟味することが重要です。そうすることで，どのような方法が子どもや家族にとって有益となるのかを判断できます。

3-1 行動についての前提となる考え

　子どもの行動を理解したり対応したりするやり方は，行動に対する自らの態度，感情，考えに基づいているという認識は重要です。態度，感情，考えは，すべて個人的な経験に由来するものです。時に，なぜ行動が起こるのかと，行動に対処する方法についての考えは，家族や友人，あるいはメディアから伝えられた誤解や根拠のない社会通説に基づいていることがあります。時に自分の反応は，合理的というよりむしろ感情的になる傾向があります。

　親は子どもが行うすべてのことに，責任を感じるかもしれません。そして，子どもの行動は，親がどのような人間であるかを鏡写ししていると感じるかもしれません。周りの人が子どもの行動に基づいて，親を評価していると思うかもしれません。親として自分がきまりの悪い思いをすることや，周りの人がどう思うのかということに心を悩ませるかもしれません。子どもの行動により親の計画が妨げられることでイライラするかもしれません。子どもの行動が一生子ども自身（または家の他のメンバー）に傷跡を残すのではと心配するかもしれません。あるいは，子どもが良くない行動をすることを，ただ単に怒ったり悲しんだりして愚痴を言うかもしれません。

　問題行動が出現している間に強く感じていることのほとんどは，その行動が止んだ後はむしろすぐに消え去ります。しかし，それにも関わらず影響が残り続けることがあります。たとえば，そういう残り続けている感情が子どもの見方を変えたり，子どもの行動に対して単に習慣として対応することを促進したりします。自分の反応が確固たる信念に基づいていることがありますが，この信念が建設的ではない場合があります（たとえば，しつけとは子どもを罰することである，子ども時代は制限されるのではなく楽しむ時間であるべきだ，親は常に子どもをコントロールしていなければならないなど）。その結果，私たち親は衝動的に反応してしまうかもしれません（たとえば，子どもが失敗したときに怒鳴るなど）。たとえ，そういった自分の反応が子どもの行動を変える助けになりにくいとわかっているにも関わらずです。

　時には，ある特定の行動への反応の仕方（たとえば，完全に受け容れるなど）は，その行動をもう一度起きやすくします。私たちは問題行動を予期するようになるために，意図せず子どもの問題行動を引き起こしたり，悪化させたりしてしまうかもしれず，これが永続性のあるサイクルを作ってしまいます。行動をより客観的に見て，効果的な解決方法を考え出すためには，自分の対応の根底にどのように行動を捉えているのかを理解することが不可欠です。

3-2 客観的に行動を見る

　子どもの行動を理解する（これはPBSの基本的な特徴です。2章参照）ためには，状況や子ど

もとのやり取りを客観的に見る必要があります。つまり，子どもの行動に感情的に巻き込まれずに，実際に何が起こっているかに注意を払います。この現実的な見方は，自分が昔から持つ考え方を疑い，問題行動に対してよく行う対応に疑問を提するかもしれません。客観性は自然には生じません。長い間悩まされている問題行動に直面している時には特にそうです。しかしながら，子どもの行動を観察し対応しようとしているときに，誤った考え方が私たちの心の中心にあるならば，子どもの行動の理解や対応方法が歪んでしまうかもしれません。

　PBS を用いる前に，自分の考え方を吟味し，PBS のプロセスを妨げるかもしれない感情や態度（たとえば，「あの子はただからかっているだけ」など）を少し横に置く必要があります。たとえば，自分の努力を次第に萎えさせるかもしれない周りの人からの非難を，無視することを学ぶなどもこれには含まれます。また，ネガティブな心の中のつぶやきをすべて，より建設的で現実的な見方に置き換える必要もあります。要するに，これまで持っていたネガティブな感情を取り去り，行動についての新たな信念に自分自身の心を開く方法を見つける必要があるということです。

ワーク：行動に対する自分の前提となっている考え方のリストを作りましょう

　子どもの行動が特に問題である状況について考えてみましょう。子どもの行動について何を思ったり感じたりしているかを書き出してみましょう。そして，そのような考えや感情が，自分の子どもの行動への対応にどのように影響しているのか書き出してみましょう。客観性を妨げるかもしれない自分の考え方のリストを作りましょう（必要に応じて，別紙に書きましょう）。

_____

_____

_____

_____

　なぜ今のやり方で行動を理解し対応しているのかを整理すると，新たな視点や，子どもと関わる，より効果的な方法に自分の世界を開くことができます。また，問題行動が生じる状況を自分一人の問題として捉えなくなるので，そのような状況と自分自身に上手く対応する方法に対して自信とプライドが持てます。

4　より良い方法を見つける

　子どもの問題行動の解決方法を探す時に，少しの間は効果があったり，少しの間だけでも状況を改善したりする方法は，比較的簡単に見つけられるかもしれません。逆を言えば，そのような改善は一時的であったり，振出しに戻らざるを得ない新たな問題の原因となったりするかもしれません。このような行き当たりばったりの方法では，子どもや家族，そして自分自身が非常に不満を溜める

可能性があります。私たちが探し求めているものは，子どもの問題行動に対する，真の長期的な解決方法です。そのような方法は，当分の間は問題行動を止めたり，親がその場にいる時だけは問題行動が止まるが，別の状況ではその行動が再発してしまうというものに焦点を当てるのではなく，むしろ問題行動とその原因に合致した解決策であることが必要です。

　PBSは行動を理解し対応するための論理的な枠組みを示します。また，PBSは家族と支援ネットワークのメンバーが，自分たちの生活を組み立て直し，また問題を予防し，スキルを指導し，子どもが自立できるようにする方法で行動に取り組むようにガイドします。PBSは何年もかかって明らかになっている素晴らしい子育ての方法すべてと置き換えられる訳ではありません。その代わりに，子どもや家族にとって正しい方法を選ぶ助けとなります。

5　本書のまとめ

　ある行動を問題と捉えるかどうかは，その行動が及ぼす影響や，それが起こる状況，その行動に対応する人々の価値観によります。行動に対応するには，物の見方やニーズ，そして優先順位を注意深く考慮する必要があります。また，その行動に対応することによって生じる可能性があるコストが，子どもや家族にとって利益となる価値があるかどうかを判断する必要もあります。介入することを決定する時に，PBSの特徴である創造的な問題解決のプロセスを妨げるかもしれない，自分が持つ前提にある考えをなくし，できるだけ客観的になるように努めなければなりません。

次章に進む前に

- 子どもの気になる行動を特定し，その行動に注目する価値があるかどうかを考えましたか？（つまり，「Big Ds」などの問題点に基づいて考えましたか？）

- 行動についての自分が持つ前提となる考えや，その考えが問題行動への対応に及ぼす影響を考えてみましたか？　そうすることで，子どもの行動をより客観的にみられるようになりましたか？

第2章
ポジティブな行動支援(PBS)について

　ポジティブな行動支援（以下，PBS）とは，家庭や学校，地域において，問題行動がある人を支援するための，研究に基づいたアプローチです。本章ではPBSの背景や理論的根拠を簡潔にまとめ，主な特徴や前提にある考え，プロセスについて説明します。PBSについての更なる情報は，巻末の参考文献にある，PBSのリソースや文献を参照してください。

1　定　義

　PBSは1980年代半ばに開発されました。応用行動分析学の原理に基づいていますが，同様にそれ以外の領域にも頼っています（たとえば，生態心理学，コミュニティ心理学など）。PBSは以下の点を強調する中で，より初期に考えられた，行動に関する基本原理を応用した技法（たとえば，行動変容技法など）を超えて発展してきました。

- 事後対応的ではなく予防的である点（たとえば，単に問題行動に対して後続事象を用いることに依拠するのみではなく，問題が起きるのを予防するなど）
- その人のニーズや，その人の行動を取り巻く状況に基づいてアプローチを個別化する点
- その人が自分で選び，またインテグレートされた活動[訳註1]に参加するという個人の権利を尊重する点
- 日々の家庭，学校，地域において有効な計画を作成する点

　PBSはもともと障害や重篤な問題行動がある人々のために開発されましたが，行動をマネジメントするためにかつては多く用いられていた，苦痛を与え，個人の名誉を傷付ける方法の代わりの支援方法としてです。PBSはこれまでは，非常に環境が整理されている学校や地域のプログラムにおいて多く用いられています。このような特別な事例において示されてきたPBSの効果は，現在はもっと多様な人々や，異なるタイプの問題行動，さまざまな場所に応用されています。1990年代後半から，PBSはすべての子どものために広く受け容れられ，現在は効果的な教育に不可欠なものと考えられています。

＊訳註1　障害がある人々も障害がない人々も共に参加する活動のこと。

PBS は学校や地域のプログラムにおいて成果を示しましたが，その一方で一般の家庭や地域の場面で，親自身によって導入された PBS について調べた研究はほとんどありませんでした。しかし常識的な見方をすると，家族などの子どもの世話をしたり子育てに係わったりする人にとって，PBS は非常に大きな利益をもたらす可能性があります。PBS が家族にとって意味がある理由は，効果が証明された基本原理に基づいており，このような原理は家族生活のどのような状況，やり取り，側面においても用いることができるからです。

　このことは非常に重要です。なぜならば子育ては難しく，全神経を注ぎ込む作業だからです。普通の仕事と違って子育ては本当にフルタイム労働です。一生の間の，一日のうちの24時間，1週間のうちの7日間を子育てに費やします。家庭や地域は「出かける場所」でもなければ「行うこと」でもなく，私たちの一部分なのです。子どもの行動にどのように対応するかは，自分の子どもに影響するだけではなく，孫やひ孫にも影響を及ぼす可能性があります。ちょうどそれは自分自身の信念が世代から世代へと受け継がれていくようにです。子どもを幸せで実りが多い人間に育てたいならば（これは，もちろん親である自分たちが行うことです），子どもの行動に対応し，子どもの幸せや成長，発達を促す効果的な方法が必要です。

　PBS とは，問題となっている事柄にどのように対応するかをガイドし，家庭生活を整えるため，また行動に対応するためのさまざまな選択肢の中から選ぶための枠組みであり，一貫した原理です。また，個別化された問題解決のアプローチです。規格化された一連の手続きではなく，自分たち家族に影響する可能性がある特有の問題を解決するための柔軟性に富んだプロセスが示されています。自分たちの優先順位や状況を考えて，家族のための良い意思決定を行えるよう導きます。本章のこの後の節では，そのプロセスの前提にある考えや主な特徴を含め，自分たち家族や日々の生活に対して PBS をどのように応用できるのかについて説明していきます。

2　状況の文脈

　PBS は行動を理解し，自分の家庭生活や家族のやり取りを組み立て，問題行動を解決するための枠組みとプロセスであると捉えることが最適でしょう。子どもの行動の目的および，その目的がその子に対してどのように機能しているのかを明らかにできれば，私たちはよりよくその行動に対応できるという前提に PBS は基づいています。次のようなエピソードを考えてみましょう。

>　リサは9歳です。ブロックパーティー*訳註2 で大人の輪の中に入っていきます。リサはくるくると回りだし，大騒ぎし，ついには人のつま先を踏み，人を叩き始めます。リサの両親は屈辱を感じています。なぜ，リサはそんなことをするのでしょうか。そして，両親は何をなすべきなのでしょうか。
>
>　その後，リサと，その日一緒にいたリサの友達と話し合いました。すると，リサはその日のパー

＊訳註2　一つの街区の住民たちが大切な行事を執り行うために集まる大きな地域のお祝い。

ティーの前に，飛行機ショーでヘリコプターに乗っていて，パーティーの時にはまだ興奮が冷めていなかったことが，話から明らかになったとしたらどうでしょうか。さらに，前日に外泊したためあまり寝ておらず，砂糖を取りすぎていました。あるいは，くるくる回って大声を出すのは，リサが自分の兄弟としている遊びであり，その遊びをしている時にはポジティブな反応（にらまれるのではなく笑ってもらえる）を受けることがよくあったとしたらどうでしょうか。

　このような状況を知ることは，両親がより効果的に，リサの行動に対応することの助けとなるかもしれません。たとえば，飛行機ショーとブロックパーティーを同じ日に予定しないよう注意するかもしれません。あるいはリサを休ませて落ちかせるために，二つのイベントの間に時間を取るようにするかもしれません。また，自分の兄弟としている遊びは，他の場面では受け容れられない場合があることを，リサに教える必要があると判断するかもしれません。大人から注目を得るためのより良い方法をリサに示すこともできるでしょう。

　なぜ問題行動が起こるのか（すなわちその目的）と，行動を引き起こす状況を理解することで，効果的な解決方法を考え出すことができます。それゆえ，PBSは行動や，行動に影響する状況を理解することと，そのような行動の予防や，指導，行動への対応について，より効果的な方法を見つけ出すことを協働で行います。このような解決方法は子どものニーズを尊重し，子どもが自分の行動に対して，もっと責任を持つよう促します。

　PBSのプロセスは私たちの意思決定を導く助けとなります。PBSにより，私たちは子どもの特別なニーズに対応するための，最もポジティブで効果的な方法を選べます。PBSは，よくある問題に対する可能性のある解決策のノウハウを示したレシピ本ではありません。親として遭遇する多くの状況に応用できる，創造的で問題解決的なプロセスを示します。言い換えれば，私たち親が遭遇する可能性のある行動に対処するための多くの選択肢の中から，選び出すためのロードマップを提供します。中国のことわざで言えば，PBSは「魚を与えるのではなく釣り方を教える」ということになります。

3　行動についての前提にある考え方

　行動についての基本的な考えのいくつかが，PBSや本書に示されているアプローチの基となっています。このような考えは，すべての人間とすべての行動に当てはまるようです。そして，特に自分の子どもや家族を理解しようとする時に，役に立つでしょう。

　第一に，**行動はそれが起きている環境と関係している**ということです。人は場所や状況が異なれば，行動も異なる傾向があります（たとえば，図書館にいる時とパーティーの時の違いなど）。ある条件では最適に振る舞うことができ，それに対して他の条件では協調性を示さなかったり，怒りっぽくなったりなど，好ましくない様子が引き出される可能性があります。たとえば，一般に子どもは自分に期待される行動をきちんと理解していて，自分の周りの環境を快適に感じている時には，より良く振る舞えます。それとは逆に，子どもが混乱していたり，非現実的な要求を突きつけられ

たりした時には，好ましくない行動をします。

第二に，**すべての行動には目的がある**ということです（つまり，行動することにより，人は欲しいものを得たり，望ましくないものを避けたりできるということ）。行動することで人は自分のニーズを満たせます。それは具体的には，他人にしてほしいことを伝えたり，好ましくない状況そのものを変えたりすることによります。他人の注目をひいたり，必要なものを要求したり，ある状況が好ましくないということを表現するために，行動するかもしれません。たとえば，子どもは注目を得るために文句を言ったり，家の手伝いを避けるためにぐずぐずしたりするかもしれません。ある行動が自分にとって利益をもたらす場合にのみ，人はそのやり方で行動し続けるのです。

第三に，**行動は身体的な状態や情緒的な状態からの影響を受ける**ということです。人は病気であったり，疲れていたり，動揺していたり，空腹であったりなどの快適でない状態の時に，いつもとは違う行動をするかもしれません。たとえば，季節性のアレルギーで苦しんでいる時や，大きなストレスを抱えているような場合に，かっとなりやすいかもしれません。人が最適に振る舞うには，その人の医療的，情緒的，個人的なニーズを考慮し，それらに対応しなければなりません。

第四に，**行動はより広い生活の問題から影響を受ける**ということです。今まさにこの場で起きていることだけでなく日常全般で起きる事柄（たとえば，その日の早い時間に友達と口論したこと，非常にきついスケジュール，生活状況への不満など）が，日々の出来事に対処する能力に影響します。そのため，自分の行動を変えるためには（生活状況や人間関係を変えることで），生活を改善することも時には必要です。

最後に，**行動は，子どもが成長し，新たなスキルを獲得していくにつれて変容していく**ということです。生まれたばかりの赤ちゃんは自分の要求を満たすために泣きます。子どもは話すことを学習するにつれ，泣く代わりに言葉を使い始めます。たとえば，単に玩具を掴み取ろうとするのではなく，玩具ちょうだいと言い始めます。子どもと大人が自分の要求を伝え合い，状況に対処し，より自立して動けるようになるにつれ，自分のニーズを満たすために，あまり適切ではない手段で他人に頼る必要性が少なくなります。困難な状況に対処するための，新しくそして適切なやり方を獲得させることは，行動の変容を促す最適な方法です。

誰も他人の行動をコントロールすることはできません。自分の生活や環境をどのように組立てるか，また自分がやり取りしている人にどのように応じるかを変えられるだけです。このような前提にある考え方はすべて，自分の子どもの行動を理解し効果的に対応することに関わりますので，自分が何をすべきかを示してくれる統合された考え方の枠組みが必要になります。PBSが提供しているのはまさにその枠組みなのです。

4　PBSの特徴

　PBSのプロセスを用いることで，自分の子どもの行動をよりよく理解する力を身につけることができます。それによって，子どもの行動に対応する時に，考えられる最適な選択ができます。前節で説明した考え方に照らし合わせながら，以下に述べるPBSの特徴を見ていきましょう。

4-1　行動のパターンを理解する

　PBSでは次の三つについて，客観的に見ることが必須です。その三つとは，①子どもの問題行動，②その行動を引き起こしているかもしれない状況（たとえば，行動を刺激しているように見える状況など），③その行動が子どもにもたらす結果（たとえば，行動によって得られたり避けられたりしたものは何かなど）です。このようなアプローチが重要であることは，次のようなエピソードに示されています。仮に，あなたの足が腫れて不快感があるために医者に行くとします。医者がその足を見もせずにギブスを当てたり，6週間休養するように言ったりしたら，この医者の忠告を信じるでしょうか？　そんな状況はおそらく滅多にないでしょう。医者は患者を注意深く調べ，たくさんの質問をするのが当然です。そして，問題を徹底的に理解した上でのみ，治療計画を作るのです。

　PBSは適切な診断的治療に似ています。PBSは単に症状や問題の性質，直観に基づいて意思決定するのではなく，理解[*訳註3]に基づいています。このような理解ができるためには，人とのやり取りに注意を払い，助けとなる考えを持つ人と話し，わかったことを記録し続ける必要があるでしょう。このようにして，PBSでは探偵のように行動します。つまり，子どもの行動の理解を深めるための手掛かり，特にいつ，どこで，誰と，なぜ自分の子どもがある決まったやり方で行動するのかについて探す必要があります。

　たとえば，タカシたちの父親について，自分の子どもが学校から帰宅して空腹で疲れている時には，非常に活発で（たとえば，走り回る，物を投げ散らかす，誰かと口論したり，お互いにいじめたりするなど），指示に反応しないことがわかるかもしれません。このような状況に対して，父親はすぐにお菓子をあげており，状況が特に手に負えない場合には，子ども部屋に連れて行っていました。このように対応することで，父親は子どものニーズ（食べ物や休憩）を満たしているのです。このように理解することで，介入するための基本が得られ，父親は子どもの行動を改善するために，その行動を取り巻く特定の状況や結果を調整することができます。

4-2　問題行動を予防すること

　子どもの行動に影響しているパターンに気付くことで，子どもの問題行動を引き起こしているかもしれない特定の状況を変えて，その結果，その問題行動を起こす必要をなくすことができます。PBSでは，問題行動を完全に回避し，困難な状況を改善し，適切な行動を促すリマインダーを与えるために，状況を変えます。たとえば，前節で記したタカシたちの父親のパターンでは，父親はいくつかの新しい日課を組み込むかもしれません。たとえば，下校中の車内で，期待される行動を子どもに確認させたり，用意したお菓子を食べさせたり，帰宅してすぐは休めるように少しの間は音楽を聞かせたりテレビを見させたりするというような活動です。このようなちょっとした変更により，言い争いが回避され，親子や子ども同士のよりポジティブなやり取りが促されるでしょう。

＊訳註3　ここで言う「理解」とは，行動の原理に基づく論理的な理解である。

4-3　新たなスキルを指導すること

　問題行動を予防することは，それができる時には必ず意味がありますが，常にうまくできる，あるいは適切であるとは限りません。PBSでは，子どもが問題に対処したり，必要なものやほしいものを得たりするための，より適切な方法を身につけることも促します。状況によっては，自分のニーズをうまく伝える，周りの人とやり取りする，時間を管理する，ストレスを感じる状況や好ましくない状況に対処する，より自立するためなどのスキルを，子どもに教える場合もあります。たとえば，タカシたちの父親は子どもたちが学校から帰った時のひどく興奮した行動は，自分でお菓子を準備することや，あるいは慌ただしかった一日から回復するためのリラクゼーションスキル（たとえば，目を閉じる，ストレッチをする，散歩に出かける，日記を書くなど）を用いることを促すことで置き換えられるかもしれません。

4-4　行動に効果的に反応すること

　問題が生じることを予防するために状況を変えることや，子どもたちにより適切に行動する方法を教えることに加えて，PBSでは軽々しく問題を引き起こしてしまわないように，行動への対応の仕方を変えます。ここでのゴールは適切な行動のご褒美となる後続事象を提示することと，子どもが誤った行動をしている時には，子どもが欲しがる成果（たとえば，反応や結果など）を取り去ることです。PBSにおいては，後続事象には単に問題行動を止めたり，あるいは弱化したりする（punish）*訳註4というよりは，適切な行動を教えることが意図されています。そのため，タイムアウト*訳註5や抑制（restriction），再指示のような後続事象は，たとえどのようなことがあっても，なるべく使用しないようにします（第5章の弱化についての議論を参照）。たとえば，タカシたちの父親は子どもたちが静かに帰宅し，お互いにきちんと話していたら，宿題を始める前にお菓子やちょっとした自由時間を選ばせることができるでしょう。父親がこのような方法で一貫して反応していたら，その結果はネガティブな行動よりも，ポジティブな行動の方がより多く見られるようになるでしょう。

4-5　生活を変化させること

　PBSは，問題行動を解決するための具体的な方法を，選び出すための考え方の枠組みを示します。しかし，PBSが目指している点と第一義的なゴールはそれよりももっと大きいものです。最優先の関心事は，子どもたちや家族がよりポジティブで実りがある生活を送れるための助けをすることです。PBSのプロセスを通して，家族はより多くのことに取り組め，より多くの場所に行くことができ，全体としてより豊かな経験ができるようになるべきです。このような意味ある効果を生み出すためには，生活のより広い範囲を変えなければいけないかもしれません。たとえばこれにはお

＊訳註4　後続事象の一つで，ある行動の後に起きることで，その行動が将来起きにくくなるプロセスのこと。
＊訳註5　弱化の方法の一つで，弱めたい行動が起きたら別室に連れて行くなどで，強化刺激から少しの間離すこと。詳しくは第5章を参照。

互いの関係や，毎日のスケジュールや日課，自分の家庭や家族の約束事などです。具体的にはたとえば，タカシたちの父親は午後の時間に見られる問題行動を減らすために，子どもたちの放課後の活動を減らし，子どもたちが寝る時間を毎日なるべく同じにして，子どもたちの食習慣をチェックし，子どもたちの行動を改善するために，午後の時間帯に子どもとやりとりする方法を変える必要があると判断するかもしれません。

4-6 協働すること

　PBSが子どもや家族にとって有効であるためには，その子どもや家族の日常生活に関わるすべての人が協働しなければなりません。これには親，教師，ベビーシッター，親戚，兄弟，友達など，子どもの行動に伴って起こることに影響を及ぼす可能性があるすべての人を含みます。協働して関わることには，本音のコミュニケーション，ゴールと役割責任の共有化を作り上げること，問題が起きた時にはどこででも対処できる実際的な計画を作成することが求められます。協働することは，子どもの行動を理解し，介入計画を実行して確実に成功させるために不可欠なのです。協働がなければ，人は意図せずお互いを傷つけ合ったり，プラスの変化を邪魔したりしてしまうかもしれません。たとえば，タカシたちの父親は自分の介入計画をうまく実行するために，自分の奥さんや子どもたちの担任の先生と密に連絡を取る必要も考えられます。

5　ポジティブな行動支援のプロセス

　PBSはなぜ問題行動が起きるのか，そしてその行動に対応する効果的な方法を理解するための，創造性にあふれた問題解決のプロセスを提供します。PBSのプロセスには，子どもの問題行動と家族のやり取りの改善に注目した，5つの一般的なステップや要素があります。

1. **ゴールを立てること**：問題を定義すること。これには子どもの気になる行動と，具体的に望まれる変化を正確に決めることが含まれる。
2. **情報を収集すること**：子どもが今のようなやり方で行動している理由を理解するために，子どもの行動をよく観察し，周りの人（たとえば，教師，家族など）と話すこと。
3. **パターンを分析すること**：どんな状況が子どもの行動に影響しているのか，そして行動の結果として得られたり避けたりしているものは何かを明らかにすること。
4. **介入計画を作成すること**：問題を予防し，子どもにより良く行動する方法を教え，問題行動が起きた時には，その行動に対して一貫して対応する介入計画を考え出すこと。
5. **結果をチェックすること**：介入計画が効果的に機能し，必要としている変化が見られているかどうかを確認するために，経過を定期的に見直すこと。

次のエピソードにこの5つのプロセスが具体的に示されています。

サトシの母親は，スーパーになるべく行かないようにしています。家には牛乳もパンもシリアルもなく，今夜の夕食の材料も何もありません。母親はスーパーに行った直前の数回と，そのことで心の中に湧き上がってくる大きな恐怖について考え始めています。息子のサトシを見てくれる人は誰もおらず，スーパーに連れていかなければなりません。最後にそのお店に行った時の光景は耐えきれないもので，母親は泣きながら店を出ました。サトシをお店から引きずり出し，そして買おうとしたものの半分しか買えませんでした。「このひどい状況さえなければ，スーパーに行けるのに」と母親は思いました。

　サトシは4歳で，3人兄弟の末っ子です。サトシは扱いづらい赤ちゃんでした。不安が強く，我が儘で，非常に多動で，これは幼児になるまで続いています。それと同時に，発想が豊かで自立心があります。自分が役に立っていると感じることが好きで，うまくできたことを自慢します。他に二人の姉（7歳と10歳）がいて，サトシはまるで赤ちゃんのように注目を集めることや，自分の言い分を通すことが習慣化しています。自分が動き回ったり，探索したり，コントロールしたりすることが抑えられている状況では，いつも問題を起こす傾向があります。

　母親は無事に買い物ができるようにと願い，サトシとスーパーに向かいます。三つ目の通路の半分まで来たときに，サトシは「ママ，ほしいものが……」と，段々うるさくなっていきます。数分も経たないうちに，棚から物をつかみ取っています。母親が止めようとすると，サトシはそれを振り切って，「あっち行け！」と何度も何度も叫びました。人々がその場を通り過ぎ，サトシと母親を見ながら，まるで「なんだ，手のつけられない子がいるよ」と言っているかのように見えます。

　母親は一体何をするべきでしょうか。前述のことが起きている時，おそらく母親は自分ができる最善を尽くして，その場の成り行きに任せてその状況に対応するでしょう。つまり絶対に必要なものを手に入れて，できるだけ早くその店を出るということです。しかし，これはサトシの問題行動にきちんと対応しておらず，また次にそのスーパーに行ったら同じ問題に直面するに違いないでしょう。この次だけでなく，その後のための計画が必要なのです。このような場面がPBSが機能するところです。

　PBSの第一ステップは**ゴールを立てること**です。母親（そして，サトシ，他の家族，スーパーのお客さんたち）にはそのお店で厳密には何が起きてほしいのでしょうか。スーパーなどの公共の場所にちゃんと出かけるとは，どのような様子なのでしょうか。サトシの気になる行動とは厳密には何なのでしょうか。これらの問いについて考えると，母親は自分にささやかなゴールがあることに気付きました。母親はお店に行って，必要な品物を買い，何事もなく家に帰りたいだけなのです。母親とサトシが買い物している時に，お互い一緒にいることを楽しむことができたら，それはさらに素敵なことでしょう。母親は買い物がうまくいった場面を想像します。サトシは母親の隣を静かに歩いていたり，買い物のカートに乗っていたりするでしょう。また，棚から物を掴み取ったり，走り回ったり，叫んだり，床に寝そべったりせずに，自分の両手は体にぴったりとつけているでしょう。このような問題行動は，これまでにスーパーに出かけた時に10回中9回は起きていたものです。

　このようなゴールによって，母親とサトシのニーズと気になる行動を明確にすることができます。しかしながら，どうすればサトシをお店でお行儀よく振る舞わせ，先の理想の姿を現実のものにで

きるのでしょうか。それは，なぜサトシがこのような行動をするのかによります。何がサトシを刺激し，問題行動によりサトシは何から逃げているのでしょうか。PBSの第二ステップは，これらの疑問に答えるための**情報収集**です。母親は日記を書き始めることにしました。これによって，もっと客観的にスーパーでの状況を見ることができ，サトシの行動の理解を深めることができます。自分の夫や義理の母もサトシと一緒に買い物に行って，同じような経験がしたことがあるので，母親は二人にも自分が気になっている行動について相談しました。子どもたちが寝て，料理を片付けた後の静かな時を利用して，自分の経験や，他の家族と自分が共有していることについて振り返りました。

　思い起こせば，母親はお店でのこのような光景は，数カ月以上前から繰り返し起きていて，実際には悪化していることに気付きました。特に玩具で遊んだりテレビを見たりなど，買い物よりもっと楽しいことを止めてお店に行かなければならないことに対して，サトシは文句を言うことに気付きました。サトシの行動の目的は，買い物に行くことをわざと短くしたり止めさせたりすることのように感じました。そうすることで，サトシは自分の好きなことを再開できます。普段，母親はどうしても必要になるまで買い物に行かないようにしていました。結局，お店に行くことになるまでの間で，たくさんのものを買う必要になってしまっており，このことが問題をさらに悪化させているのです。実際，ここ2カ月間で唯一良かったお出かけというのは，2，3のものだけを買う必要があったときでした。母親が現在のサトシに対応する方法である「ベストを願う」という方法とは，お店に到着するまでの間はサトシに買い物について絶対に話さず（サトシが起こすかもしれないマイナスの反応を遅らせるために），問題が生じた時にできる限り対応することでした。時々ですが，サトシがお菓子や玩具等をほしがるような時には，サトシを静かにさせるために，すぐにそういう物を与えていました。サトシがいつもとは違うほどに強く要求したり，破壊的になったりしたら，特に母親は根負けしてしまうことが多かったのです。おばあちゃんは2，3回サトシを買物に連れて行ったことがあり，自分の場合はもっとうまくいったよと話しました。その理由はおそらく，おばあちゃんはサトシに買い物の手伝いをさせたからでしょう。

　このような情報を得ることで，PBSの第三ステップである，サトシの行動に影響している可能性がある**パターンの分析**を始めることができます。サトシの行動が最も良い時と最も悪い時は，それぞれどんな状況（どこで，いつ，誰と一緒の時に）なのでしょうか。その行動からどんな結果（サトシが手に入れたり回避したりしているものは何か）が生じているのでしょうか。母親は自分が集めた情報を眺めてみると，繰り返し起きているパターンが思い浮かんできました。買い物が長い時（20個以上の買い物をしている時），サトシは物を欲しがり，棚から品物を掴み取り，叫び，時に走り回ったり床に寝ころがったりしました。このような行動が見られると，大抵の場合母親は買い物を早く終わらせ，サトシが欲しがっている物を与える（たとえば，お菓子をあげてしまうなど）結果となっていました。以上のことから，買い物の時間が短く，サトシが自分に期待される行動が何かがわかっていて，買い物の手伝いをしてもよいときに，より適切に振る舞うことができるかもしれないという考えに辿り着きました。

　このような理解をもとに，母親はPBSの第四ステップである，今後買い物に行く時のための**計**

画作成を始めることができます。このPBSの計画には三つの方法があります。

1. 問題を予防する：問題行動を起こすことがサトシにとって不必要となるように，スーパーで買い物をする状況を変えます。
2. 問題行動の置き換え行動を教える：サトシに自分のニーズの伝え方や，どのように困難な状況に対処すればよいのかを示し，必要に応じて適切な行動を思い出させます。
3. 後続事象をマネジメントする：サトシの行動の後に起きる結果（特に母親がすることや言うこと）を変えます。具体的には，適切な行動でご褒美を受け，問題行動では何もご褒美を受けないようにします。

以上のような理解に基づき，そのスーパーでのサトシの行動に対して，次のような計画を母親は作成しました。

- 当分の間は，必要なものが20個以下の時に，今よりこまめに（たとえば，週2回など）サトシを買い物に連れて行く。
- サトシになぜ買い物に行く必要があるのかを説明する（たとえば，食べ物が売っているなど）。店に行く前と店に着いた時にもう一度，買い物リストとサトシに期待される行動を，サトシに再確認させる（たとえば，「今日は18個の物を買う必要があるのよ。ハンバーガーやシリアル，ジュースバーなんかね。で，探すのを手伝ってほしいの。だからお店にいる間は，ママの隣にいて歩いてくれるか，カートに乗るかして，静かにお喋りしていてほしいの」など）。
- サトシに，買う物を棚から取ってカートに入れるように頼む。買う物を取りやすいように，食品名か品物の写真を渡す。手伝ってくれたことをほめる（たとえば，「梨を見つけてくれたのね。手伝ってくれてありがとう」など）。
- サトシが買い物に飽きたりイライラしてきたりした時に，そのことを母親にもっと適切に伝えるよう促す（たとえば，「あとどれくらい買い物しなきゃいけないの」や「疲れてきたよ」と言うなど）。もしこういう発言が見られたならば，その後に行うことを説明したり，一人で楽しめる方法を見つけることを手伝ったりして，その発言に対してポジティブに対応する。
- レジに行く直前に，サトシのものになる特別な品物やお菓子（たとえば，クッキー，風船など）を一つ選んでよいことにする。もしサトシが買う必要のあるものだけを棚から取り，静かに話をし，ちゃんと歩いたら，その品物を与える。また，買い物から帰った時に行っても良いという具体的な活動（たとえば，お気に入りのゲームで遊ぶ，パソコンを使うなど）を選んでよいとサトシに言う。店に入る前にこのようにご褒美が何かを明確にし，必要に応じてリマインダーを提示する。
- サトシが声をあげたり，カートから離れたりしたら，ご褒美がもらえるためにはどのように行動する必要があるのかを思い出させる（たとえば，「お菓子が欲しいなら，ママの隣を静かに歩くのよ」など）。もしサトシがこれに反応しなければ，サトシの手を取り，必要な時はカー

トに乗せる。そして，今日はご褒美がもらえないけれども，次の時はもう一度トライできることを静かに説明する。
- その後も良い行動は褒め続ける。必要なものをすべて買って，買い物を終わらせることができた時は，帰る途中に特別な活動ができることを，サトシに知らせる。しかし，サトシが繰り返し叫び声をあげたり走り回ったりしたら，店を出て帰って，後から店に戻る。

母親はこれらの介入計画について，夫や他の子どもたち，夫の母と話し合いました。夫と義母は同じような状況では，この介入計画に従い，適切な行動を促すことでサトシを支援することに賛同しました。そしてほかの子どもたちは，サトシが食料品のラベルを見つけるのを助けたり，サトシの良い行動にコメントしたりすることで，サトシに対する支援の手助けができることを理解しました。母親はすぐにこの介入計画を使い始め，一貫して行いました。初めは，母親はこの介入計画は，ほとんどいつも「できる」と思いました。しかしその後，買い物に何度も行ったり，長い時間をかけたり，買うものを 20 個以下に抑えたりすることなどが，いつもできるとは限らないことに気付きました。そのため，サトシを連れて行かずに買い物に行けるよう，時々誰かにサトシを見てもらう必要があることに気付きました。

母親は自分のこの計画にわくわくし，計画を必ずうまくいかせたいと思いました。自分の計画の**結果をチェックする**ために，日記を書き続けることにしました。これが PBS の最後のステップです。日記には，いつそのお店に行ったか，いくつの品物を買ったか，サトシが買い物を手伝ったかどうか，何か気になる行動があったかどうか，買い物がうまくいって買い物リストにある物をすべて買えたのかを記録します。この情報をもとに，自分の計画がどの程度うまくいっているのかを客観的に判断でき，新たな問題が生じた時の解決法を効果的に見つけることができます。時間が経過し，サトシに改善がみられたら，母親は買う品物の数を増やし，買い物の頻度を減らすことができます。現在母親は，サトシと買い物に行くことを快適に感じ，この経験を通して学んだことを他の場面に用いることを計画しています（たとえば，別のお店，レストラン，遊園地など）。

6　本章のまとめ

本章では PBS の背景とその特徴について取り上げました。これにはパターンの理解，問題の予防，新たなスキルの指導，効果的な対応，生活を変化させる，協働などが含まれます。サトシのエピソードにこれらの主な特徴が示されています。

次章に進む前に

サトシの計画に示された PBS の基本的な特徴を理解しましたか？

第2部
ポジティブな行動支援(PBS)のプロセス
―― 問題解決プロセスの全体像 ――

　第1部ではポジティブな行動支援（以下，PBS）がどのようなものであるか，私たち親が子どもを育て，子どもとやり取りする中で，なぜPBSを用いることを選ぶのかなど，PBSの概要を紹介しました。第1部を読んだことで，PBSがある一つのプログラムや標準的な一連の手続きではなく，個別化された一つの**プロセス**であることが明らかになっているはずです。そのプロセスはどのような状況にも応用できる信頼性のある基本的な原理（すなわち，行動を理解すること，生活を変化させること，協働すること，そして，行動の予防と指導およびマネジメントといった複数の要素を含む計画を用いること）に基づいています。第2部では，行動をさらによく理解し，問題行動に対応するための効果的な計画を立案するための，PBSの問題解決プロセスの重要な要素について示します。第3～6章では，PBSの問題解決プロセスの各ステップについて解説します。

- ゴールの設定
- 情報の収集と分析
- 介入計画の立案
- 結果のチェック

　それぞれのステップでは，具体的な事例の詳細を示しています。プロセス全体をわかりやすく解説するために，アツシ，カズキ，ナオという3名の子どもたちに事例として登場してもらいます。これらの事例は，全くタイプの異なる子どもたち，異なる行動，そして異なる状況においてPBSのプロセスがどのように用いられるのかを示すために，著者らのこれまでの経験を基に仮想的に考えられたものです。図1には3名の子どもたちの背景となる情報が示されています。事例の子どもたちの最終的な行動支援計画の簡潔な例を，本書の巻末付録Bに示しました。

背景情報		
アツシ	カズキ	ナオ
アツシは月齢18カ月。3人きょうだいの末っ子。母親は子どもたちと一緒に家にいて、父親は夜は家にいる。 賢くて元気が良く、本を見ることと人に寄り添うのが好き。 家族はアツシの泣きを心配している。母親が家事をしようとするといつも、アツシは泣いてしがみついてきて、そのために母親が何もできないと感じるほどまでになっていた。	カズキは9歳。マキという妹が一人いる。両親は外で仕事をしているが、子どもたちと一緒に過ごせるように、融通のきくスケジュールを組むよう努めている。 カズキはスポーツに積極的で（特に空手）、自由な時間には近所に出かけて楽しんでいる。 カズキとマキが小さい頃から、二人の間にはもめ事が絶えない。カズキはマキを怒鳴ったり、マキと物を共有することを嫌がったり、いじめたり、悪口を言ったりする。時には叩いたり、首を絞めたり、ものを投げつけることさえする。ごく最近両親は、カズキが近所の子どもたちに対して、そして空手の練習中に暴力を振るったことを耳にしていた。両親はまた、家に遊びに来る子たちが少なくなっていることにも気づいていた。	ナオは14歳。セールスマンで不規則な勤務をしている父親と暮らしている。父親が出かけている時は、祖母がナオの面倒を見ることを手伝っている。 ナオは高校に通っており、放課後のレクリエーションのプログラムに参加していて、宇宙について学んだり議論することを楽しんでいる。 ナオには発達障害（アスペルガー症候群）があり、それはナオが社会的状況をどのように理解し、どう対応するのかに影響を与えている。ほとんどの教科はよくできていたが、体を動かす活動（たとえば、家事など）が苦手であり、また、自分の興味のあること（たとえば、宇宙のことなど）だけを話してしまう。気の進まないことをやるように、あるいは他の話題について話すように無理強いすると、ある出来事について繰り返ししゃべりはじめたり、大声で鼻歌を歌い始めたりする。こういった行動がネガティブな注目を集めてしまい、ナオを友だちから孤立させてしまっている。

図1　事例となる3名の子どもたちの背景情報

第3章
ゴールの設定

　ポジティブな行動支援（以下，PBS）の最初のステップは，自分の子ども，家族，そして自分の生活に関するゴールを明確にすることです。そのために次のように自問自答をする必要があります。

- 自分が問題であると感じているとき，実際にはそこで何が起きているのか？
- 子どもや家族がどのように変わっていくことを，自分は思い描いているか？
- どのような結果を成功と感じるだろうか？

　本章の目的は，この問いに答えて，自分が達成したいことの明確なイメージが得られるようにすることです。このようなイメージを持つことで，我が子の行動を理解し，それに対応し始めるというPBSのプロセスにおける次のステップに進めるでしょう。

1　気になる行動を定義する

　子どもの行動を理解するための重要な最初のステップは，自分が問題であると感じている具体的な行動を定義することです。行動を定義することによって，どんな行動が起こっているのかをはっきりさせます。そして，このことは自分が何を変えたいのか判断する助けとなります。ここで，「なぜその行動を定義するの？　私はその行動を見ているのだからよくわかっているのに。」という疑問を持つかもしれません。行動を定義すると，次のようなことができるのです。

1. 行動を**客観的**に見ることができます。つまり，妨げとなる先入観や感情にとらわれることなしに，行動を観察したり，行動について考えたりできるということです。
2. 行動を理解したり，それに対応しようとする際に，もっと一貫して行えるようになります。
3. 自分の子どもに関わる全ての人たちの間でのコミュニケーションを促進させます。

　子どもの行動は，実際に何を言ったか，何を行ったかによって定義しなければなりません。この行動に関する記述は，その子どもに関わる全ての人たちが，その行動が起こったときにすぐにそれだと気づけるように十分に具体的である必要があります。たとえば多くの人がある行動に「無礼である」というラベルをつけるかもしれませんが，無礼というラベルをつけられる具体的な行動は人

によってかなり異なるでしょう（たとえば，大人に口答えをする，目上の人を無視する，誰かの悪口を言うなど）。このようなラベルを，子どもの行動を適切に理解し対応するために役立たせるには，自分たちにとってそのラベルが意味することをより具体的に定義する必要があるのです。

まとめると，きちんと定義された行動というのは，次のようなものです。

- その行動がどのように見えるかが記述されている（たとえば，その子は地団駄を踏んでその場から立ち去るなど）。
- その行動がどのように聞こえるかが記述されている（たとえば，その子は甲高い金切り声を上げて騒ぐなど）。
- その行動の典型的な例が含まれている（たとえば，その子は頻繁に人に向かって「ばか」と言うなど）。
- あいまいな意味で行動や記述されていない（たとえば「大人に口答えをする」ではなく「両親，先生，コーチと言い争い，ばかにする」と記述するなど）。

図2には，例として先の3人の子どもの気になる行動を一覧表にしてあります。

気になる行動		
アツシ	カズキ	ナオ
泣く：甲高い「あー」という声や，「高い高いやって」というような反復的な要求をする。まとわりつく：大人の足をつかむ，しがみつく，または大人の服を引っ張る。	怒鳴る：甲高い声で話す。からかう：誰かを「でぶ」や「泣き虫」と罵る，「おそうじの人に君のおもちゃを渡しちゃうよー」と脅かす，小さな子どもからものを取り上げて手の届かないところに置く。人を傷つける：物や人を叩いたり蹴ったりする，首を絞める。	回避：体を使った活動，会話，家事に参加することを拒否する。これは目の前にある課題を無視したり，他の活動（たとえば，教科書を読んだり，他のことについて話しているときに宇宙のことを執拗に話すなど）を続けることによる。

図2 3人の事例となる子どもたちの気になる行動

ワーク：行動を定義してみましょう

　自分の子どもが言うことや行うことで，あなたが気になる行動はどんなことですか？その行動を具体的に記述してみましょう。必要に応じて具体例も示してください。

_____
_____
_____
_____
_____

2　より大きなゴールを設定すること

　気になる行動を特定するだけではなく，自分たちが努力して達成したいと思うより大きなゴールについて検討することも重要です。自分のゴールは何であるのかと尋ねられたならば，まず次のように答えるかもしれません。

- 「子どもが自分の妹を叩いたりからかったりするのを止めさせたい」
- 「子どもに何かするように言ったときに，私に向かって怒鳴ることを止めさせたい」
- 「私がおしゃべりしようとしているときに，子どもが私に抱きついてくるのを止めさせたい」

　なぜ私たち親にとって子どもの行動に対応することがそれほどまでに重要なのでしょうか。子どもたちの生活において最終的にどのような変化を望んでいるのでしょうか。自分の子どもにとってのより大きなゴールとは何でしょうか。そして子どもの行動を変えることが，子どもがそのゴールを達成することのどのような助けとなるのでしょうか。PBSは問題行動を止めさせるということ以上に，子どもと家族の生活の全体的な質を向上させるという，より大きなゴールを見つけ出すことを促します。より大きなゴールは以下のことと関連するでしょう。

- 子どもの全般的な健康状態と精神状態（たとえば幸福感など）を改善すること。
- 子どもをもっと多くの場所に行けるようにしたり，もっと多くのことができるようにすること（たとえば，付き添いなしで誕生日パーティーに参加することや，友達の家で外泊することなど）。
- 子どもが自分自身で選ぶ機会をもっと多く与えること（たとえば，自分の進路を選択することや，自分のおやつを準備したりすることなど）。
- 子どもの友人関係や他の人との関係を改善したり，その範囲を広げること（たとえば，友だちとのコミュニケーションや関わり方の能力を高めることなど）。

・日々の家族の生活を改善させること（たとえば，行動面の混乱なしに公の場所に出かけられるようになることなど）。

　子どもに普段から関わっている全ての人がこのようなゴールの設定に参加するべきです。その理由は，そうすることで，両親，家族のメンバー，教師，コーチは，子どものニーズや重要なゴールをもっとうまく見つけ出すことができるからです。また，もう一つの理由は，こういう人たちが協力して関わると，皆が責任を共有することが促され，子どもがゴールを達成するための支援にもっと力を尽くせるようになるからです。このようなゴールを具体化するための最も良い方法の一つは，「当事者を中心としたプランニング（person-centered planning：PCP）」と呼ばれるプロセスを使うことです。これは対象となる子どもに複雑なニーズ（たとえば，医学的な問題，さまざまな治療や支援を必要とする重度障害など）がある場合，または複雑な家庭や学校の事情（たとえば里親，親権が分割されている，複数の場所で教育を受けているなど）がある場合は特に有効です。このプロセスにおいては，子どもとその子どもの生活に関わる者全員が集まり，模造紙やカラーマジックを使いながら，子どもの強み，ニーズ，現在の状況，将来に向けてのゴール，このゴールに向かうステップについてまとめます。当事者を中心としたプランニングでは子ども，家族，友人，このプロセスにおける支援者が直接関わることになります。そのため，ゴールに向けての将来像と努力の共有を促すことを助けます（当事者を中心としたプランニングについて調べるためには，巻末の参考文献の「PBSについて」の箇所を参照のこと）。

　ゴールを具体化するために協力して関わることから，子どもの生活に関わる人たちにまとまりができてきます。そして，我が子に対する明確な将来像を作り出すことから，希望と方向性がもたらされます。その結果，より楽観的になり，必要な変化を引き起こして近い将来と遠い将来の両方における自分自身と子どもの生活を改善することに対する動機づけが高まります。図3に先の3名の子どもたちの大きなゴールを示してあります。

大きなゴール		
アツシ	カズキ	ナオ
10分間一人で遊ぶことができるようになる（母親が夕食を作っている間や電話で話している間など）。 　母親が毎日やりたいと思っていることができるようになる（たとえば，友だちとおしゃべりする，シャワーを浴びる）。	大人の付き添いなしで妹や近所の子どもたちと遊べるようになる。 　妹や友だちとの関係が改善する（たとえば，友だちが喜んでカズキの家に来るようになる，妹を泣かすことなく一緒に遊べるようになるなど）。 　空手などのスポーツに取り組み続ける。	毎晩，父親と一緒に夕食を取る，そして2，3の家事をやる。 　レクリエーションセンターや地域で行われる放課後の活動にもっと（たとえば5つの活動のうちの4つ）参加する。 　毎日，宇宙のこと以外の話題で人と会話する。

図3　事例の3名の子どもたちの大きなゴール

ワーク：ゴールの設定

あなた自身が達成したいと思う最も重要な大きなゴールをいくつか挙げてみましょう。子ども個人としてのゴール，家族のメンバーとしての子どものゴールについて考えてみましょう。

_____

_____

_____

_____

_____

3　スタート地点を明らかにする

　PBSのプロセスを始めるときに，子どもの気になる行動が現時点で大体どれくらい頻繁に，どれくらいの時間，どれくらいの深刻さで起こっているのかを知っておくと役に立ちます。最初にこのような行動の評価を行っておくことは，支援計画を実行した後との比較を行うための明確なスタート地点になります。後になって，ある程度確信を持って子どもの行動が改善したことや，その計画が効果的であったことがいえるでしょう（たとえば，言われたことに対して拒否することが，一日あたりおよそ20回から3回以下に減ったなど）。

　PBSのプロセスを始める前に，子どもの行動に関するスタート地点の情報を集めるために，その行動がどれくらい続き，またどれくらい人を手こずらせるものであるのかを役に立つ形で見積もれるような，できるだけ簡単な方法を用いる必要があります。すでに作ってある子どもの行動の定義を利用して，次の選択肢のうちの一つを使うことができます。

1. 行動の数を数える（つまり，行動の頻度）：子どもが定義された行動を行うたびに記録する（たとえば，毎日指示を拒否した回数や，友だちやきょうだいをからかった回数を総計するなど）。
2. 行動の時間を計る（つまり，行動の持続時間）：行動がどれくらい続いたかを記録する（たとえば，子どもがどれくらいの時間泣いていたか，あるいはどれくらいの時間，家事に取り組んでいたかを記録するなど）。
3. 行動の深刻度を評価する（つまり，行動の強度）：ある尺度を用いて（たとえば，1から5までの5段階評価尺度など），その行動がどれくらいひどいものであったかを評価する（たとえば，レベル4のかんしゃくなど）。

　このような方法を一貫して行うことは難しすぎたり，厄介であったり（たとえば，家族を混乱させるなどの理由により），時間がかかりすぎるように思う場合もあるでしょう。しかし，子どもの行動のベースラインを得たいと思うならば，一日の中の短い期間に限定して記録してもよいのです

（つまり，サンプリング）。たとえば，夕食時に何が起こるのかということにのみに注目し，夕食の時間がどのように経過していったのかを評価できるかもしれません（別の例は図4を参照のこと）。

ワーク：行動の観察記録を取る

あなたが問題であると定義した行動について，子どもがどれくらい頻繁に，どれくらいの時間行っているのかを測定するための簡潔な方法を計画しましょう。その行動に応じて，数える，時間を計る，評価尺度を用いるといった方法を使いましょう。

_____
_____
_____
_____
_____

行動観察記録の方法		
アツシ	カズキ	ナオ
母親は夕食の準備に注目することにし，その間，何パーセントの時間アツシが泣いているのかを評価することにした。普段，アツシは長い時間泣いており（大体母親が夕食の準備をしている半分くらいの時間），ほぼ全ての時間で母親にくっついて離れなかった。	両親はカズキが妹を傷つけたり，傷つけようとする度に記録した。この記録には，空手の先生や近所の子どもたちとその親からの報告も含めた。カズキが怒鳴ることやからかうことは平均して一日あたり5，6回起きており，誰かを傷つけることは平均して一日あたり2回起きていることがわかった。	父親，ナオの先生，レクリエーションセンターの指導員が，記録するときの参考にするために，ナオのスケジュールを書き出した。ナオは，どの活動に参加したか，誰と関わったか，そしてどのような話題の会話を行ったのかを自分で記録した。ナオは学校で教科活動以外の5つの活動のうちの一つに参加し，レクリエーションセンターの5つの活動のうちの二つに参加し，家で求められる活動の大体半分くらいに参加していた。ナオは一日あたり二人と関わっており，ほぼいつも宇宙のことについて話していた。

図4　事例の3名の子どもたちに関する行動観察記録の方法

4　本章のまとめ

　行動とは，人が言ったり，行ったりした全てのことです。子どもの行動を明確に，かつ客観的に記述することができると，そこで何が起こっているのかを明らかにし，その問題に注目できるようになります。問題がはっきりと理解されれば，子どもに関する親としての自分のゴールについて考え始められるようになります。このゴールにはおそらく短期的なゴールを含めると思いますが（たとえば，叩くのをやめるなど），子どもの（そして自分たち家族の）生活を改善させる長期的でより大きなゴールもまた含めなければなりません。

次章に進む前に

- 子どもの行動を明確に定義しましたか？
- 親として，あなたが達成したいより大きなゴールについて検討しましたか？

第4章
情報の収集と分析

　一度私たち親が将来像を持ち，何を達成したいのかがわかったならば（これには子どもの気になる行動を具体的に特定し，より大きな目標を設定することを含みます），次のステップは情報を集めること，および子どもの行動に影響していることとその行動を取り巻く状況についての理解を深めることです。この情報収集は重要です。なぜなら，子どもの行動を知ることによって，子ども，その家族，生活に最も合った解決策を立案するための道筋が示されるからです。子どもが何を行っているのか，そしてなぜそれを行っているのかをよく理解すれば，有効な解決策が考えられるようになります。

　情報収集の目的は子どもの行動に何が影響しているのかを理解することです。ここで言う情報収集とは，手の込んだ図表やクリップボード，テープレコーダーを通した複雑なデータ収集ではありません。情報収集の本質は，問題行動が起きているときに何が起こっているのかを見極め，そして問題行動が起きていない状況に注目することです。そのために主に次の2点に着目する必要があります。

- 問題行動の前に何が起きているのか
- 問題行動の後に何が起こるのか

　子どもの行動の**前**に何が起きているのかを理解しようとするとき，私たちは「4つのW」について考える必要があります。最初に焦点を当てるのは，問題行動の直前に起きている，あるいは問題行動を引き起こすきっかけになっていると思われる状況に関する情報を集めることです。

1. **Who**：その問題行動が起こるときに誰がそこにいますか？（たとえば，きょうだい，友だち，先生，親，ペット，近所の人など）
2. **What**：その問題行動が起こるとき，子どもに何を要求し，何が期待され，あるいは子どもはいつもどのような活動を行っていますか？（たとえば，友だちと遊んでいる，家事をする，学校の課題に取り組むなど）
3. **Where**：その問題行動は，どこで起こりますか？（たとえば，家や公共の場所など）
4. **When**：その問題行動は，いつ起こりますか？（たとえば，朝食の前，課外活動の間，夜，友達が帰った後など）

時に，問題行動はその行動のずっと前に起こった出来事やずっと前に存在していた状況に関連していることがあります。そのような出来事は，子どもの行動を良くも悪くもする可能性があります。問題行動に影響を及ぼす可能性のある，その行動から時間的に離れた出来事や状況の例には，身体的条件（たとえば，空腹，のどの渇き，病気，薬物の効果，疲労など）と広範囲に渡る出来事（たとえば，いつものスケジュールが変わる，友人や家族とけんかする，日々の活動に対する全体的な不満など）があります。このような状況や出来事は子どもの行動全体に影響を及ぼす可能性があり，その子どもが体験することに対する反応をより強めることになります。

もう一つ重要な情報は，子どもの問題行動の**後**に何が起きるのかという後続事象に関することです。後続事象について語られるとき，しばしばそれがタイムアウトや特別なご褒美を取り去るなどの弱化手続きを指している場合があります。この本では，後続事象という言葉をもっと広い意味で使います。つまり，行動に引き続いて起こる全てのこと（あらゆる成果，他人の反応，または結果）を後続事象であると考えます。この定義は，子どもがある方法で行動したときに，親，友だち，周りの大人が意図的であれ無意識的であれ，どのように反応するのかということも含みます。行動の後に何が起きるのかということは，とても重要です。なぜなら，その行動によって満たされる目的が何であるかを理解する助けとなるからです。その目的とはつまり，子どもがその行動を用いているとき，何を得ているのか，あるいは何から逃れているのかということです。たとえば，ある行動は人からの注目を得るために用いられているかもしれませんし，別の行動はおもちゃや活動など，子どもが望む何かを得ることを可能にしているのかもしれません。また別の行動は，罰やペナルティといった本人が好まないことを避けようとすることに焦点化されているのかもしれません。

1　情報収集の方法

子どもの行動を取り巻く状況の明確な実態を把握するために，情報を集めて手がかりを探す作業を行う必要があります。このプロセスにおいて，周りの人たちが知っていることをうまく利用して，一日を通してさまざまな場所や状況で何が起きているかを見出す必要があります。科学者や特別に訓練された教育者は，洗練された情報（あるいはデータ）収集の手法を用います。しかし，子どもの行動をよりよく理解するための情報収集は，形式ばったものである必要はありません。情報収集には簡便な方法があります。大まかには三つの方法があり，それは，観察すること，周りの人と話すこと，記録を取ることです。さまざまな状況で使える情報収集のための用紙が，巻末付録Ａにあります。

1-1　観察すること

当り前だと思われるかもしれませんが，子どもの問題行動に関して理解するための最も良い方法は，子どもをただ観察することでしょう。そのコツは，自分のものの見方に影響を及ぼす先入観を持つことなく，行動を客観的に観察することです。その行動に関連するかもしれない全ての異なった状況と場所で，子どもの行動の周りで何が起きているのかということに，注目し記録を取る必要

があります。これは子どもが適切に振る舞っていないときだけでなく，適切に振る舞っているときにも気づくということであり，またそういうときに誰がそこにいるのか，子どもの周りで何が起きているのか，子どもはどこにいるのか，それは一日のどの時間帯なのかということについて検討するということです。観察しているときに気づいたことを書き留めておくと役に立つでしょう（詳細は本章の「1-3　記録を取ること」(P.55)を参照してください）。

ワーク：観察してみましょう

自分の子どもが1）きちんと行動する状況，2）問題行動を起こす状況を考えてみましょう。子どもを観察し，見たこと聞いたことの全てを記録します。観察するときには，誰と一緒で，何をしていて，どこで，いつ，そしてなぜという問いを心に留めておきましょう。

1. _____
_____
_____

2. _____
_____
_____

1-2　周りの人と話をすること

　子どもの気になる行動に関する情報を集める最も簡単な方法の一つは，周りの人と話すことです。気になる行動について話すことと，周りの人が持っている情報を聞くことで，自分自身のものの見方に対する理解が深まり，新しいアイデアが生み出されます。当然のことですが，私たち親が話し合うことのできる最も重要な人物は，自分の子どもです。子どもの話を注意深く聞く時間を取ると，たとえ幼い子どもであったとしても，自分の行動に対する本質的な洞察を示せることがあります。しかし，たいていの場合，自分の行動に関連している感情を理解できなかったり，それをはっきりと表現することができなかったりします。また，家族のメンバー，子どもの友だちなど，子どもの行動についてよく知っている人（たとえば，教師やベビーシッターなど）とも話すことができます。

　このような話し合いの中で，行動のパターンについて探ることができます。これは，先の「4つのW」など子どもの行動に影響を及ぼしている可能性のあること（これには時間的に離れた出来事やすでに把握している状況も含まれます）について検討するということです。このような話し合いは，子どもの行動の直後にどのような出来事や後続事象が起こっていたかを，自分たちに思い出させてくれる助けになるかもしれません。こういった話し合いを通して見出したことを，書き留めておくと役に立つでしょう。アイデアを紙に書き留めると，パターンを見つけやすくなるかもしれません。インタビューの質問項目は，巻末付録Aの「インタビュー記録シート」(P.192)に記載されています。

ワーク：インタビューしてみましょう

自分の子どもと，あるいは子どものことをよく知っている誰かと話をしてみましょう。その人に，問題行動について以下のような質問をしてみましょう。その人のとらえ方を十分理解できるまで，さらに質問してみましょう。

- ○○ちゃん（子どもの名前）の最も良いところや最も関心があることは何でしょうか？（たとえば，「○○ちゃんが上手にできることは何でしょうか？　何を楽しんでやりますか？」）

- ○○ちゃんが行うことで，あなたが特に気になる行動は何ですか？

- どのような状況のとき（いつ，どこで，誰と一緒のとき），そのような気になる行動は最もよく起こりますか？

- どのような状況のとき（いつ，どこで，誰と一緒のとき），そのような気になる行動は最も起こりにくいですか？

- そのような気になる行動によって，○○ちゃんは何を得ていると思いますか？　あるいは何から逃れられていると思いますか？

- ○○ちゃんの行動に影響を与えているかもしれないと思うことは，他に何かありますか？
_____
_____
_____

1-3　記録を取ること

　本章の前の方で述べたように，観察したことや誰かと話したことを記録することは，収集した情報を把握するための有用な方法となります。情報を記録することはまた，自分たちが発見しつつあることをより客観的に見る助けとなります。そのような発見は，子どもの行動に対する理解を深めてくれるでしょう。その日その日に起こったことを記録に取るといった簡単な方法や，行動に関するある特定の詳細項目（たとえば，いつ，どれくらい頻繁に，どれくらいの長さかなど）を記録し続けるというもう少し手の込んだ方法で情報を記録することができます。

　もし，子どもの問題について話し合える相手がいないのであれば，日記をつけることは情報を集めるためのとても良い方法です。日記を用いる場合は，子どもの行動についてふり返る機会があるときにいつでも（たとえば，毎晩，子どもが寝た後など），簡単に子どもの行動について思い出したことを書き留めればよいのです。ナオの行動を母親が日記に記録した例を以下に示します。

　　　　1月5日（月）。一日の長い仕事を終えた後，放課後プログラムに参加していたナオを迎えに行って帰宅した。放課後プログラムの指導者は，ナオがその日の活動の全てに参加することを拒否したと言った。ああ，またた。家に着いたとき，ナオはまっすぐ自分の部屋に向かった。食事の準備を手伝うよう私が促すまでナオは自分の部屋にいた。ナオは本の中の今読んでいるところを読み終えなければならないからといって，部屋から出てくることを拒否した。3回以上，部屋から出てくるように言った後，その本を取り上げた。するとナオはベッドに寝転がり泣き始め，大声で鼻歌を歌い出した。結局私は一人で食卓の準備をし，食事を取った。ナオにやる気がないように思えるのは毎日のことだ。私はナオに友人を持ってもらいたいし，生活のさまざまなことに参加してもらいたいと思う。

　その他の記録用紙としては，簡便なチェックリストと詳細な行動記録表があります。チェックリストを使うときには，気になる行動をリストアップし，それらの行動が起こる度に印をつけます。図5はカズキの両親が，ある決まった活動中（たとえば，宿題など）にカズキが妹をからかう度に記録する方法を示しています。

　また，行動がどれくらい長い時間起こるかを知りたいと思うかもしれません。たとえば，図6はアツシの両親がアツシが夜何時に寝るか，朝何時に起きるか，昼寝の時間がどれくらいかを記録す

	宿題をやっている間にカズキが妹をからかった回数
11/15	下
11/16	正 下
11/17	正

図5　カズキの問題行動が何回起きたかを集計する用紙の例

日にち	就寝時刻	起床時刻	昼寝時間	備考
4／4	午後9：30	午前4：15	2時間半	ほとんど食べなかった。夕食の準備をしている時間の半分くらいはずっと泣いていた
4／5	午後8：00	午前6：45	2時間	とても忙しかった。よく食べた。夕食前、泣き始めるとき、活動に目を向けさせることができた。
4／6	午後10：15	午前6：00	3時間半	午後9：30まで友人を招いていた。夕食の準備をしている間、ずっと泣いていた。

図6　問題行動がどれくらいの長さ起こり続けるか記録するアツシのチャートの例

る方法を示しています。それによってアツシが十分に休息するためにどれくらい眠ればいいのかがわかり、その結果、睡眠がアツシの泣きの頻度にどれくらい影響しているのかを明らかにできるのです。さらに、一日の中で子どもの行動が最も大変な時間帯と最も大変でない時間帯を正確に知ることができる記録方法を用いることができます。この記録システムを使えば、特定の時間帯に行動が起きたか起きなかったかを簡単に記録することができます。この情報を利用して、子どもの行動とその行動の周りの状況をさらに細かく見る必要がある時間帯を絞り込めます。たとえば、図7はアツシが泣いた時間帯を示しています（色の付いているところがその時間帯です）。アツシの両親は、朝の早い時間帯、昼間、そして夕食の直前に焦点を絞って、できる限り詳細な情報を集めるといいかもしれません。「気になる行動の時間記録シート」は、巻末付録Aにあります（P.193）。

　さらに、単に行動が起きたかどうかということ以上の情報を記録する必要もあります。子どもの行動に関連して何が起きているのかを細かく見ることができるように情報を記録したい場合があります。行動記録表は特に役に立ちます。なぜなら行動記録表を使うことで、行動のパターンを容易に特定できるからです。その行動パターンによって行動をさらに理解することができます。行動記録表には、いつその問題行動が起きたのか、そしてその行動の前後に何が起きたのかということを記録します。図8はカズキの行動記録表の例です。「気になる行動の日記シート」は、巻末付録Aにあります（P.194）。

アツシの泣き

時間	日	月	火	水	木	金	土
午前7:00～午前8:00	■			■		■	■
午前8:00～9:00		■		■			
午前9:00～10:00				■			
午前10:00～11:00							
午前11:00～午後12:00		■	■		■	■	
午後12:00～1:00		■		■			■
午後1:00～2:00							
午後2:00～3:00							
午後3:00～4:00			■				
午後4:00～5:00					■		
午後5:00～6:00	■	■		■		■	
午後6:00～7:00			■				
午後7:00～8:00							

図7 問題行動が最も大変だった時間帯と最も大変でなかった時間帯を記録するアツシのチャートの例
（色の付いた四角のマスは問題行動が起きた時間帯を示している）

気になる行動の日記シート

名前：カズキ　　　　　　　　　　日付：8月

状況：妹や仲間とやりとりしている

直前に何が起きたのか	カズキは何をしたのか	直後に何が起きたのか
8月15日午後3:05。学校から家に帰ると、カズキが遊んでいるゲームについて妹が質問をした。	カズキが妹に「目の前から失せろ。ゲームをやろうとしてるんだ」と怒鳴る。	妹は苦笑い。母親はカズキに怒鳴るのを止めないとゲームを取り上げると言った。
8月16日午後5:15。家の外にある袋小路で近所の子どもたちがキックベースボールをしていた。年少の男の子の一人がボールを蹴り損なってしまった。	カズキはボールを拾い上げ、その男の子に投げつけ、顔を叩いた。	男の子は泣き始めゲームをやめて離れていった。ほかの二人の男の子はカズキに「馬鹿」と言いながら泣いた男の子の後を追った。
8月18日午後6:30。夕食のとき、以前、カズキと妹の二人が観たことのある映画について、妹が話し始めた。	カズキは妹の説明を訂正するために、3回妹の話を遮った。	妹は「だまって！」と叫んだ。父親はカズキに静かにするように、そして妹のやり方で説明させなさいと言った。
	カズキは「マキはいつも俺を困らせる！」と叫んだ。	父親はカズキにテーブルから離れるようにと強く言った。父親は悪いのは妹ではなく、カズキであったのだと説明しようとした。

図8 カズキの行動に関する詳細な情報を記録する行動記録表の例

ワーク:「気になる行動の日記シート」を使ってみましょう

子どもの行動が決まって大変になる時間帯を選びましょう。子どもが何を言ったか,あるいは何をしたか,そして,その状況において子どもの行動の前後に何が起きていたかを記録する練習をしましょう。

気になる行動の日記シート		
名前:＿＿＿＿＿＿＿＿＿＿＿＿＿＿＿＿＿＿＿＿＿＿　　　日付:＿＿＿＿＿＿＿＿＿＿＿＿＿＿＿＿ 状況:＿＿＿＿＿＿＿＿＿＿＿＿＿＿＿＿＿＿＿＿＿＿		
直前に何が起きたのか	子どもは何をしたのか	直後に何が起きたのか

　行動記録表は重要な情報をたくさん提供してくれますが,記入の時間をかければかけるほど,解釈が難しくなるでしょう。最初にチェックリストを用いることで,問題行動が最も起こりやすい時間帯を特定する助けとなるかもしれません。それによってその問題が起こりやすい時間帯に記録を焦点化できるようになります。

　さらに,自分で情報収集することに加えて,周りの人(たとえば,教師など)にも気づいた行動に注意を払ってもらい,可能な限りそれを記録してもらうよう頼むこともできます。子どもの行動の記録を取り続ける方法は,自分たちのニーズと状況に基づいて選ぶ(もしくは考え出す)べきで

す。記録方法は時間を浪費するものであっても，難しいものであってもいけません。そうでなければ，選んだ記録方法を一貫して用いることはないでしょう。記録方法はまた，もっとも気になっている事柄に焦点化されるべきです。図9に3名の事例のための記録方法のアイデアを示しました。

情報収集の例		
アツシ	カズキ	ナオ
観察する場面：食事の前，電話で話している最中，そして母親が忙しくないときはいつでも。 話す相手：父親，アツシの兄たち，アツシのベビーシッター。	観察する場面：妹と友達たちと遊んでいるとき。 話す相手：カズキ，妹，カープール*訳注1の母親たち，空手の先生。 記録する場面：けんかが起こったとき，カズキと他の子どもたちが何をしていたのかを記録する。カズキの攻撃的な行動の後に何が起きたのかを記録する。	話す相手：ナオ，レクリエーションプログラムのスーパーバイザー，ナオの特別支援教育担当の先生，その他の先生。 記録する場面：一日にナオがいくつの活動に参加したか，何人の人とかかわったかを記録する。

図9 3名の事例における情報収集の例

ワーク：情報収集してみましょう

自分の子どもの行動を理解しようとする際に，どのような情報が役立つか考えてみましょう。そして観察をする（いつ？ どこで？），話をする（誰と？），記録を取る（どのような方法で？）計画を立てましょう。

- 観察する場面

_____
_____
_____

- 話す相手

_____
_____
_____

- 記録する場面

_____
_____
_____

＊訳註1 登下校のときに，近所の親が交替して運転手を務めて子どもをまとめて送ること。

2 行動パターンの分析

　子どもの行動とそれを取り巻く状況に関する情報を十分に集めた時点で，行動パターンを分析する，あるいはわかったことをきちんと理解するという，PBSのプロセスにおける3番目のステップの準備ができたことになります。どれくらいの情報があれば十分といえるのでしょうか？　行動のパターンが見え始めるまで，情報収集を行う必要はあります。「行動パターン」とは，複数の状況において，そして長期間にわたり繰り返し起きている，あるいは一貫して起きている出来事の一連の流れを意味します。いつその行動が起こりやすいのか，あるいはその行動の後にどのような出来事が伴いがちなのかを予測できるようになるとき，行動パターンを理解し始めているといえます。また，そのパターンについて確信を持つ必要があります。つまり，予測したパターンの正しさを支持し，かつそのパターンには誤りがほとんどないということを示す，多くの根拠が必要であるということです。

2-1　行動パターンを見つける

　自分たちが集めた情報を用いて，行動パターンを見つけ出す必要があります。このようなパターンを特定するためには，次のような問いを自分自身に投げかけなければなりません。

1. どのような状況（どこで，誰と一緒にいるとき，いつ，どのような活動の最中に）でその問題行動は最も起こりやすいか？　逆にどのような状況で最も起こりにくいか？
2. その問題行動の結果として，普段どのようなことが起こっているか（たとえば，成果，人の反応，結果など）？　その行動は子どもに何かを達成させているか，あるいは何かから逃れさせているか？

　基本的に，子どもの行動の目的が何であるのかということと，どのような状況がその問題行動を引き起こしているようなのかを知る必要があります。このような結論に至るために，それまでにわかった全てのことを見直すこと，過去に話し合ったことについて考え直すこと，記録に目を通すことが必要かもしれません。自分の家族，そして子どもの生活において重要な役割を果たしている人と膝を交えて話し合い，考え得る行動パターンについて一緒に考えることが必要かもしれません。一緒に行うことで，問題行動が最も起こりやすくなる，そして，最も起こりにくくなると予測される事柄の一覧表を作成することができます。さらに，子どもがその行動を通して何を得ているのか，あるいは何から逃れているのかという仮説を立てるのに役立ち，それらの仮説を支持する（あるいは疑問を投げかける）具体例を見つけようとする際にも役立ちます。

　すでに記録を取り続けてきているのであれば，行動パターンを見つけるための方法の一つは，日記や行動記録表に色別のコード化をすることです。3色のマーカーや蛍光ペンを使い，問題行動の前に起きたことをある一色で，問題行動そのものを他の一色で，問題行動の後に起きたことを三つ目の色を使ってはっきりと表すことができます。これにより，問題行動に影響している可能性のあ

行動パターン		
アツシ	カズキ	ナオ
泣きが最も起こりやすいとき：食事の準備中，活動の移り変わりの最中（たとえば，でかける準備をしているときなど），慌ただしいとき，混雑している場所，慣れない場所，母親が他の誰かや他の何かに注意を払っているとき（たとえば，電話での会話，友人との会話，家事をしているときなど）。 泣きが最も起こりにくいとき：入浴のときや寝るとき，誰かがアツシと遊んでいたり，アツシを抱っこしているとき。 行動の結果：アツシを叱る，あるいはアツシに別の活動をさせるために，母親は自分がそのときにしていたことを止め，アツシにひたすら注目する。	からかいが最も起こりやすいとき：家で妹と一緒にいて15分以上二人だけになっているとき，構造化されていないゲームで年下の子どもたちとやりとりするとき。 からかいが最も起こりにくいとき：年上の子どもたちとやりとりするとき，学校の授業中。 行動の結果：カズキは自分の部屋に行かされる，叩かれるなどの罰を受ける，からかわれた子どもがカズキに反応する（たとえば，妹は叫んだりカズキを脅したりヒステリックに泣く，妹がやり返そうとすると問題行動はエスカレートしてカズキは攻撃的になる），空手の最中では参加しないように言われる，年下の子どもたちはカズキを避ける。	回避が最も起こりやすいとき：しばらく一人でいたとき，本に夢中になっているとき，またはインターネットをしていて他に何か（たとえば，家事など）するように言われたとき，社会的なかかわりが強く期待されるとき（たとえば，同い年の女の子がなれなれしく話しかけてくるときなど）。 回避が最も起こりにくいとき：他の人が会話をリードしているとき，ナオの日課がはっきりと決められているとき。 行動の結果：ナオが家事をすることや人とかかわることから逃れている，自分の好きな活動を続けることができる。

図10　3名の事例における行動パターン

る状況や人，活動を見つけやすくします。図10に3名の事例において特定された行動パターンを示します。

　行動によっては，一つではなく複数の目的や機能を持っていることに気づくのは重要です。たとえば，アツシは望ましくない状況（つまり，慌ただしい状況や雑然とした状況）から逃れるために泣いているのもしれません。しかしまた，アツシは母親の注目や愛情を得るために，同じ泣くという行動を用いているかもしれないのです。問題行動の全ての目的の可能性について検討したことを確認する必要があります。なぜなら，このような状況は別々に見る必要があり，また，別々の計画を立てる必要があるからです（たとえば，ある状況について何が望ましくないのかを見つけ出しそれを変えること，そしてアツシがいつどのように母親の注目を得ているのかを見つけ出すなど）。

ワーク：行動パターンを見つけましょう

　自分の子どもの問題行動が最も起こりやすい状況と最も起こりにくい状況を特定しましょう（4つのW〈註：When：いつ，Where：どこで，With whom：誰と一緒のとき，What activities：どんな活動で〉）。そしてその行動の結果，何を得ようとしているのか，何から逃れようとしているのかについて考えてみましょう。

行動について	最も起こりやすい時	最も起こりづらい時
いつ？ (When)		
どこで？ (Where)		
誰と？ (With whom)		
どんな活動で？ (What activities)		

その行動の目的は？	手に入れているもの	避けているもの

より広い範囲に渡ってその問題を思い出す必要があります。子どもの行動の前後にある時間的に近い出来事に加えて、もっと広い範囲のある状況や時間的に離れた出来事が、子どもの行動に影響しているという気がするかもしれません。前に述べたように、このような他の影響要因には以下のようなものが含まれます。

- 医学的な状態（たとえば、アレルギーの問題によって引き起こされるイライラの結果、普段よりもきょうだいの行動に対して我慢できなくなるなど）
- 全体的な活動パターン（たとえば、多過ぎる宿題、あるいは課外活動に対するストレスによって、家族の行事に参加するよう言われたときに、泣いたり文句を言ったりするようになるなど）
- 人間関係（たとえば、新しい友人関係が、家事手伝いに対する子どもの態度とやる気を改善するなど）

このような状況と出来事を見つけておくことで、子どもの問題行動に対応するための方法を計画するときに、それらを考慮に入れることができるのです。

2-2　わかったことをまとめる

子どもの行動に影響を及ぼしている状況について、そして子どもの行動が果たしている目的について自分たちに何がわかっているのかを短いことばや一つの文、あるいは短い文章でまとめておくと役立つ場合があります。このまとめには子どもの行動のきっかけであると思われること、子どもが何を言って何を行っているのかという正確な記述、そして行動の結果、何が起こるのか（子どもは何を得ているのか、あるいは何から逃れているのか）ということが含まれていなければなりません。次のまとめは3名の子どもたちに合わせて書かれたものです。

- 母親がアツシと関わる以外の何かをしようとすると（たとえば、誰かとおしゃべりをしたり電話をしたりする、夕食の準備をする、雑誌を読むなど）、アツシは泣いて母親の足にしがみつき、繰り返しだっこを要求する。この結果、たいていの場合、母親はアツシに話しかけ、アツシを落ち着かせようとする。そして結局母親はしていたことをやめて、アツシに関わることに専念することになる。このような行動は、その場の環境が雑然としているときや、あるいはアツシがあまり知らない人たちと一緒にいるときに最も起こりやすい。アツシが空腹のときや疲れているとき、あるいは病気のとき、問題行動はさらにひどくなる。
- カズキはあまり構造化されていない状況で長い時間（たとえば、15分以上）年下の子どもたちと遊んだり関わったりするとき、他の子どもたちを怒鳴り、ものを共有することを拒み、暴言を吐いていじめる。もし、他の子どもたちが自分の身を守ろうとしたり、カズキから見て何か悪いこと（たとえば、おもちゃを誤った方法で使う、ゲーム中に失敗するなど）をしたときに、カズキは他の子どもたちを殴ったり蹴ったり、ものを投げつけたりする。子どもたちが泣いているのをカズキは楽しんでいるように見える。両親や他の権威のある大人は事後的に対応してはいるが

(たとえば，カズキのお尻を叩く，カズキの部屋に連れて行く，遊んでいるのをやめさせる），これらの事後的な対応はカズキの行動に対して効果がなかった。カズキは学校ではこのような行動は起こさない。また，自分より身体の大きい子どもと年上の子どもに対してもこのような行動は起こさない。

- 父親かスクールカウンセラーがナオに身体を動かす活動（たとえば，家事，学校でのゲームなど）に参加するように促したとき，または宇宙のこと以外の話題で友だちに話しかけるように促したとき，ナオは言われた通りにすることを拒み，それを無視する。あるいは執拗に宇宙のことについて話す。もし，父親やカウンセラーがナオに無理強いをすると，ナオは泣くか大声で鼻歌を歌う。父親とカウンセラーはたいていの場合，結局折れることになり（そしてナオのしたいようにさせる），ナオがある特定の活動や社会的な関わりを避けることを認めることになる。ナオは，自分が好きなことをしているのをやめなければならないとき，あるいは社会性が求められる状況であるとき，そして，自分に求められていることが曖昧であるとき，活動に参加することによりいっそう抵抗するようになる。

ワーク：行動パターンをまとめてみましょう

自分の子どもの行動のパターンを一文，あるいは短い文章で書き出してみましょう。必要に応じて複数のパターンを見つけましょう。

（_____）が起きているとき，

子どもは（_____）をしている。

その行動により子どもは（_____）

を得ている／避けている。

　理想の世界では，子どもの問題行動と関連したパターンが正しく見つけられたと完全に確信を持てるかもしれません。しかし現実の世界では，確信を持つことが難しい場合もあります。したがって，自分の子どもや周りの人たちを危険にさらさない限りにおいて，自分が立てた仮説（または最良の推測）を検証することは自分たちにとっての助けとなります。子どもの行動に影響を与えると思われる状況を作り出し，その状況における子どもの行動が，自分たちが予測した通りになるかどうかを見極めることができます。図11には推測を検証する方法の例が示されています。推測を確かめると，そのパターンに関する自分たちの確信は裏付けられるか，あるいは誤りであることがわかります。介入がうまくいけば自分たちの仮説は正しかったということになります。もしうまくいかなければ，何かを見落としていたのかもしれず，問題行動についてさらに詳細に調べる必要があり，情報収集の段階に戻ることになります。

3 本章のまとめ

　第3章では，行動を客観的に定義して，子どものより大きなゴールを設定することを学びました。第4章では，話をすること，観察すること，そして記録を取ることを通してどのように情報収集するのかを学び，そしてどのように子どもの問題行動を取り巻くパターンを見つけ出すのかということについて学びました。このような情報（そしてこの情報と関連する傾向にある，子どものニーズに対する高い感受性）があれば，成功する可能性のより高い行動的介入を計画し始めることができます。

行動に関する推測を確かめる方法		
アツシ	カズキ	ナオ
母親はアツシが泣いているときには注目するのをやめ，アツシがどのように反応するかをみることができる。たとえば，アツシはより騒がしく泣くのか，それとも泣き止むのか？	両親は妹に対して，カズキがいじめてきたら，カズキに反応せずに離れるようにと言うことができる。そしてこの新しい対応がカズキの問題行動に影響を及ぼすかどうかみることができる。	ナオのカウンセラーは，活動時間中，本をリュックサックの中にしまうようにナオに言うことができる。そしてこの促しがナオの参加度を高めるかどうかみることができる。

図11　3事例の子どもたちの行動に関する推測を検証する方法

次章に進む前に

- ☀ 自分の子どもの行動に何が影響しているのかを理解するために，周りの人との会話，観察，記録を通して十分な情報が集められましたか？

- ☀ 自分の子どもの行動の起こりやすさを高めたり低めたりしているのは何か，そして行動の結果，得たり逃れたりしている後続事象は何かということを含む行動パターンを特定できましたか？

第5章
計画の作成

　ここまでで最も重要な学びは，子どもの行動に効果的に取り組み始めるにはまず，その行動について理解しなければならないということでした。つまり，行動の背景にある行動を引き起こすきっかけと動機づけを知るということです。第3章と第4章を学んだ後には，次のことについてしっかりと理解できていなければなりません。

- 私たち親が気になっている，子どもが行うことや話すことについての正確な記述，そしてその代わりに子どもにしてほしいと思っている行動
- 子どもの最も良い行動を引き起こす状況と，最も悪い行動を引き起こす状況
- 子どもの行動が果たしているかもしれない目的（子どもが自分の行動の結果として得ていること，あるいは逃れられていること）

　この情報があって，子どもの行動を改善させ，うまくいけば子どもの生活全般を改善させる計画を考え出せるのです。ポジティブな行動支援（以下，PBS）が焦点を当てるのは，子どもをコントロールしようとすることではなく，環境を構造化したり，子どもの行動に違った形でアプローチし対応することによって，子どもの行動に影響を与えることなのです。したがって，ここまでで見出した行動のパターンに基づいた方法から，計画を作ることになります。そして，その計画には親自身の行動を変えることも含まれます。最も優先される重要なゴールは，ポジティブな行動を促すことです。そうすることで子どもは，自分の願いとニーズを達成し，自分を取り巻くさまざまな状況を切り抜けるために，もはや問題行動を用いる必要がなくなるのです。ここまでの章で見出した全ての情報と方法を統合して全体的な行動支援計画にまとめ上げることは，選んだ方法を把握して系統立てたり，そして計画の実行の一貫性を維持したりする点でとても役立ちます。巻末付録Aの中に「行動支援計画シート」（P.195）があります。本章では，第2章で得られた理解に基づき，子どもの問題行動に取り組むために用いることができる三つの一般的な支援方法の詳細について紹介します。

1. 問題行動を引き起こしている状況を変えることによって，その問題を予防すること（たとえば，問題行動を引き起こす事柄を避けるなど）
2. 気になる行動をよりポジティブな行動に置き換えること。具体的には子どもが自分のニーズを伝えたり，困難な状況に対してより効果的に，そしてより適切に対応するのを助ける行動

サトシの計画における支援方法		
問題行動が起こるとき: 　長時間スーパーに出かけている間，母親がサトシに期待されている行動を明確に伝えることができないときや，サトシが買い物に参加させてもらえないとき。	気になる行動: 　ものを要求する。食料品の棚から必要のないものを持ってくる。店内や店の周りで，叫んだり走ったりする。	行動の目的: 　母親に自分の言うことをきかせる（つまり，サトシが要求する特別扱いやおもちゃを与えることなど），買い物を早く終わらせる。
問題行動の予防: 　一回の外出で買わなければならない品物を減らすために，もっと頻繁にお店に行く。これで一回の外出時間は短くなる。 　お店に行く前に，サトシと一緒に期待される行動と買い物リストを再確認する（さらにお店に入る直前にこれらの期待される行動を思い出させる）。	置き換え行動: 　サトシが買い物に飽きたり疲れたりしたときに，それを丁寧な方法で伝えるように促す（たとえば，かんしゃくを起こす代わりに「どれくらいここにいないといけないの?」など）。 　サトシが自分で取ってもいい品物のラベルや写真を渡して，サトシが買い物をするのを援助する。 　スーパーに出かける前，そして出かけている最中にサトシに期待される行動を練習させる（つまり，母親の隣にいること，カートに座ること，小声で話すこと）。	後続事象のマネジメント: 　期待される行動ができたらサトシをほめる。 　レジでサトシがごほうびを選んでもよいことにし，さらに家に着いたときに特別な活動を行う。ただし，これはサトシが適切に行動できたときだけにする。 　サトシの声が大きくなったときや，カートから降りようとしたときに，どのように行動するべきなのかを思い出させる。 　思い出させても応じなかった場合，手を引いてカートに乗せ，レジでごほうびをもらえる特別なご褒美を失ったことを伝える。しかし，まだ家に着いたときの特別な活動を行うチャンスは残されていることも伝える。 　それでもサトシが不適切な行動を続けた場合は，店を出て後でまた来るようにする。

図12　サトシの計画における支援方法の概要

3. 行動の後続事象をマネジメントすること。そうすることで子どもはポジティブな行動によって褒められ，かつ，問題行動に対して不適切にごほうびが与えられなくなる

　このような計画を構成する要素の全体像を示すために，見出されたパターンに基づいたサトシ（第2章で登場）に対する支援方法のまとめを図12に示しました。この後，アツシ，カズキ，ナオの3人の子どもを例として用いながら，支援方法について解説・例示していきます。

1　問題の予防

　ある程度の確かさで，どの特定の場面，そして条件が子どもの問題行動を引き起こすのかわかったとき，このような周囲の状況を変えるだけで，問題行動のいくつかを予防できるかもしれません。基本的には，「子どもの問題行動を予防するために，そしてポジティブな行動を促進するために，どの特定の状況を変えることができるのか？」という問いに答えることによって，確実性の高い予防的な方法を考え出すことができます。

1-1　悪い状況を完全に避ける

　問題を予防するために状況を変えることには，さまざまな方法があります。一つ目の選択肢は，単純に悪い状況を完全に避けてしまうことです。これは，子どもに特定の経験をさせないこと，さらに（あるいは），より子どものニーズに合わせるということです。そうすることで不必要な戸惑いにより問題行動が引き起こされることがなくなります。例を以下に示します。

- 子どもが特定の場所で，そして特定の人に対して，あるいは特定の活動において問題行動を起こすのであれば，そしてこれらの人や事柄に関わることが絶対に必要不可欠ということでなければ，子どもがそういうものに接触するのをやめさせることができます（たとえば，10代の子どもに親の会社のパーティーへ行かせないようにする，夕食でほうれん草のクリーム煮の代わりにエンドウ豆を出すなど）。
- 子どもが病気のときや，疲れているとき，空腹時に問題行動を起こしやすいのであれば，これらのニーズに対応することができます（たとえば，不快なアレルギー反応を引き起こす物質に曝すことを制限する，昼寝やリラクゼーションのための時間を必ず取るなど）。
- 子どもが注目を得たいと思うときに問題行動が起こるのであれば，一日の中のどこか特定の時間において無条件に一対一の関わりの中で注目を与えることができます（たとえば，子どもが学校から帰ってきたときにその日あったことについて尋ねる，子どもに添い寝をするなど）。
- 子どもがある事柄をあきらめなければならなかったり，自分の好きな活動を止めなければならないときに問題行動を起こすのであれば，このような活動を行う時間を十分に持てるように工夫できます（たとえば，毎日少なくとも1時間は子どもが野外で遊べるようにする，テレビを見る一定の時間を別に確保するなど）。

　子どもにとっての困難な状況を避けるということは，親にとって賢明なことであり，子どものニーズを尊重する重要な方法です。しかしながら，このような方法がいつも可能であるとは限りません（たとえば，どうしても子どもには歯を磨くことや，家事を手伝うことが必要です）。

1-2　困難な状況をより望ましいものにする

　二つ目の選択肢は，困難な状況をより望ましいものにすることです。子どもがそのような状況で

表2 子どもとのコミュニケーションの助けとなるやり取りと妨げとなるやり取りの例

コミュニケーションの助けとなるやり取り	コミュニケーションの妨げとなるやり取り
期待される行動をはっきりと伝えること	複数のメッセージをごちゃごちゃにして子どもに伝えること
子どもそのものではなく問題行動に焦点を当てること	子どもを非難したり，責めたりすること
子どもの努力を賞賛し励ますこと	子どもを甘いことばでだましたり，ワイロを送って協力させたりすること
子どもに質問をして，その答えをしっかり聞くこと	子どもについて憶測や勝手な判断をすること
子どもと話をして，観察した内容について説明すること	子どもに説教をする，要求をする，または指示をすること
子どもに責任と自己コントロールを与えること	子どもに対してへりくだる，または子ども扱いすること
子どもに信頼と敬意を表すること	子どもに対して嫌みを言う，ばかにする，または強い口調で言ったりすること
子どもと妥協案について交渉すること	子どもに対して折れる，またはあきらめること
子どもに選択の機会を提供すること	子どもに対して強い口調で言うこと

　好むものを加える(あるいは組み込む)ことによって，特定の状況をより楽しくすることができます。たとえば，もし子どもがある決まった活動のときだけ問題行動を起こすのであれば，このような活動をより快適なものにするために，活動のいくつかの点を変えることができます（たとえば，作業を短くする，あるいは単純化する，作業をするときに音楽を聴いてもいいようにする，作業を手伝ってくれる友達を参加させるなど）。子どもの問題行動が，大人が他のことに注目しているときに起こるのであれば，子どもが待っている間に行う何か楽しいことを提供できます(たとえば，本を読む，携帯ゲーム機で遊ぶなど)。問題行動が子どもに楽しい活動を止めるよう言ったときに起こるのであれば，子どもがその活動の移行に関われるようにしたり，（たとえば，子どもに自分でコンピューターを終了させるなど)，いつまたその楽しい活動を続けられるのかを知らせたりできます。そして，親が子どもと対立したときに，不適切に行動するのであれば，子どもの行動を修正したり，子どもに要求するやり方を変えることができます。

　注意を払うべき重要な配慮事項の一つは，困難な状況にある子どもとのコミュニケーションの方法です。つまりそれには，親である私たちが何を言うかということだけではなく，用いる声のトーン，ボディランゲージ，表情も含まれます。コミュニケーションのスタイルは，子どもの協力や気持ちの良いやりとりを引き出す可能性がある一方で，抵抗やネガティブな行動を生み出すこともあるのです。例として，表2に子どもたちとのコミュニケーションを助けたり，あるいは妨げたりするかもしれないやり取りの例を示しました。

　問題を予防し，ポジティブな行動を促すための特に効果的な方法は，子どもが自分自身の意思決定を行うために，より多くの選択の機会と自由を与えることです。そうすることで，子どもがもっと自分のことを自分でコントロールすることを認めるのです。このことについて真剣に考える時間を持つと，子どもが自分自身で意思決定できるかもしれない（このことが子どもの行動に良い影響を与えるかもしれないのです）にもかかわらず，親が子どものために決定していることがたくさんあることに気づくかもしれません。子どもに選択の機会を与えることは，自立心を培い，良い意思決定スキルを育てます。たとえば，子どもに以下のようなことを行わせることができます。

- いくつかある家事の中で最初に行うものを選ぶ
- 自分の部屋をどのようにアレンジしたいのかを決める
- 一日の活動の順番を決める
- どの服を着てどのアクセサリーを身につけるのかを決める
- 夕食の際，メニューの選択肢の範囲内から選ぶ
- 一緒に遊ぶ友達を選ぶ
- 頼まれたことに対して「嫌だ」と言う

1-3　適切な行動を促す手がかりを加える

　問題行動に関連する状況を避けたり変化させたりすることに加え，もう一つの有効な方法は，子どもが適切な行動をすることを促すための手がかりを加えることです。子どもたちにとって明確なルール，日課，境界線を設定し，子どもに期待される行動を思い出させる必要があります。たとえば，夕食のテーブルではどのような振る舞いが期待されているのか，いつどのようにして友人を招待するべきなのかを，自宅周辺の境界線（たとえば，大人が一緒ではない状況でどれだけ遠くまで行っていいのか，誰の家であれば訪ねてもいいのかなど）がどこなのかを子どもは理解する必要があるかもしれません。場合によっては，どのようなルールであるのかということを正確に言うだけで十分です。そうでない場合（たとえば，幼い子どもや反抗的なティーンエイジャーなどの場合）においては，文書で書かれたリマインダーや写真（たとえば，おもちゃをどこに片付けるべきかを示した写真，冷蔵庫に貼ってある作業リストなど）を使うと役に立つかもしれません。

　子どもに期待される行動が，その子どもの年齢や能力に対して妥当であること，そして，その期待される行動を子どもに容易に理解できる方法で示されることが重要です。たとえば，子どもに何かを頼む場合，強く要求する場合，あるいは選択肢を提示する場合を使い分けることは有効かもしれません。次のようなときには違ったことば使いをするべきです。

- 子どもにあることをしたいかどうか尋ねるとき（たとえば，「一緒に買い物に行く？」「テレビをみたい？」など）
- 子どもにしなければならないことを伝えるとき（たとえば，「あなたに芝生を刈ってもらわないといけないわ」，「宿題は7：00までに終わらせなさい」など）
- 選択肢を提示するとき（たとえば，「車を洗う？　それとも犬を洗う？」，「部屋の掃除とピアノの練習，どっちを先にする？」など）

　多くの問題は，これからどのような出来事が起こり，子どもに期待される行動は何かを簡単に説明することで，そして，子どもが新しい状況に直面する前に期待される行動を確認しておくことで予防することができます。これは，これからどこに行くのか，他に誰がそこにいるのか，どれくらいの間そこにいるのか，そして正確に，そこにいる間に子どもに何をしてほしいのか，そして何を話して欲しいのかをはっきりと伝えるということです。親がしてほしいと思うことをどのように達

成するかについて，子どもが直感的に理解するとは想定できません。期待される行動をどのように行うのか子どもに教えなければなりません。たとえば，子どもを親の職場に連れていくとき，親は「少しの間，会社に寄るね。車を止めた後で，手をつないでビルの中に歩いて入るよ。ビルの中に入ったら小さな声でお話しして，勝手にものに触らないでね。もし誰かが私たちのところへやってきて，こんにちはと言ってくれたら，握手をしてこんにちはと挨拶を返して礼儀正しく応対してね。私がパソコンを使っているとき，あなたは持ってきた本を読んでいてもいいし，メモ帳に絵を描いていてもいいよ」と言うことができます。

ある子どもは，活動が長すぎるときや，やりたい何かを待たなければならないときに問題を起こします。このような場合，子どもにたとえば「もうほとんど終わったね。あと5分座って本を読んでいられるよね」ということによって期待される行動を思い出させることができるかもしれません。とても幼い子どもや特別なニーズがある子どもに対しては，いつそれが完了するかを思い出してもらうために，タイマーを用いたりカウントダウンを行ったりすること（あと5分，あと4分……など）ができるかもしれません。一般的に，手がかり（期待される行動を子どもに思い出してもらうための控えめなプロンプトのこと）を用いることで，多くのタイプの問題行動を予防できます。図13に，3人の事例における問題を予防する方法を示しました。

ワーク：問題の予防

どのような状況が子どもの問題行動を引き起こしていると思われますか？

___

問題を予防するために，その時の状況をどのように変えることができますか？

- 難しい状況を避ける

- 問題となる状況をより良くする

- 適切な行動を促す手がかりを加える

問題行動を予防する方法の例		
アツシ	カズキ	ナオ
問題行動が起こるとき： 　母親がアツシ以外の誰か，あるいは何かに注意を向けているとき。 　雑然とした状況であるときやよく知らない人と一緒のとき 　アツシが空腹のとき，疲れているとき，病気のとき。	問題行動が起こるとき： 　長時間にわたって遊ぶとき，またはあまり構造化されていない状況で年下の子どもとかかわるとき。	問題行動が起こるとき： 　身体を動かす活動に参加するように，あるいは友達と関わるように言われた直後。 　ナオが好きな活動をすることを止められた直後。 　社会性が求められる状況や，その場で期待される行動が曖昧なとき。
問題行動の予防： 　集中することが必要な活動の前に，アツシを安心させてあげたり，援助を行ったりする（たとえば，アツシを抱きしめたり，おやつを与えるなど）。 　母親がいつ自分の用事を片付けるための時間が必要なのか，そして母親が忙しくしている間にアツシにどうしておいてほしいのかを知らせる（たとえば，「あなたが遊んでいる間に，ちょっと電話をかけてくるね」，「夕食を作っている間にその本を読んでおいてね」など）。 　母親が数分以上の間アツシから目を離すときには，特別なおもちゃや活動の機会を与える（たとえば，母親が夕食を作っているときにだけ，アツシが楽しめるおもちゃ箱など）。 　アツシが何かを必要とするときに，ことばや身振りを用いることを思い出させる（たとえば「助けてください」など）。	問題行動の予防： 　カズキが他の子どもを傷つけてしまう前に両親がそれを止めることができるように，カズキが妹や他の子どもと遊ぶときには，今以上にカズキをしっかりと見守るようにする。 　他の子どもと遊ぶためのルールを設定し（たとえば，順番交代する，お互いに礼儀正しく話すなど），カズキの友達，そして子どもたちを監督することがある大人と一緒にそのルールを確認する。 　定期的に遊びを中断して，問題が起こり始める前に子どもに別のゲームをさせる（たとえば，開始後10分後くらいで）。 　妹と年下の子どもに，カズキにやり返すのではなく，カズキから離れるように促す。	問題行動の予防： 　ナオがその日に自分に期待される行動を理解するように活動の予定表を作る，また，それを文書化する。 　本を読むことを止める前，あるいは宇宙について話すことや議論することを止める前に，ナオに明確な通知（たとえば，時間の制限など）をしておく（たとえば，「5分後に夕食に呼びますよ」）。 　他の活動に参加している間は，本と電子手帳をナオから見えないところに置いておく。 　ナオに参加を求める前に，その社会的な状況とそこで期待される行動を明確に示し，ナオが参加できるやり方を繰り返し練習する。 　ナオの友達にナオが落ち着かないように思われたら，ナオにいろいろなことを説明するよう頼んでおく。

図13　3名の事例における問題行動を予防するための方法の例

2　問題行動を適切な行動に置き換える

　問題行動は，それが不愉快なものであっても，周りを乱すものであっても，たとえ危険なものであったとしても，単純に子どもが目標を達成する手段であり，また子どもが自分のニーズを伝える方法であると理解するべきです。子どもが問題行動を起こすのは，その問題行動がその時点において，直面している状況に対応するため，または自分が望む結果を得るために，最良な，あるいは最も効果的な選択肢のように思えるからです。したがって，問題行動に取り組む際の最も重要なゴールは，うまくいけば問題行動と置き換わるであろう，より適切な行動の仕方を発達させるよう子どもに働きかけることなのです。次のような問いかけが，問題行動に置き換わる行動を考え出すときの指針となります。「子どもが必要とするものを得るために，そして困難な状況を避けたり先延ばしにするために，あるいは特定の状況に対してもっと適切にそして効果的に対応するために，この子には他にどのようなやり方ができるだろうか？」

　子どもの行動を置き換えることには，より適切に自分のニーズを伝えること，人により協調すること，日々の活動においてより自立すること，そして，困難な状況に対する耐性と対応方法を身につけることが含まれます。以下にいくつかの例を示します。

- 子どもが不快なときに問題行動を起こすのであれば，自らの身体的なニーズに対処することを教えることができます（たとえば，空腹のときにお菓子を手に入れる，頭が痛いときに休みを取るなど）。
- 子どもが特定の活動（たとえば，宿題や家事など）で苛つくのであれば，休憩を取らせたり，課題をスモールステップに分けたり，活動を変えさせたり，リラックスできるエクササイズを定期的に行わせることができます。
- 子どもが他の誰かがしている行動で困っているのであれば，そのことをことばで表現し，不快なやり取りを避けるか，助けを求めるよう促すことができます（たとえば「それやめて」と言う，そこから立ち去る，大人を探すなど）。
- 子どもが注目を得るために問題行動を起こすのであれば，注目を求めるためのもっと適切な方法（たとえば，「今遊びたいよ」や「あなたとおしゃべりしたいの」と言うなど）を教えたり，しばらくの間，一人で楽しんだりすることを教えられます。
- 子どもが好きなものやおもちゃを取り上げられたことに対して，いつも不適切に反応するのであれば（たとえば，かんしゃくを起こす，けんかするなど），そういう物を取り戻すために礼儀正しくお願いすること，順番を交代すること，その物を後で使うよう計画することを教えられます。

　問題行動を，状況に対応するためのより適切な方法に置き換える際に最も難しいのは，子どもはそれまでしばらくの間，問題行動を効果的に用いていたかもしれず，そのために問題行動をすっかり用いやすくなっているかもしれないということです。問題行動を適切な行動に置き換えるには，

問題行動を置き換える方法		
アツシ	カズキ	ナオ
気になる行動： 　泣く，しがみつく，抱っこをせがむ。	気になる行動： 　叫ぶ，ものを共有することを拒む，からかう，悪口を言う，叩く，蹴る，ものを投げつける。	気になる行動： 　活動に参加すること，家事を行うこと，および人とかかわることに対する拒否。
置き換え行動： 　何か欲しいものがあるときに，泣くのではなく，ことばを用いたり（たとえば，「ママ，助けて」など），指さすように促す。 　少しの間一人で遊ぶことを教える（たとえば，アツシが別のおもちゃで遊んでいるときにアツシのおもちゃの1つを使ってみせて，それからアツシに使う練習をさせる。あるいは，母親が短い作業をしている間に本を読むことを練習させるなど）。	置き換え行動： 　他の子どもから強い情緒的な反応を引き出す別の方法を教える（たとえば，冗談を言うなど）。 　他の子どもとの遊び方，ものの共有の仕方，ことばで自分の問題を解決する方法を教える（たとえば「こんな方法でやってみたら？」など）。 　リラックスすること（たとえば，深呼吸をするなど）と，怒ったときにその場から立ち去ることを教える。 　妹と一緒にこれらのスキルを用いることをカズキに指導する（たとえば，二人で外に遊びに行くとき，二人の意見が対立した場合にカズキがそれにどのように対処するのかをカズキに説明させるなど）。	置き換え行動： 　一日の予定を書き出して，その通りにこなすよう促す。どのような活動を行い，どのような会話を行ったか記録するように促す（たとえば，どのような話題についてか，どれくらいよく参加できたか，その活動を楽しむことができたかどうかなど）。 　ナオが不快であったり，休憩や期待される行動の明確化が必要であるときに，ことばで表現することを教える（たとえば，「ちょっと時間が必要です」など）。 　友達と会話するためのソーシャルスキルを教える（たとえば，会話の始め方，終え方など）。そしてナオが余裕を持って簡単にできるようになるまでそのスキルを練習する。

図14　3名の事例となる子どもに対する問題行動を置き換える方法

　その適切な行動が問題行動と同じくらいに用いるのが簡単で同じくらい効果的であることが必要です（つまり，その得られるものが同等でなければならないということです）。たとえば，からかいをやめさせるためにきょうだいを叩いてしまう子どもは，叩くことがとても効率的で効果的な方法であるとわかっていることでしょう（叩く行動は，そのからかいを即時に止めさせるということです）。子どもに何が嫌なのかをきょうだいに丁寧に説明するようにと言っても，説明するという行動がうまくいくのに余計に長い時間がかかったり，あるいは問題行動と同じようにはうまくいかなかったりするかもしれません。その代わりに，単純に「やめて」と子どもに言うようにさせたり，親のところへ来て，親のそばにいさせたりする方が，少なくともしばらくの間は効果的かもしれません。このようにすれば，そのポジティブな行動は元の問題行動に競合できるようになるでしょう。図14にはアツシ，カズキ，ナオの問題行動を置き換える方法を示してあります。

一度，子どもに必要なスキルを選んだら（子どもの問題行動の目的と子どもが対応しているその状況に基づいて），それらのスキルを教えなければなりません。親が子どもにしてほしいことを説明したり見せたりすることで十分な場合もあるでしょう。そうでない場合には，一つのスキルをさらに細分化し，個々のステップを教えることが必要であるかもしれません。たとえば，ナオには発達障害があるので，会話と社会的なやり取りの適切な方法については，さらなるガイダンスを受けることが必要になるかもしれません。

ワーク：行動を置き換える

あなたの子どもが今行っている，気になる行動は何ですか？

_____
_____
_____
_____

その問題行動の代わりに子どもにしてほしいことは何ですか？（何を置き換え行動にできますか？）

_____
_____
_____
_____

ナオの役に立つと思われるステップや内容には以下のことが含まれます。

1. 自分が話したいと思っている人が，他のことをしていて忙しくないかどうか確認しましょう。もし忙しそうであれば，その人があなたと話せるよう手が空くまで待ちましょう。
2. その人に近づいて行って目を合わせましょう。その人に「こんにちは」と言って挨拶をしたり，あるいは何か尋ねたりしてみましょう（たとえば，「今日はどんなご気分ですか？」など）。
3. その人と自分の両方が興味を持てるような話題を選んで，その話題で会話をしてみましょう（たとえば，「どんな種類の本を読むのが好きですか？」など）。
4. 他の人が話したことや答えたことをしっかり聞きましょう。もしわからなかった場合や，もっと知りたいと思った場合は質問をしてみましょう。
5. その人との会話を終えるときには，そこから立ち去る前に会話を締めくくりましょう（たとえば，「もう行かなくちゃ。お話できて良かったわ」と言うなど）。

子どもの問題行動に置き換わるスキルを促す際には，期待される行動を明確に子どもに伝えること，用いようとする特定の方法に関する説明と理由づけを行うこと（なぜその方法が必要なのか，その方法とはどのようなものか，どのように用いられるのか）が必要です。そして可能であれば，自分自身の問題を解決するよう子どもを導くのです。この指導プロセスに関するさらなる具体例と情報源は，巻末の参考文献の「ペアレンティングについて」（P.186）にあります。

3　後続事象をマネジメントする

　問題行動が起こるのは，それが有効に働くからです。問題行動によって子どもは，あることを得たり，あることから逃れているのです。問題行動の結果として子どもが得ていることや逃れていることが，その問題行動を持続させます。子どもの問題行動の成果，結果，後続事象を知ることは，何が子どもを動機づけているのか，そして，何が子どもの行動の変化に影響するのかを理解する助けとなります。また，子どもにとって何が重要なのか，どのようなことには進んで取り組むのかということも知ることができます（たとえば，子どもが，やりたくない課題や活動を避けるために問題行動を示して多くのエネルギーを費やしているのであれば，そのエネルギーをポジティブな行動に向かわせることによって何が達成できるかについて考えてみましょう）。このような理解をもとに，「子どもが求める後続事象を，ポジティブな行動を用いるときには手に入れやすく，問題行動を用いるときには手に入れにくくするために，子どもの行動にどのように対応することができるか？」などの問いに答えることによって支援計画を立てることができます。結局のところ，行動の後続事象をマネジメントするときのゴールは，問題行動よりもポジティブな行動によって，子どもの行動の目的や機能が達成されるのを確実にすることです。例を以下に示します。

- 子どもが人から注目を得るために問題行動をしているのであれば，家族のメンバーや友人に，子どもが適切な行動をしているときに話しかけたり褒めたりするように頼むことができます（つまり，良い行動をしているところを見つけてあげるということです）。逆に，問題行動を起こしているときは注目しないように頼むことができます。
- 子どもが，活動を行うために，あるいは玩具などのとても欲しいと思っているアイテムを手に入れるために問題行動を起こしているのであれば，これらのアイテムはポジティブな行動の後にのみ手に入れられるようにすることができ（たとえば，ほしいアイテムを適切に要求するように言ったり，宿題が終わったときだけテレビを見てもよいことにするなど），問題行動の後には取り去ることができます。
- 子どもが問題行動そのものを楽しんでいるようにみえるのであれば（つまり，楽しそうに走り回ったり叫んだりする），同じような刺激を得ることができる他の方法を見つけ出すことができます（たとえば，子どもを定期的に公園に連れていき，やりたいだけ活発に行動させてあげるなど）。
- 子どもが自分が好きではない課題や状況を避けるために問題行動を用いているのであれば，子

後続事象のマネジメント方法		
アツシ	カズキ	ナオ
行動の目的： 　母親からの注目と安心感を得ること。母親が手を止めて自分に関心を向けること。	行動の目的： 　人をコントロールすること、自分一人の楽しみを得ること、年下の子どもの反応を得ること。	行動の目的： 　活動への参加や人とのやり取りを避ける。
後続事象のマネジメント： 　アツシが適切なことばや身振りを使ったときにだけ、要求に応じる。アツシが泣いたら、泣き止むまで対応しない。必要であれば、部屋の外に連れて行く。 　アツシが一人で静かに遊んでいるときには、忘れずにその行動を褒めるようにする（たとえば、「上手に遊んでいたわねえ。さあちょっとだけ抱っこしようか」など）。	後続事象のマネジメント： 　妹や他の子どもに、カズキがからかったり怒鳴ったり馬鹿にしたりし始めたときには、カズキが望む反応をするのではなく、そこから立ち去り、場合によっては大人に助けを求めるよう促す。 　仲良く一緒に遊べていたら、カズキに（妹にも）自分で選んだ特別な活動をご褒美として設定する。 　カズキが他の子どもを傷つけてしまったときにカズキを叩くのはやめて、タイムアウトを使う（これについては本章の「3-3 弱化についての配慮事項」の節でさらに検討します）。 　カズキが他の子どもと遊んでいるところをチェックして、カズキが適切に問題に対応したときに彼を褒める。	後続事象のマネジメント： 　ナオが求められていた活動や家事をやり遂げた後、または途中でやめたいと適切に言ったときには、一人で本を読む時間を取ったり、パソコンを使って過ごしたりしてもよいことにする。 　ナオが別の話題で会話できた後で、ナオの興味のある話題で話すことを許す。 　ナオが不適切な行動をしたときに、やり取りをやめさせないようにする、あるいはナオに求めていることを取り下げないようにする。 　ナオに自分自身の仲間と大人とのやり取りについて記録させる（たとえば、誰と話したか、何を話したかなど）。 　ナオが一週間のやり取りと活動への参加に関するゴールを達成できたときには、図書館に行くことを許可したり、新しい本を買いに行くためのクレジットカードを持たせる。

図15　3名の事例となる子どもに対する後続事象のマネジメント方法

どもが適切に行動しているときに小休止や休憩を与えることができます。逆に、そうでなければ子どもがこのような状況を避けることができないままにします（たとえば、1週間ずっと文句を言わずに家事をすることができたら、一日家事をしなくてもいい日を作ってあげるなど）。

図15に3名の事例となる子どもに対する後続事象をマネジメントする方法の例を示します。

ナオに期待される行動	日	月	火	水	木	金	土
朝の支度を時間通りに行うこと	✓		✓	✓		✓	✓
学校の宿題を全てやること	✓	✓	✓		✓	✓	
レクリエーション活動に参加すること	✓		✓		✓	✓	✓
食卓の準備をし，夕食を作るのを手伝うこと	✓	✓	✓	✓		✓	
夕食を食べ家族と交流すること		✓		✓	✓	✓	
友達とかかわること（ボーナスポイント）		✓			✓	✓	
目標：5日間のうち4日間はお小遣いをもらおう	200円	200円	200円	150円	200円	300円	100円

図16　ナオに対するご褒美システムにおける記録表の例

　子どもの行動の結果として起こること全てをコントロールすることはできません（たとえば，他の人から注目を得ること，行動そのものから刺激を受けることなど）。しかし，改善を見るためには，恐らく自分がコントロールできる範囲の後続事象で十分でしょう。後続事象が効果的であるためには，明確であり一貫していることが必要です。子どもがすでに行っている適切な行動について，そして子どもに変えてほしいと思う不適切な行動について，子どもに定期的に話すべきです。子どもの特定の行動を必ず褒めるようにするべきです。また，子どもの行動が起こる度にできるだけすぐに対応すべきです。このことは，新しい習慣を作ろうとしている初期の段階においては特にそうです。

3-1　ポジティブな後続事象

　親の管理内にある子どもの特別なご褒美（たとえば，お小遣い，テレビを観ること，特別なごちそう）は，子どもが適切に行動できているときだけ，子どもが手に入れられるようにしておくべきです。特別なご褒美は，適切に行動していない場合には取り去ることができますし，取り去るべきです。一日ごとの，あるいは1週間ごとのご褒美システム（これは，それぞれの子どもと家族について個別化されたもの）を確立させることは，親が子どもに期待される行動を明確にして，より一貫してご褒美を提供するのを助けるかもしれません。図16に，ナオが具体的に期待される行動の達成に応じて，週ごとにどのようにお小遣い（新しい本やパズルを買うために使ってもよい）をもらっているのかを示します。

3-2　ネガティブな後続事象

　問題行動ではなく，ポジティブな行動に対して子どもがご褒美を得られることを確実にするのに加えて，問題行動が起きてしまったときには直接的にその問題行動へ対応するのが有用なことに，あるいは必要な場合さえあることに気づくかもしれません。自然で，理にかなった後続事象を用いることは，最も効果的で，子どもを尊重するアプローチになる場合が多いのです。

　自然な後続事象とは，子どもがある方法で行動したときに自動的に起きる結果（つまり，私たち

がそれが起きることを簡単に許容できる事柄）のことをいいます。たとえば，もし子どもが自分のおもちゃを壊したら，もうそれで遊べなくなります。もし子どもが頻繁にお弁当を学校に持って行くのを忘れたら，昼食時に空腹になってしまいます。理にかなった後続事象とは，子どもの行動に対して大人が反応するやり方が，子どもの行動に密接に関係しており，そしてそこで起こった状況とつじつまが合うということです。自然で，理にかなった後続事象の例を以下に示します。

1. 自分が散らかしたものを片付けさせること：自分が使ったおもちゃやものをきちんと片付けさせ，そしてこぼしたものは自分できれいにさせる（たとえば，おやつを準備したあとに台の上を拭かせるなど）。
2. 無駄にした時間を，自分でなくしてしまった時間とすること：子どもが親から言われたことを行うのにとても長い時間を費やすのであれば，特別なご褒美のために別にあった時間を失う（たとえば，「そう，やっとあなたの家事が終わったのね。でももう遅すぎるから映画は見られないわね」など）。
3. 不機嫌になることが，孤独を招くということ：子どもが不作法であったり，破壊的であるなら，適切に行動できるようになるまで，他の家族の近くにいることを受け容れるべきではありません（たとえば，再び礼儀正しくなるまで，自分の部屋にいるようにさせるなど）。

このようなアプローチは，アツシの事例に応用することができます。たとえば，母親は，アツシがどれくらいの間一人で遊べるかということに基づいて，一対一でアツシと遊ぶ時間の長さを決めることができるでしょう（たとえば，5分間一人で過ごせる度に5分間遊んであげるなど）。また，アツシが適切に行動できている場合にのみ，一緒の部屋に居ていいことにするかもしれません（たとえば，アツシが泣いてしまったら，少しの間，別の部屋に行かなければならなくするなど）。

問題行動に対応するためによく用いられる二つの後続事象は，タイムアウトと弁償です。タイムアウトとは，ご褒美，注目，その他のポジティブな後続事象を一定時間取り去ることなどです。これは非常に長い時間に渡って子どもを隔離したり，子どもの自尊心を傷つけるような状況（たとえば，部屋に鍵をかけて閉じ込める，壁に鼻を付けさせて立たせるなど）に置いたりするということではありません。これらはタイムアウトの間違った使い方であるといえます。タイムアウトの第一の目的は，とても楽しい状況から子どもを引き離し，少しの間だけ，どちらかといえば退屈な状況に置くということなのです。たとえば子どもは，適切な話題で話ができるまで夕食の席から離れるように，または，きょうだいとの口論を解決するためのより適切な方法を考えるために，数分間，自分の部屋に行くように言われるかもしれません。

弁償とは，子どもに修復させたり他のものと交換させたり，その他，自分がダメージを与えてしまったことに対して責任を取らせることなどです。これは，子どもの行動に自然に結びついている特別なご褒美を失うこと，および，状況をより良くするための作業を行うということです（たとえば，子どもが壊してしまったものにお金を支払うために，家事を余分にしてお金を得るなど）。弁償を効果的に用いるためには，自分がどのような悪いことをしたのか，どのようにその状況を改善

させることが自分に期待される行動なのかを正確に子どもが理解しているかどうか，そして，自分の失敗を修復することが子どもに可能であるかどうかを確認しておくことが重要です。

3-3 弱化についての配慮事項

　子どもが問題行動を起こしたときに，弱化手続きのより極端な形のものを用いることは，私たち大人にとって自然な反応なのかもしれません。これは，平手打ちをしたりお尻を叩いたり，食事を抜いたり，怒鳴りつけたり，長時間にわたり子どもを拘束するといった厳しい仕打ちをするということもあるでしょう。このような弱化は，子どもの注意を喚起し，その行動を即座に止めることがあります（それは恐らく，ただ単にショックを受けた影響やこれらの仕打ちで引き起こされた恐怖のためでしょう）。しかし，このような弱化には，持続的な副作用があることも多いのです。

　第一に，弱化は使われすぎる傾向があります。弱化はとても有効に作用し，子どもの問題行動を即座に止めるという結果をもたらすので，魅力的な選択肢なのです。さらに，弱化はそれを使う側のいらいらをいくらか解消させ，これは弱化を使う側の強化[訳註1]となり得ます。したがって，弱化の使用は繰り返し用いるよう助長されます。弱化は自己永続的な悪循環に容易になり得るのです。

　第二に，弱化の効果そのものは一般的に長続きせず，その場限りです（つまり，我々が弱化を行うことができる時だけ，できる場所だけでしか効果がないということです）。ついには，子どもの行動をコントロールするために，全ての時間で，あるいは弱化の厳しさのレベルを強くして，子どもを弱化しなければならないという気持ちになるかもしれません。公共の場や，子どもを弱化するのがはばかられるその他の状況において，子どもの行動が悪化していることに気づくかもしれません。

　第三に，弱化は子どもに適切な行動を教えません。むしろ，弱化は行動を止め，抑制することに焦点を当てます。子どもは弱化によってはどのように行動すればよいかを学ばないのです。子どもは単にどの行動（そしてその行動に伴う後続事象も）を積極的に避けるべきなのかを学びます。このため，子どもは自分から動かなくなり，問題を解決するための新しい方法を探し求めなくなります。その代わりに，面倒なことから免れること，少なくとも見つからないようにすることに注目するのです。

　最後に，弱化には情緒面の副作用があり得ます。子どもは親を否定的に見るようになったり，親に報復したり，親と関わらなくなるかもしれず，親子関係に長期にわたるダメージをもたらすこととなります。親が弱化に頼れば，もはや礼儀正しいやりとりとセルフコントロールのためのポジティブな役割モデルを示すことができなくなるでしょう。以上の理由により，弱化の使用は最小限にするべきなのです。

[訳註1]　後続事象の一つで，ある行動の後に起こることで，その行動が将来起こりやすくするプロセスのことを強化と呼ぶ。弱化はその逆で，将来起こりにくくなるプロセスのこと。

3-4　危機管理

　時々，子どもは，自分自身や周りの人たちを危険にさらすような行動をするときがあります。このような場合，子どもをその状況から物理的に引き離したり（たとえば，子どもを抱きかかえて連れて行くなど），子どもの行動をブロックしたり（たとえば，他の子どもとの間に立つなど），少しの間子どもに制限を加えたり（たとえば，彼らが落ち着くまで離さないなど），他の大人の注意や助けを得ること（たとえば，助けを求めるなど）が必要でしょう。このような危機管理は，弱化，あるいは解決策であると考えるべきではありません。そうではなく，行動をマネジメントするより良い計画を立案することができるまでの，その子ども，家族，財産の安全を確保するために必要な手段と考えるべきです。危機管理の方法が必要であれば，その方法は控えめに用いるべきであり（つまり，必要最低限のことばがけや物理的な力で），子どもが自分の行動のコントロールを取り戻すよう支援するのに必要な時間の長さだけ用いるべきです。これらの原理をカズキの事例に応用することができます。両親はカズキが妹に対して攻撃的になったときに（たとえば，叩く，蹴る，ものを投げつけるなど），すぐに介入する必要があります。これはカズキが落ち着くまで，離れた場所に移動するよう両親が促すということかもしれませんし，カズキをそこへ身体的に誘導して連れて行くということかもしれません。

ワーク：後続事象のマネジメント

子どもが行動によって達成しようとしていることはどんなことですか？

- 子どもが得ようとするもの

　　_____
　　_____
　　_____
　　_____

- 子どもが逃れようとするもの

　　_____
　　_____
　　_____
　　_____

あなたは子どもの行動にどのように対応しますか？

- どのような方法によってポジティブな行動（置き換えるスキルなど）にプラスの結果を与えますか？

　　_____
　　_____
　　_____
　　_____

・どのような方法によって問題行動に前向きに対応しますか？（問題行動にプラスの結果を与えることなく）

_____

_____

_____

_____

　問題を予防し，問題行動を置き換え，後続事象をマネジメントするために選択する方法は，全てが整合性を持ち包括的な支援計画の一部として統合されていなければなりません。自分たちが用いている方法（つまり，行動支援計画の中で用いている方法）を記録しておくことは役に立つかもしれません。そうすれば，その記録を素早く簡単に参照することができます。

4　本章のまとめ

　子どもの気になる行動に取り組むための最も重要な長期的アプローチは，子どものニーズを満たすための，そして困難な状況に対応するための，より適切な行動の発達を支援することです。PBSの本質は「教える」ということなのです。子どもの行動の原因と理由がわかったとき，問題を予防すること，それに置き換わる行動を促すこと，そして，後続事象をマネジメントすることによって，子どもに適切に行動する方法を教えるための計画が立案できるのです。

次章に進む前に

☀ どの行動に取り組む必要があるか，そして，それはいつ，どこで取り組む計画なのかを決めましたか？

☀ これまでに入手した行動パターンの理解を用いて，次のような方法を考えましたか？

　・問題を予防するための方法

　・問題行動の置き換え行動を促すための方法

　・後続事象をマネジメントするための方法

第6章 計画の実行

　子どもの問題行動の原因と目的を理解した時点では，支援計画を決めてそれを実行することは簡単なことのように思われるかもしれません。しかし，選んだ方法が効果的であることを保証するために，検討しなければならない多くの課題があります。PBSを効果的に実行するためには以下のことを行わなければなりません。

- 自分の子どもと家族の両方に適した方法を選ぶこと
- 子どもの行動に影響を与えているかもしれないより広範囲の生活上の問題を補うための調整を行うこと
- 選んだ方法を実行する前に，必要なリソース，支援，連絡調整の手はずを整えておくこと
- 選んだ方法がうまく働いていることを確認するために，行動の変化と広範囲に渡る目標の達成をチェックする方法を考案しておくこと

　本章においては，これら4つの課題について詳細に，そして事例を交えながら検討し，子どものために行動支援計画をどのように用いるのかをガイダンスします。

1　計画を子どもと家族に適したものにする

　可能性のある方法について検討してみると，子どもの行動へ対応することを助けるために考え出された選択肢がさまざまにあるということが明らかになるかもしれません。しかしながら，最も良い方法は，自分の子どもに適したものであり，自分の家族に適したものなのです。方法を選ぶとき，子どもの長所，スキル，短所，好み，ニーズ（たとえば，子どもは何を好み，何を好まないのか，子どものゴールは何か，そのゴールを達成するために子どもには何が必要なのかなど）について考慮しなければなりません。子どもの行動に対応するために，子どもを尊重し，目立ち過ぎない控えめなアプローチを選ぶべきです。たとえば，友達の前で恥をかかせるような方法で，子どもの行動へ対応したくないと思うでしょう。なぜなら，それは逆効果になる可能性があるからです。計画を関連する状況に適したものにするために，親として自分が気になっていること，そして考えていることについて子どもと話し合わなければならず（どの行動が気になって，それがなぜ気になるのか，自分たちが観察した行動のパターンがどのようなものであったか，対応すべき不適切な行動に対し

てどのように感じているかを説明する），そして可能であるときはいつでも子どもの意見を取り入れます。

　計画が実行されるかどうかは，自分がどれほど熱心に取り組むかということ，そして方法の実行可能性の程度によります。自分が用いている介入方法を信頼し，かつ，それを使いやすいと感じている必要があります。なぜなら，その介入方法がある特定の状況に適していると思えなければ，その行動変容を成功させるための介入方法は実行されにくくなるからです。子どもの行動へ対応するために行うのは，理にかなった努力であるべきであり，普段の日課を不必要に乱すものであってはならないのです。家族が利用できるリソースについて考え，そのようなリソースの範囲内で現実的な介入方法を選ぶべきです。介入方法がどれくらい適したものになるかということに影響する可能性のある配慮事項は以下のようなことです。

- 時間：親である自分がとても忙しければ（たとえば，長時間働いている，世話をする子どもがたくさんいるなど），時間がかかる介入方法は現実的ではありません。
- エネルギー：疲れ果てていれば，一貫して子どもの行動に対応することは難しくなります（たとえば，長い仕事の後にはただただ休みたいと思うので，子どもの問題行動を正すことを避けようとするかもしれません）。
- 物的なリソース：アイテム（ポジティブな行動に対するご褒美，介入方法を実施するための特別なツールなど）を毎日，あるいは毎週購入していれば，出費がかさんでしまいます。
- 場所：多くの異なった場所で問題行動に対応する必要があるなら，その行動に対する介入方法やアプローチが一つしかないということは，適切でないかもしれません（たとえば，公共の場におけるかんしゃくに対して無視をすることは合理的でないかもしれません）。
- 連絡調整：もし子どもの世話をしてくれたり，関わってくれたりする人（たとえば，親戚，教師，ベビーシッター，コーチなど）にも参加してもらい，一緒に取り組むことができるのであれば，より一貫して介入方法を用いることができるかもしれません（ポジティブな行動を支援するために親と関係者が協働することのコツについては，第10章を参照してください）。
- 家族の関係性：自分の家族間の関係性，想定される家族メンバーそれぞれの役割（たとえば，厳格にしつけを行う人，スケジュールを管理する人，遊び相手など），そして，家族の毎日の日課と文化的な慣習についてじっくり考えれば，家族全員にとってより良い行動支援計画と具体的な方法を考え出せることに気づけるかもしれません。たとえば，ある方法が他の家族メンバーに与える可能性のある影響について検討する必要があり（たとえば，一人の子どもに対する注目と特別なご褒美を増やせば，不公平であると受け取られるかもしれないことなど），私たちの日常的なスケジュールと文化的な慣習の中に，介入方法がどの程度適しているかについて検討する必要があるかもしれません。

　これらの配慮事項の全てが，自分の家族の中で，どの介入方法が適切で使いやすいと思われるかということに影響する可能性があります。計画を実行に移す前に，第5章で考え出した介入方法を

見直して，以下のような問いについて考えることが望ましいでしょう。

- その方法を実行するための時間が十分にありますか？
- その方法を一貫して用いるための十分なエネルギーがありますか？
- その方法を効果的にするために必要なリソースがありますか？
- その方法は自分たちの家族の価値観とニーズに適したものですか？
- 方法を用いる全ての人がその方法に賛成していますか？　そして，一貫してその方法を用い続けることに賛成していますか？

　計画のある面がうまくいかないであろうと判断されれば，調整することが必要になります。たとえばアツシの場合，母親は家に他の人がいるときは，アツシが泣いているのを無視できないと思うかもしれません。したがって，母親は無視する代わりにすぐにアツシの気を逸らせるような対応を行うことにするかもしれません。ナオの場合，ポジティブな行動のご褒美として本を購入してもよいことにすると，すぐに出費がかさみすぎてしまい継続できないかもしれません。そこで，父親はナオが買うものに理にかなった範囲の制限を設けなければならないかもしれません。

2　生活を改善させる

　子どもの行動に対応するための計画を作成する際には，達成したいと思っていたより大きなゴールについてもう一度考えなければなりません（第3章の「2. より大きなゴールを設定すること」(P.45)を参照）。そして，子どもの行動に影響する可能性がある，あらゆるライフスタイルに関わる課題に対応しているということを確認しなければならないでしょう（第4章の「2. 行動パターンの分析」(P.60)を参照）。前述したように，一般的に子どもや大人がいつも不満や不快感を抱いていると，そのことが，日々どのように行動するかということに影響します。したがって，子どもを取り巻くさまざまな状況について検討し，取り組む必要があるかもしれないのです。考えなければならない問いは以下のようなものです。

- 子どもの行動に影響しているかもしれない身体の状態や健康の状態がありますか？（たとえば，食事，睡眠，アレルギーに関する問題など）
- 子どもは楽しい活動を十分に行っていますか？（たとえば，楽しめる場所を訪れること，自分が好きなイベントを行うことなど）あるいは子どもは退屈していて，変化を必要としていませんか？
- 子どもには自分自身で選ぶ機会が十分にあり，自分の生活に対して主導権を発揮していますか？（たとえば，宿題を夕食の前にやるのか後にやるのか選べるなど）
- 子どもはいつものスケジュールと日々の日課に満足していますか？　そうでなければ，スケジュールが詰め込まれすぎでいらいらしていませんか？（たとえば，あまりに多すぎる放課後の活動など）

生活を改善する方法		
アツシ	カズキ	ナオ
必要なときにアツシが昼寝，食事やおやつを取れるように，また医学的な治療を受けられるようにする。 一日を通してアツシひとりのための特別な時間を計画する（たとえば，抱っこをする，床でアツシと一緒に遊ぶ，アツシがそのとき少しの間やっていたことについて話しかけるなど）。	カズキと妹と近所の子どもみんなが興味を持つ活動を見つけるように努める。そして，そのような活動をみんなで一緒に行い，子どもたちの関係を改善させるよう試みる（たとえば，私道にある正方形の袋小路を区切って，ローラーホッケーのゴールを設置し，その通りの奥でホッケーのゲームをするなど）。	ナオの一日のスケジュールを見直して，ナオが家，学校，レクリエーションセンターで楽しめること（たとえば，読書など）を行う十分な時間を確保できるようにする。 ナオの興味を他の話題にも広げるためにナオと一緒に活動する（もしかすると最初は，たとえば科学クラブの会員に関することなど，宇宙に関係することかもしれないが）。

図17　3名の事例の子どもにおける生活を改善する方法

- 子どもは自分の環境の中で心地よく過ごせていますか？（たとえば，騒がしくて乱暴なきょうだいと部屋を一緒に使っているなど）
- 子どもと友人との関係，そして家族メンバーとの関係を改善するために変えられることがありますか？（たとえば，祖父母に子どもの好きなことに関するコツを教えておくなど）

子どもの生活に対するこのような幅広い調整により，子どもの全般的な行動が改善され，他の方法を用いる必要があまりなくなることさえあるでしょう。図17に3名の事例の子どもに対する生活を改善する方法を示します。

ワーク：生活を改善させる

子どもの行動を改善させるために，子どもの生活の何を変えることができますか？

ナオの事例における実行プラン

　ナオ，父親，祖母，先生，そしてレクリエーションのスーパーバイザーは，ナオのための「当事者中心のプラン」に協働して取り組んだ。その計画から導き出された目標と，情報収集・分析を基に決めた方法に基づき，ナオのチームは以下のような計画を作成した。

1. 父親，祖母，教師，レクリエーションのスーパーバイザーは，家事と活動のスケジュールを作る（このときナオは，いくつかの選択肢の中から家事と活動を選んでもよいことにする）。
2. 父親はナオが毎日のスケジュールと自分が参加できた会話や活動を記録するための電子手帳を準備するのを手伝う。父親は，記録のために電子手帳を使うことをナオに教え，また，教師とレクリエーションのスーパーバイザーにも，電子手帳のことと使用目的について伝える。
3. ナオと父親は，適切な話題のリストを作成し，その話題について話す練習を行う。ナオを担当する特別支援教育担当の教師は，学校でも同じことができるようにナオを援助する。
4. ナオの特別支援教育担当の教師とレクリエーションのスーパーバイザーは，社会性が求められる状況についてナオに説明をし，ナオが会話で用いることができる話題と，ナオが不快に感じたときに会話や活動を終えるためのスキルについて思い出させる。これと同じ方法でナオを支援することのできるクラスメイトを見つけて一緒に活動する。
5. ナオとチームのメンバーは，問題を予防するため，そしてナオの行動面のニーズの変化に対応するために，ナオの計画に適しそうな他の方法についても再検討し，必要に応じてそれらの方法を実行する。

　毎週日曜日に，ナオと父親は，ナオの電子手帳を使って，前の週にあった出来事を振り返り，次の週の活動スケジュールを入力する。

図18　ナオのための実行プランの例

3　計画を実行する

　子どもの行動に対応するための計画に満足できたときが，計画を実行に移すときです。子どもの行動に介入するときに，形式化された行動支援計画をいつも作成する必要はありません。しかし，将来的に参照するものとして使うために計画を文書にしておくと役に立つでしょう。計画には，ゴールと気になる行動，特定された行動パターン，そして用いられる具体的な介入方法が含まれるかもしれません。実行プランと結果をチェックする方法も含まれるかもしれません。「行動支援計画シート」が巻末付録A（P.195）にあります。計画を効果的にするために，教師，ベビーシッター，近所の人，親戚など，子どもの世話をしてくれたり，子どもと関わってくれたりする人たちからのサポートが必要になるかもしれません。また，次のようなことをきちんと整えておく必要があるかもしれません。それは，家の中のものを再整理する，スケジュールを変更する，行動や計画の成果を記録する方法を考えるなど，計画がスムーズに進む助けとなる，必要な準備を行うことです。実行プランを立てることはしばしば役に立ちます。この実行プランとは，計画を実行するために行わなければならないことを正確にリスト化したものです。以下に実行プランのステップの例を示します（図18の例を参照してください）。

1. 立てた計画について子どもと話し，期待される行動，親や周囲の人がポジティブな行動を支援する方法，適切な行動に対するご褒美，そして不適切な行動に対する対応（不適切な行動に対する後続事象）についてきちんと説明します。
2. 子どもをみてくれる大人たちとその計画を見直して，その人たちからサポートが得られるように調整します。
3. その計画を始めるために必要なすべての物を手に入れます。
4. 定期的にその計画を見直して，忘れたり見落としたりしているステップがないようにします。

ワーク：実行プラン

自分の計画を実行するために完了させなければならないステップのリストを作りましょう。子どもにそのプランについて説明すること，周りの人たちとコミュニケーションを取ること，必要な道具をそろえること，そして計画とその成果の進捗を記録することを忘れないようにしましょう。

何をしておく必要があるか？	誰がするのか？	いつするのか？

全ての行程を考慮に入れることができたときが，その計画を実行し始めるときです。計画が効果的であるためには，一貫して実行されなければなりません。このことは，子どもと私たち自身が，行動の新しいパターンを学んでいく際，最初にその計画を実行しているときには特に重要です。「一貫して」という意味は，作成した通りに計画に従い（自分がやると話したことを実際に行う），計画を実施するということです。計画を用い始めるとき，特定の方法で自分の子どもの行動に反応することが習慣になってしまっていることを思い出す必要があります。そのことに気をつけておかないと，このような確立された習慣に逆戻りしてしまう可能性があります。実行するのが難しいと気

づいた介入方法は，一貫性なく実行するよりは，むしろやめてしまった方がいいかもしれません。したがって，定期的に計画を見直し，子どもの世話をする全ての人たちと協働することは，全員が立案された通りに計画を実行していることを確実にするために重要なのです。

　もう一つの重要な配慮事項は，ポジティブな行動変容が起きるためには時間がかかるということです。どれくらい子どもの問題行動が根深いか，そしてその行動へのそれまでの反応の仕方，さらには別の問題によって，子どもはPBSに対して反応する早さが異なるかもしれません。たとえば，もし一貫せずに子どもの行動に対応してきたのであれば（たとえば，あるときは叱るけれど，あるときはその同じ行動に対して折れてしまったり修正しなかったりするなど），子どもの行動はより強固なものになっており，変化に対してより抵抗を示す可能性があります。実際には短期間の問題の増加を目の当たりにするかもしれず，これは，子どもが新しく設けられた制限に対して「お試し」をして，それまでいつも得ることができていた親の反応を引き出そうとするためです。

　問題を予防する方法は，しばしば即時的な結果をもたらします（つまり，それは子どもがもはや問題行動を引き起こす状況に接することがないからです）。しかしながら前述した通り，単純な問題の予防では不十分です。長期にわたる持続的な行動変容をもたらすためには，新しいスキルを育てなければならず，それには時間がかかるのです。これらのことを全て踏まえて，気長に構え，計画を一貫させるためにベストを尽くすことが重要です。次節では，どのように行動変容の結果をチェックすることができ，必要に応じて計画を調整できるのかということについて検討します。

4　結果をチェックする

　私たち親は子どもの行動を理解し，子どもの行動を変える方法を考え出すことに多くの努力を費やしてきました。しかし，考えた方法をいったん始めたら，その方法が有効であることを確認し，もし有効でなければ必要に応じてその方法を変えることが重要です。計画の結果をチェックすることには，計画がどのように作用しているかを日常的に観察し，計画の目標が達成されつつあるのかどうかを判断し，そして必要に応じて計画の調整を行うことが含まれます。子どもの行動が改善されつつあるのかどうか判断するときには，できるだけ客観的であることが重要です。もしPBSのプロセスを始めるときに「スタート地点」を明らかにしていれば（つまり，子どもの行動を変えるための取り組みを始める前に，その行動がどれくらい持続していて，どのくらいの頻度で，どれくらい深刻であるかを明らかにしておくということ），子どもが現在している行動と以前していた行動を簡単に比較でき，何らかの変化に気づけるかもしれません。結果をチェックすることは，子ども本人やその計画に参加している大人たちとの協働的なディスカッションを通して最も効果的に行うことができます。計画を実施する以前に問題行動がどれくらい頻繁に起きていたかということに基づいて，そして現在どれくらい頻繁に起きているのかということに基づいて，どれくらいのペースでその計画と成果を見直すのかを決める必要があります（たとえば，毎日なのか，毎週なのか，毎月なのか）。もし問題行動がそれほど頻繁に起こっていないのであれば，恐らく問題行動が起こったときにそれをメモに取ることができるでしょうから，そのように結果をチェックすることができ

計画の成果						
成果 日時→						
気になる行動は減りましたか？	はい／いいえ	はい／いいえ	はい／いいえ	はい／いいえ	はい／いいえ	はい／いいえ
よりポジティブな行動をより頻繁に使うようになりましたか？	はい／いいえ	はい／いいえ	はい／いいえ	はい／いいえ	はい／いいえ	はい／いいえ
他にポジティブな成果はありましたか？もしあったなら，それは何ですか？	はい／いいえ	はい／いいえ	はい／いいえ	はい／いいえ	はい／いいえ	はい／いいえ
家族全員がその計画と変化に満足していますか？	はい／いいえ	はい／いいえ	はい／いいえ	はい／いいえ	はい／いいえ	はい／いいえ

図19　成果を評価するための書式の例

ます。しかしながら，もし問題が頻繁に起こっていたり，あるいは，問題がとても複雑なようであれば，進捗状況を追跡するための記録システム（たとえば，日記，毎日の評価，集計表など）を用いると役に立つかもしれません。成果を評価するときの問いには以下のようなものがあります（図19にこの情報の記録をつけるための書式サンプルがあります）。

- 子どもの問題行動は減っていますか？
- 子どもは問題行動の代わりになる行動を以前よりも使っていますか？
- 自分自身は計画した全ての方法を一貫して用いることができていますか？
- 子どもと家族にとって他にポジティブな成果がありましたか？（たとえば，より多くの場所に行けるようになったこと，より多くのことを一緒にできるようになったことなど）

　計画の結果をチェックすることによって，成功を賞賛し，そして，子どもに行動がどのように良くなったかという具体的なフィードバックを行うために必要な情報を得ることになります。また，計画が望んでいたほどには効果的に作用していない場合，あるいは家族の生活状況が変わってしまった場合に，計画を調整するためにこの情報を用いることができます。たとえば，子どもの行動に対する計画が最初はうまくいっていたけれど，子どもがより多くの場所を訪れるようになり，新しい人たちと関わり合う中で，計画が効果的でなくなっていることに気づくかもしれません。そこで，そのような新しい状況について検討しなければならず，新しい状況の中できちんと効果を発揮するために計画をどのように変えるかを検討しなければなりません。図20に3名の事例に対する結果をチェックする方法を示します。

結果をチェックする方法の例		
アツシ	カズキ	ナオ
毎日,「泣いたこと」に関する最も深刻なエピソードの全ての情報を日誌に書き続ける。いつ,どこで,そして誰といたときに泣いたかを記録する。毎晩,アツシが眠った後,結果を振り返る。	毎日,カズキが妹や友達とどれくらいうまく遊べていたかを評価する(3がとてもよい,2がまあまあよい,1が悪い)。毎週末に結果を振り返る。	ナオがどの活動に参加して誰とかかわったのかというセルフモニタリング[訳註1]の記録を用いる。毎週日曜日にナオと一緒に結果を振り返る。

図20 3事例に対する結果をチェックする方法の例

ワーク:結果のチェック
自分の子どもに対する計画の結果をチェックして評価するために,あなたは何をしますか?

___

PBSを通して,子どもの行動と生活に意味のある改善を生み出すことができます。3名の事例の子どもには,次のような成果を見いだすことができるかもしれません。

- アツシの泣きは一日あたりわずか1回にまで減り,泣き出してしまったときも,2分以上続くことがなくなった。
- カズキが妹や年下の友達と遊んでいていらいらしてしまったときに,乱暴な振る舞いをする前にそこから立ち去るようになった。
- ナオは人と一緒にいることを楽しんでおり,そして,今までにないほど熱中して毎日の活動に参加していると話すようになった。

---

*訳註1 自分自身の行動を「観察」して「記録」すること。セルフモニタリングを行うことによって,自らの行動を変容させる効果があることが知られている。

5　本章のまとめ

　PBSには行動の理解に基づいて計画を作り上げることが含まれます。その計画には，問題行動に関連する状況を変えることによる問題の予防，問題行動をよりポジティブな行動へ置き換えること，そして子どもがより望ましく行動することを促す後続事象のマネジメントが含まれます。このようなさまざまな方法が，子どもと家族の個性と状況にうまく適している計画の中に組み込まれていなければなりません。そして，その方法は一貫して用いられなければならないのです。その計画の成果（たとえば，子どもの行動の変化など）は，計画が意図した通りに作用していることを保証するためにチェックするべきです。

　子どもが成熟し，新しいスキルが発達し，子どもの環境が変化するにつれて（両親の離婚，転居，転校，新しい友人など），さらなる課題や問題が生じるかもしれません。PBSは継続的なプロセスと捉えるべきで，そのプロセスは必要に応じて何度でも繰り返すことができるものなのです。また，自分の家族の毎日の日課の中に無理なく自然に合うやり方で用いるべきです。これらの課題については，第4部において詳細に解説します。

次章に進む前に

- 子どもと家族にとって適切な介入方法を選ぶために重要な，あらゆることについて検討しましたか？
- 介入方法を実行に移すための実行プランを作りましたか？
- 計画の結果をどのようにチェックするのか決めましたか？

第3部
ポジティブな行動支援（PBS）の実際
——事例を通して実際のプロセスを体験する——

　第1部と第2部ではPBSの原理や進め方を示し，そのために3人の子どもの事例を用いました。第3部では，気になる行動に直面し，その行動にPBSのプロセスを用いて対応する時の，子どもやその家族が体験したこと全部の流れを共有することが中心となります。三つの家族が実際に行ったPBSの各ステップの詳細が，第1部と第2部で示されたPBSのアプローチの説明を補い，さらに詳しい説明となるでしょう。第3部で登場する3人の子どもの事例には，次の内容が含まれています。

- 3人の子どもとその家族の簡潔な背景情報，生活における重要な問題，その問題の簡潔な経緯
- それぞれの家族によるPBSの5つのステップに対する取り組み方
- 子どもの問題行動を改善するために，それぞれの家族が実際に行ったPBSのプロセスや方法についてと，その方法がどのくらいうまくいったかについての振り返り

　これらの事例は，子どもの年齢や特徴，気になる行動，家族の状況，子どもの行動に影響している要因，問題行動に対応したり結果をチェックしたりするために選んだ方法など，それぞれに特徴があります。事例の家族それぞれのPBSのステップに対する取り組み方は異なります。しかし，そこにある行動の原理や基本的プロセスは一貫しています。事例を読み進めば，情報の収集や分析に用いる方法や，支援計画の細かさが，場合により非常にさまざまであることが良くわかると思います。自分が直面している問題や状況によっては，PBSのプロセスを，非常に体系的かつ丁寧に使うかもしれません（たとえば，第1部と第2部で示された手続きを用いるなど）。さもなければ，非常に簡略化して使うかもしれません（たとえば，問題を単に観察したり，問題について他の人と話したり，問題点について考えたりするなど）。

　第3部では事例を通して，PBSの原理を応用する例を示します。具体的にはアヤ，ユキ，ケイタの3人の事例により，PBSのプロセスの手がかりとガイドを示します。事例のそれぞれには「考

えてみましょう」というワークが要所にあります。このワークは，各事例に示された情報とそれぞれの事例に登場する子どもや家族の立場になってみたとしたならば，自分ならどんな行動をするのかを考えるものです。そのワークの後には，実際に事例の家族がとった行動についての詳細な解説があります。

　第7章と第8章（アヤとユキの事例）では，PBSのプロセスが必要以上に形式にのっとり，複雑になっています。この二つの物語では，情報収集を広範に行うプロセスや，それぞれの問題行動に対応するための広範囲にわたるさまざまな介入計画についての詳細な具体例があります。第9章のケイタの事例では，それ程複雑ではないPBSの例を示しています。しかし，前の2事例と同じような効果を示します。第9章はPBSが簡略的に行われた例ですが，十分に子どもや家族にポジティブな結果をもたらしており，実際はこのように簡略的に行える事例が最も多いです。この事例はPBSの中心的なテーマに注目しています。それは，問題行動とその行動が起きている場面を理解することで，ポジティブで創造的かつ扱いやすい解決方法の作成が，どのように導かれるのかということです。この3人の事例に対する最終的な行動支援計画のまとめは，巻末の付録B（P.199）にあります。

　第3部のゴールは，PBSのプロセスの実例を通じて，PBSにさらに慣れること，およびここでのワークを自分たちの実際の生活に応用することの一助とすることです。三つの物語には生活にPBSを取り込み，それを役立つツールとする方法が示されています。

第 7 章
アヤの事例

　アヤは 4 歳のおませな女の子です。人前で歌ったり踊ったりすることが大好きで，特に聴いている人がいるときは，よくビデオを身振りで真似しています。両親はアヤが歌ったり，自分の得意なことを周りの人に見せたりして楽しむようにさせています。幼稚園には友達がたくさんいて，朝の時間や遊び時間を楽しんでいます。友達の中でリーダーになることも多いです。毎日ばたばたで，居眠りする時間もありません。母親はアヤのことを，愛らしく，はつらつとしていて，元気いっぱいだと言います。また，アヤは頑固で，友達や両親に威張り散らすことがあります。

　アヤの家族は郊外に住んでいます。母親はアヤを妊娠した時に退職しました。家計はきついのですが，家族は了承しているようです。父親は，テレビ局でコマーシャルの仕事をしており，電車通勤しています。両親は二人とも毎日の日課や生活スタイルの中で順調に生活しています。家族はみんな忙しい毎日を楽しんでおり，いつもプロジェクトや活動に関わっています。父親は仕事に時間を費やし，帰宅はいつも午後 8 時頃です。ちょうど 6 カ月前に女の子のエミが生まれました。アヤは妹ができたことを喜んでいるようでした。しかし，あまりエミに関心を払っていないようです。

　最近まで，アヤは寝ることに特に問題はありませんでした。毎晩大体，午後 7 時 30 分頃にお風呂に入り，パジャマに着替え，歯磨きをします。母親がアヤを寝かしつけ，両親のどちらかが添い寝をして読み聞かせをします。それから明かりを消して，テディーベアを渡して，背中をさすり，部屋を出ます。アヤはたいていぐっすり寝て，病気の時にだけ繰り返し起きたり，突然の物音で起きたりするくらいです。朝には元気よく目覚め，その日の準備は万端です。

　現在，アヤは寝ることを嫌がります。問題はお風呂の時間から始まり，服を脱いで家中を走り回り始めます。母親はアヤに冗談を言い，お風呂に入るようなだめますが，最後には怒ってお風呂に入れなければなりません。アヤはすぐにお風呂から出てしまい，パジャマに着替えます。アヤが 3 冊の本の中から 1 冊選び，両親の一人がその本を読み聞かせ，5 分は背中をさすると（これは，これまでにやっていた日課です），アヤは寝ることを嫌がります。エミの世話をしているもう一人の両親は，たいていこのタイミングでアヤの部屋にやってきて，おやすみを言います。両親が二人ともおやすみを言うと，すすり泣いて起き上がります。両親は寝る時間であることを伝えて，部屋を出ます。アヤは部屋の電気をつけたままにしておいてほしいと言い張ります。両親が下の階に行くと，アヤは自分の部屋から何度も両親を呼びます。その後，両親がテレビを見たり新聞を読んだりしているリビングに降りてきます。両親だけでリビングにいても，エミが一緒にいても降りてきます。母親がたいていアヤを寝室に連れ戻します。

再び母親が部屋を出ると、アヤは泣き始めます。このパターンが少なくとも一日に2回以上あります。アヤを部屋に連れ戻し、言ってきかす、物で釣る、怒鳴る、強い口調で言う、最後には叫ぶなどをやってみると、アヤは疲れ切って、たいていは自分のベッドに横になりそのまま寝ます。結局その後、母親はアヤの部屋をそっと出て、自分の部屋に戻ります。アヤは夜中に目が覚めると、母親を呼び、それから両親の寝室に行きます。この時、たいていは父親がベッドに連れ戻します。アヤの部屋に鍵をかけて自分の部屋に戻るなど、父親はいろいろと試しました。しかし、こうするとアヤは本当に手が付けられなくなってしまいます。壁を蹴り、おもちゃを壊し、ドアを叩き、2時間は泣いて起きています。また、父親はアヤの寝室のドアにもう一つ扉を取り付けてみました。しかし、父親が部屋を出ると、アヤはすぐにその扉をよじ登り、両親の部屋に駆け込んできます。両親は、取り付けた扉を登ることや、かんしゃくを起こしている時に壊した玩具や家具の角が尖った破片に頭をぶつけることで、アヤが怪我するのではと心配しています。両親は自分たちの寝室のドアに鍵をかけてみました。しかし、アヤはドアを30分は叩き、その後は台所の棚からバターナイフを取り出し、ドアのカギを壊して開けようとします。

アヤの夜中の行動への両親の対応は一貫していませんでした。ある時は、アヤと問題について落ち着いて話し合い、別の時にはすぐに怒鳴ります（これは、たいていは両親の気分によって変わります）。時に父親はイライラが溜まり、お尻を叩くことでアヤの問題行動が変わるのではないかと思います。両親は疲れ切り、まだ赤ちゃんのエミの世話をするだけのことによっても、アヤに我慢することがより大変に感じてしまいます。両親はアヤの行動により、家族全体が乱れ、二人の娘との関係や夫婦関係にダメージを受けていると感じています。状況を考えて、アヤの行動をより注意深く見ることにしました。それにより、アヤの行動への対応がより一貫して効果的となるかもしれません。

1　ステップ1：ゴールを立てること

　PBSの第一のステップは、ゴールを明らかにし、気になる行動をいくつか具体的に定義し、それらに優先順位をつけ、自分の子どもと家族にとってのより大きなライフスタイルのゴールを立てることです。

1-1　問題行動を定義する

　気になる行動は明確に定義しなければなりません。自分の子どもとたまにしかやり取りしない人でも、その行動だと確実にはっきりわかるまで、定義を具体的にするべきです。それに加えて、まずは行動の頻度（どのくらい頻繁に）、持続時間（どのくらいの長さで）、深刻さ（どのくらいの強さで）を評価しなければなりません。これにより、その後の変化が評価できるようになります。覚えておいて下さい。人が言うことや行うことすべてが行動なのです。

ワーク：考えてみましょう

アヤと家族に起こり続けていることを考えると，アヤの一番気になる行動は何だと思いますか（複数ある場合もあります）？

• 気になる行動：

• その行動の具体的な記述：

• その行動の頻度，持続時間，深刻さ：

　両親は，アヤは前から頑固ではあったが，そのことは最近まで就寝や睡眠には影響していなかったことに気づきました。両親はアヤに，1）眠ってほしい，2）一晩中ベッドにいてほしい，と思いました。そして，これらは二つなので，一つの主な問題行動として捉えました。

- 気になる行動：
  自分の寝室から出ること，寝る時に家族を乱すこと。
- その行動の具体的な記述：
  すすり泣く，泣き叫ぶ，両親を呼ぶ，起き上がったりベッドから出たりする，寝室から出る。時に，これらの行動はエスカレートして，壁を蹴る，おもちゃを投げる，叫ぶ，体をバタバタさせる。
- その行動の頻度，持続時間，深刻さ：
  毎晩少なくとも1時間は続き，そのために家族は十分に睡眠できない。

1-2　その行動が本当に問題であるかどうかを判断する

　ゴールを明らかにするということの一つは，気になる行動が深刻で，その行動に対応するべきかどうかを判断することです。Big Ds を考えてください。その行動は危険でしょうか，破壊的でしょうか，周りを乱すでしょうか，嫌悪的でしょうか，発達から考えて不適切でしょうか。

ワーク：考えてみましょう

アヤの気になる行動の定義を見て，Big Ds の見方から，アヤのその行動が本当に問題であるかどうかを判断してみましょう。

• 危険な行動：

• 破壊的な行動：

• 周りを乱す行動：

• 嫌悪的な行動：

• 発達から考えて不適切な行動：

　両親は Big Ds についてよく考えて，表３に示された理由のために，アヤの問題行動には注目する価値が明らかにあると判断しました。両親はアヤの問題行動を嫌悪的とは思いませんでした。しかし，その問題行動が発達的に不適切であると考えるべきかどうかは，確信が持てませんでした。このことに関しては，小児科医に相談することにしました。お医者さんは，睡眠の問題があることは幼稚園の年齢の子どもには一般的であり，それは新たな恐怖（たとえば，暗闇に対する恐怖，見捨てられることへの恐怖など）がその年齢で生じ始めるためだと話しました。それに加えて，新しく生まれた妹に居場所を取って代わられたと感じることにより，両親にもっと注目してもらいたいと思ったり，親と自分の結びつきを再確認したいと思ったりする場合があると話しました。しかし，睡眠の問題により寝る時間が徐々に短くなってしまったり，危険で家族を乱す環境になったりすることはないと，強調しました。

表3 アヤが寝る時に寝室から出ること，そして家族を乱すことに対する Big Ds

危険な行動	暗い家の中を歩き回ることで，アヤが怪我するかもしれない。日によっては，アヤの行動がエスカレートして，おもちゃを投げたり，鍵がかかったドアをこじ開けようとしたりする。これにより，アヤ自身が怪我するかもしれない。
破壊的な行動	物を投げることや，ドアをこじ開けることで，何かを壊すことがある。
周囲を乱す行動	アヤの夜中の困った行動により，家族全員が起こされてしまっている。疲れやイライラが家族内の空気を壊している。
嫌悪的な行動	特になし。
発達的に不適切な行動	わからない。両親はアヤが4歳までには独りで寝られるようになるべきと考えた。

1-3　より大きなゴールを立てること

　気になる行動を定義することに加えて，自分の子どもや家族のために達成したいと思う，より大きなゴールも考えたいと思います。より大きなゴールとは，ただ問題行動を止めるだけではなく，関係性を改善すること，機会を確立すること，気持ちの幸福を維持することまで広がります。

ワーク：考えてみましょう
　アヤと家族にとって，どのようなより大きなゴールが考えられますか？

_____
_____
_____
_____
_____

　両親は，アヤのニーズと自分たち自身のニーズの両方を考慮し，以下のようなゴールにしました。

- アヤが一晩中自分の部屋にいて，一人で眠る（安全で満たされた気持ちで）
- 寝ている時間が家族全体にとって，幸せで平穏な時となる
- 家族が十分に休むこととリラックスすることができ，一緒にいることをおおむね快適に思う

　両親は，アヤが平穏に一人で寝ることは，自分たちのゴールであって，アヤのゴールではないことに気付きました。アヤは両親と一緒にいることや，両親の姿が見えることで安心感を得ることを望んでいると思われます（特にエミが生まれてからは）。

2 ステップ2:子どもの行動に関する情報収集

PBSの第二のステップは,自分の子どもの行動をさらによく理解するために,情報収集することです。親の多くは,さまざまな状況(たとえば,問題行動が生じる場所や,その時に誰と一緒にいたかなど)で子どもを観察したり,子どもとやり取りしている人(たとえば,教師,医者など)と話したり,子どもの行動を記録したりすることで(たとえば,日記を書く,図表を作るなど),このような情報を簡単に集められることがわかります。

2-1 どのような情報を集めるのかを決める

自分にとって役に立つ情報を集める方法を選び,その方法を行うための最良のやり方を判断しなければなりません。

ワーク:考えてみましょう
アヤの両親が情報収集のために使う方法はどのようなものでしょうか?

- さまざまな状況での観察:

- 子どもをよく知る人と話す:

- 子どもの行動を記録する:

一旦,両親は自分たちが何を変えたいと思っているのかわかったら,危険に対処するために状況を操作するということから一歩引いて,まずアヤの行動を理解するにはどのように取り掛かればよいのか,そのために必要な情報を収集するにはどんな方法を用いるべきかについて,注意深く検討しました。両親は自分たちのスケジュールに合い,なおかつ自分たちの力でうまく使える方法を選びたいと考えました。そして,次の方法を行うことにしました。

- さまざまな状況での観察:
両親は夕方帰宅したら,アヤの行動と,アヤの行動への自分たちの対応に,交代で注意を向

けることにしました。特に寝る時に注意を向けました。
- 子どもをよく知る人と話す：
  エミがお昼寝をしている間に，母親はアヤと寝る時の問題について話し合うことにしました。土曜の午後に，子どもたちを見てもらうようベビーシッターを頼むことにしました。これにより，両親は問題行動について話し合う時間がある程度取れました。また，毎朝両親は子どもたちが起きる前に，昨晩に起きたことについて話し合う時間を持つことにしました。アヤの睡眠の問題が家族にのみ影響しているならば，幼稚園の先生や他の家族に相談する必要はないと思いました。
- 子どもの行動を記録する：
  両親は，毎晩アヤの就寝時の前後に何が起きたかを，行動記録表を用いて記録することにしました。寝る時の日課の変化，ベッドに入った時間，実際に眠りについた時間，アヤがどんな行動をしたか，の行動への両親の対応，夜中に目覚めたかどうか，もし目覚めた場合はその時刻など，アヤの行動を理解するために役に立つと思われる情報を記録しました。

　この計画に沿って，両親は約2週間情報収集しました。この2週間は，両親にとって非常に長く感じた時間でした。しかし，次のことがわかりました。
　母親はアヤと二人きりになって，寝る時間が家族みんなにとって楽しくない時間であること，アヤの行動が家族みんなに影響していることを話しました。アヤは，寝室で一人きりになりたくない，寝る時間には疲れていない，両親がエミと楽しんでいる声が聞こえると両親が恋しくなると話しました。母親はアヤに，今どうして問題があるのか，以前は何時に一人で眠れていたのかを尋ねました。アヤは家族と一緒にいたい，一人になりたくない，と話しました。
　行動記録表から興味深いパターンが明らかとなりました。図21に記された内容が，ほぼ毎晩起きていることの典型例です。しかしながら，時々は問題の終わり方が違っていました。ある時は，両親はアヤを叩き，アヤは泣きながらベッドにいてそのまま寝てしまいました。2回は，両親は自分たちの寝室に鍵をかけて閉じこもり，アヤはドアを叩きましたが，そのうち両親の寝室の外の床で寝てしまいました。
　両親は二人で，アヤのこれまでの生活では寝る時の日課がどんな風であったのかについて話し合いました。そして以前は，両親は二人ともアヤの就寝時に関わっており，夜にアヤと特別な時間をよく過ごしていたことに気付きました。しかし，エミが生まれてから，たいていは両親のどちらか一人だけが寝る時の日課に関わるようになりました。そして，やらなければならないことが増えたために，以前のようにアヤを寝かしつけるのに十分な時間をかけなくなっていました。また，アヤの夜中の行動により，アヤに対してマイナスな感情を抱き始めていることに気づきました。そして，特に夜遅い時間の，アヤとのやり取りの仕方が変わってきているようでした。また，アヤの行動への自分たちの反応が，一貫していないことにも気づきました。アヤを叩いてベッドにいさせることもあれば，抱きしめてアヤと一緒に寝ることもありました。

気になる行動の日記シート		
名前：アヤ		日付： 6 月 14 日
状況：寝る時におけるアヤの行動		
直前に何が起きたのか	アヤは何をしたのか	直後に何が起きたのか
寝る時の日課は，アヤがベッドに入ると終わる。私たち（両親）はおやすみなさいと言って，部屋を出て，1階に戻った。	アヤはすすり泣き，ベッドの上で飛び跳ねた。	私たちは，今は寝る時間であること，泣くのをやめて寝ることを伝えるために怒鳴った。
アヤに1回目の怒鳴りつけをした。	アヤはベッドから出て，部屋に立って，両親を呼び，すすり泣き，大泣きした。	この時は，寝るべきであることをもう一度伝えるためにさっきより強く怒鳴った。
アヤに2回目の怒鳴りつけをした。	アヤは部屋を出て，下の階に降りてきて，泣き叫んだりすすり泣いたりした。	母親が怒ってアヤを部屋に連れ戻し，ベッドに寝かしつけ，ベッドで寝るように言った。
母親がアヤの部屋を出た。	アヤがまた下の階に降りてきて，さっきよりも激しく泣いた。	父親がアヤを連れ戻し，寝かしつけ，ドアに鍵をかけた。
父親がアヤの部屋を出た。	アヤは壁を蹴り，おもちゃを投げ，ドアを叩いた。	アヤが落ち着くまで，一緒にいて添い寝をするために，母親はアヤとベッドに横になった。そして二人とも眠ってしまった。

図21 アヤの行動とその行動への家族の対応を示した気になる行動の日記

3 ステップ3：パターンの分析

　PBSの第三のステップは，情報収集からわかったことをまとめることです。つまり，集めた情報から，問題行動やその時の周囲の状況のパターンを明らかにします。子どもの行動のパターンを一つの文や短い文章で書くことによってまとめてみます。

ワーク：考えてみましょう

両親が集めた情報に基づいて考えると，アヤの行動に影響していると思われるパターンは何でしょうか？

- 状況：＿＿＿＿＿＿＿＿＿＿＿＿＿＿＿＿＿＿＿＿＿＿＿＿＿＿＿＿の時に，

＿＿＿＿＿＿＿＿＿＿＿＿＿＿＿＿＿＿＿＿＿＿＿＿＿＿＿＿＿＿が起こり，

- アヤの行動：アヤは＿＿＿＿＿＿＿＿＿＿＿＿＿＿＿＿＿＿＿＿＿＿

＿＿＿＿＿＿＿＿＿＿＿＿＿＿＿＿＿＿＿＿＿＿＿という行動をする。

- 得るもの・避けるもの：それによって，アヤは＿＿＿＿＿＿＿＿＿

＿＿＿＿＿＿＿＿＿＿＿＿＿＿＿＿＿＿＿を得たり避けたりしている。

　両親は話し合って考えました。記録した情報に目を通し，アヤの行動についてある程度の結論を出しました。夜中のアヤの問題は，アヤが寝かしつけられた後，アヤ以外の家族が全員起きている時に最も起こりやすいようでした。特に，両親がエミと遊んでいる時に起こりやすいようでした。エミが寝た後にアヤが眠る時や，アヤが眠るまで両親が横で添い寝している時や，両親の寝室で眠ってもよい時は，あまり問題ないようでした。アヤの問題行動によって，アヤは両親の注目を引き，一人で眠ることを避けていました。以上のことを両親は次のようにまとめました。

　「アヤは一人で眠るように寝かしつけられる時，泣いて起き上がる。自分たち両親と一緒にいられるように，また一人で眠ることを避けるために，破壊的で家族を乱す状態になる。アヤの寝る時の問題は，エミが生まれてから起き始めている。それは，アヤが両親の注目をエミと分け合わなければならなくなった時である」

　両親は，アヤが一人で寝たくないことに気付きました。しかし，単に注目を集めたいだけなのか，それとも一人になった時に本当に恐いという気持ちやネガティブな感情や思考を抱いていたのかは，はっきりとはわかりませんでした。それにも関わらず，上記のまとめは問題のパターンを正確に表わしていると感じました。また，より大きな問題が起こり始めていることがわかりました。エミが生まれるまで，アヤは寝る時に何の問題もありませんでした。現在，両親は全体的にアヤに注目を払っていなかったのです。

3-1　推測したことを確かめる

　自分たちのサマリー仮説について確信が持てない時は，問題行動を取り巻く状況や結果を変えて，それでも問題行動が起きるかどうかや，あるいは増加するかどうかを見て，推測したことを確かめたいと思うでしょう。

アヤの場合，両親は推測したことを確かめる必要を感じませんでした。

4　ステップ4：支援計画の作成

PBSの第四のステップは，第二，第三のステップから得られた理解を用いて，子どもの行動に対応するための計画を作成することです。

4-1　いつ，どこで，何に対して介入するか

子どもの行動への対応方法をはっきりと決めてしまう前に，今すぐ対応しなければならないと感じている行動が何かと，それに対していつどこで介入するかを考える必要があります。

ワーク：考えてみましょう

アヤのどの行動を計画の中に取り上げるべきでしょうか？（たとえば，ある具体的な行動か，それとも一般的な行動かなど）

_____
_____
_____

いつ，アヤの両親は問題行動に対応するべきでしょうか（たとえば，一日中，あるいは一日のうちのある時間など）

_____
_____
_____

どの場所に，アヤの両親は着目するべきでしょうか（たとえば，家庭，学校，地域など）

_____
_____
_____

両親にとって，就寝時間が一番の問題であることは明らかでした。しかしながら，注目されたいというアヤのニーズに対応するために，一日の他の時間帯も見直す必要がありました。アヤの行動を変えることは，両親自身の行動を変えることだと気付きました。これには時間と忍耐が必要で，苦しい戦いを選ばなければなりませんでした。

4-1-1　介入の方法

子どもの行動に対応する包括的な計画には，問題を予防すること，問題行動をより適切な行動に置き換えること，そして行動の後続事象をマネジメントすることといった，さまざまな方法が含まれます。

4-1-2　問題の予防

一度，自分の子どもの問題行動を引き起こしている状況が何かがわかったならば，子どもが適切に振る舞えるのを支援するために，状況を変えることができます（たとえば，問題を引き起こしている事柄をあらかじめ避けるなど）。

ワーク：考えてみましょう
　　どんな状況がアヤの問題行動を引き起こしていますか？

_____
_____
_____

両親は，問題を予防するためにその状況をどのように変えることができますか？

・問題が起きる状況を避けるためにできること：
_____
_____

・問題が起きる状況を改善するためにできること：
_____
_____

・適切な行動を促す手がかりを加えるためにできること：
_____
_____

　両親は，アヤの寝る時における問題行動の原因と目的を理解した時点で，変化（親子のやり取りなど）を起こせば，寝る時の適切な行動が促されると確信しました。また，両親のアヤを寝かしつける方法が，問題行動に影響していると思いました。特に，アヤに期待される行動が何かと，寝る時におけるアヤの問題行動に家族の夜の日課がどのように影響しているのかに注目する必要を感じました。両親は，どんな活動や影響がアヤの眠ることに対する反抗を引き起こし，寝る時の日課をどのように変化させれば，アヤの眠ることに対する反抗を止められるのかを理解する必要がありま

した。これまでに得た情報とパターンを振り返ると，次のような方法により，問題を予防したり最小化したりできると考えました。

- 夜の早い時間に，アヤともっと密度の濃い時間を過ごすこと。両親が二人とも家にいるときは，15〜30分は両親の一人はエミの世話ができるので，もう一人はアヤと遊ぶこと。両親がそろって家にいないときは，母親はベビーカーか赤ちゃんブランコにエミを乗せ，アヤと散歩するかビデオに合わせてダンスをすること。
- 少し早めの時間にアヤをお風呂に入れて，お風呂と寝る時の間にもう少し時間を取ること。アヤにとってはお風呂に入ることと寝かしつけられることが結びついて一つの行動になってしまっているので，ネガティブとなったこの行動を二つの活動に分けることで，アヤが寝る前に怒ってしまうことを予防できるかもしれない。
- リビングで両親がエミと楽しんでいるのが聞こえるとアヤは言っていたので，アヤが眠ろうとしている時は，家を静かにすること。また，家の中の音が聞こえないように，自動的に止まるCDプレーヤーを使って，アヤがベッドで静かで心地よい音楽が聴けるようにすること。
- アヤにお気に入りの写真を1枚選んでもらい，ベッドのそばに置くようにすること。安心や気晴らしのために，音楽を聴いている時や眠くなった時に，その写真を見るようにすること。
- アヤの寝る時間を30分遅らせること。こうすることで，母親がエミといるときに，父親がアヤと特別な時間を過ごしたり，母親がアヤといるときには，父親はエミと過ごしたりするために家にいることができる。
- 両親はアヤの寝室を出る前に数分，アヤのところから少し離れたロッキングチェアーに座るようにすること。アヤにぬいぐるみを一つ選ばせ，両親と離れた時にそのぬいぐるみと一緒に寝るようにすること。
- 寝る時の日課において期待される行動を新たに設定すること。母親はアヤに2冊本を読み聞かせて背中をさすり，それから5分間ロッキングチェアーに座って自分の本をそこで読むこと。母親が部屋を出る時に，アヤがベッドで静かにしていたら，様子を見に後で部屋に戻ると約束すること。もし，アヤがその時間を知りたいと言ったら，自分のデジタル時計で5分後の数字を読んでごらんと伝えること。
- 10分後にアヤの部屋に戻ること。アヤが一人で寝室に行く準備ができるようになり，母親が様子を見に来るだけになるまで，母親がアヤの部屋に戻るまでの時間を毎週5分ずつ伸ばす。

4-1-3 問題行動を適切な行動に置き換える

私たち親は問題の予防に加えて，適切でポジティブな方法で自分のニーズを伝えて，困難な状況に対応するスキルを子どもたちに教えることができますし，教えるべきです。

ワーク：考えてみましょう
現在，アヤは気になる行動として何をしていますか？

_____
_____
_____
_____

両親はその気になる行動の代わりに，何をしてほしいと願っているのでしょうか？

_____
_____
_____
_____

　両親はアヤが寝る時にしていたことと，何故その行動をしていたのかについて考えました。そして，自分たちの気になるアヤの行動である，アヤがベッドから抜け出してしまうこと，泣くこと，すすり泣くこと，部屋から出てしまうこと，飛び跳ねること，物を投げることなどについて繰り返し考えました。このような行動の代わりにアヤにしてほしい行動を決め，それは以下のようになりました。

- 両親が部屋から出た後もベッドに居続けられること。眠るまで静かにしていられること。もし夜中に目が覚めたら，静かに落ち着いて眠れること
- CDプレーヤーで音楽を聴く，本を読む，ベッドのそばに置いた写真を見る，静かに一人で歌う，心の中でゲームをする（たとえば，自分のことをかわいがってくれる人を数える，その日の楽しかったことを考えるなど）などのリラックスする方法といった，一人で静かになり落ち着くための新たなスキルを用いること

4-1-4　後続事象のマネジメント

　より適切な行動に問題行動を置き換えるために，子どもの行動の後続事象をマネジメントする必要があります。これによって，子どもは適切な行動では褒められ[訳註1]，問題行動で褒められないようになります。

---

*訳註1　「褒める」は言葉だけでなく，物をもらえる等も含む。

ワーク：考えてみましょう

アヤは自分の行動によって，どんな後続事象を得ていますか？

- アヤが行動の後に得ているものは：

- アヤが行動により避けているものは：

両親はアヤの行動に，どのように反応するべきでしょうか。

- 適切な行動を褒める方法は：

- 問題行動への建設的な対応方法は：

　両親は，寝る時におけるアヤの家族を乱す行動の目的について，注意深く考えました。そして，自分たちのアヤの行動への一貫性がない対応により，問題を悪化させていることに気付きました。アヤを怒鳴りつけたり，寝室に連れ戻したりすることで，アヤが求めている特別な注目を与えていることに気付きました。たとえその注目がネガティブなもの[訳註2]であったとしてもです。両親がエミと一緒にいる時に，アヤは寝室で独りにならないようにと一生懸命でした。両親の一人がアヤに添い寝することこそが，アヤが達成しようとしていたまさにそのゴールでした。

　このように理解して，アヤの両親はポジティブな行動にご褒美を与えるために，次の方法で適切な行動に対応することにしました。

- アヤが泣かないでベッドにいたら，10分後にもう一度抱きしめるために寝室へ戻ること。寝室に戻るまでの時間は，毎晩少しずつ伸ばす。アヤが一晩中ベッドで静かにしていたら，翌日

---

*訳註2　叱るなど。

エミがお昼寝をしている時に，アヤが選んだ活動を行うこと
- 寝る時間がうまくいった経験の軌跡を示すために，表を作りアヤの部屋に貼ること。前の晩にアヤがポジティブな行動をしたら（つまり，泣かないでベッドにずっといたら），その翌朝，表に星のシールをはれるようにすること
- 丸1週間アヤが寝る時にポジティブな行動をしたら，エミを見てもらうベビーシッターの調整をして，2, 3時間アヤを外に連れて行くこと。その外出中に，アヤは寝る時用グッズを選び，買ってもらえる（たとえば，ナイトライト，グローインザダークスター，動物のぬいぐるみ，パジャマ，新しいCDなど）

また，両親は次の方法で問題行動に反応することにしました。

- アヤを寝かしつけた後に，部屋から出てきたら，やり取りは最低限にしてベッドに連れ戻すこと。そして，ベッドで静かにしていたら，翌日に楽しい活動ができることを一度だけ再確認すること
- その1回を確認した後にアヤが部屋からまた出てきたら，ベッドに連れ戻して寝室のドアに鍵をかけること。静かにベッドに居続けたら，ドアの鍵を開けるとアヤに説明すること。その10分後にドアの鍵を開け，また明日と言う。ドアに鍵をかけなければならなかった時は，翌日の午前中に特別な活動をするというご褒美はない
- アヤが泣き叫んだら無視すること。危険なこと（たとえば，玩具を投げるなど）をしたら，両親はその行動を止めて，アヤの寝室からその物を取り去って，素早く部屋から出ること

両親は，アヤの問題行動への両親の対応方法が一貫していなかったために，アヤが両親の新しい対応に慣れて，その対応を信頼に値すると思うまでに時間がかかるであろうということに気付きました。アヤがこの新しい対応方法に慣れるまでの困難な調整をしている間は，両親はお互いに支え合い安心させ合う必要があると思いました。しかし，自分たちの対応を一貫させ続ければ，アヤの行動が最終的には改善することは確信していました。

4-1-5　生活の改善

自分の子どもの行動に対応する計画を立てている間は，親として自分たちが達成したいと望むより大きなゴールに，繰り返し立ち帰るべきです。また，子どもの行動に影響するかもしれない生活スタイルの問題に必ず対応するべきです。

ワーク：考えてみましょう

アヤの行動を改善する可能性がある変化を，アヤの生活でどのように行うことができますか？

_____
_____
_____
_____

両親は地元の YMCA の母子教室にアヤを参加させる計画を立てました。この活動はアヤの良い発散の場となり，アヤだけの特別で（エミにはまだできません），アヤがプライドと特別感を得られるメリットになると考えました。

4-1-6　計画の実行

自分の子どもの適切な行動を支援する計画ができたならば，どのように計画を開始し，続けるかを考える必要があります。そのためには，子どもや，子どもの世話に関わる他の人と話す，必要になるかもしれない道具を用意する，計画がどのくらいうまくいっているのかを定期的に見直す方法を考える，必要に応じて計画の調整や変更を行うなどをするべきです。

ワーク：考えてみましょう

アヤに対する計画を実行するために，どんなステップを踏む必要がありますか？（そして計画を維持する責任はだれにありますか？）

_____
_____
_____
_____

両親は，毎晩必ず計画を一貫して実行することが重要だということはわかっていました。これを実現するには，両親は前もって何を行い，何を言うのかはっきりさせておく必要があります。また，前もって必要な道具をすべて準備する必要があります。これにより，その道具の置き場を間違えたり使い切ったりする心配がなくなります。両親は計画を開始するために次のことを行いました。

1. 父親は職場での昼休みに，電源のタイマー操作ができる CD プレーヤーを買い，リラックス

できる CD やリラックス方法の手引書を図書館で借りました（これによって，両親がアヤを落ちつかせるアイデアをほかにも得られます）。また，アヤが自分が寝た時間を見るために，アヤの部屋に時計を置きました。

2. 両親はアヤに，寝る時の新しい日課と，アヤの寝る時の行動を促す計画について話しました。エミがお昼寝している時に，アヤに寝ることや，リラックスする方法（図書館から借りた本にあった方法を含む）の練習をさせました。
3. アヤと母親は寝るときの行動についての表作りや，それに使う星のシールを一緒に探しました。母親はアヤに，自分がやりたい活動や欲しいものを考えさせ，就寝の表の下の部分に，そのやりたいことや欲しいものの写真をはり付けました。
4. アヤと母親は，夜中にアヤがベッドの隣に置いておきたいと思う写真を探すために，アルバムやお気に入りの雑誌を見ました。
5. 両親二人で計画を見直して，計画の進み具合について話し合うスケジュールを立てました。

5　ステップ5：結果のチェック

　実行された計画に対して，自分の子どもがどのように反応しているのかを定期的にチェックすることで，何か問題が生じたらすぐに対応でき，必要な変更ができます。結果をチェックすることは問題行動とそれに置き換える行動の状況を見守り，計画がどのような効果を及ぼしているのかを絶えず確認し，ポジティブな結果（たとえ，計画にはなかったことでも）をすべて記録することです。

ワーク：考えてみましょう
　両親は計画の結果をチェックするために何をするべきでしょうか？

_____

_____

_____

_____

　最初の1週間は，両親は昨晩の寝る時の様子について，毎朝数分は話し合うようにしました。時間が経つにつれて，アヤの行動の変化を確かめる時は，行動記録表を見直すようにしました。また，計画の実行がどれくらい一貫しているのかも検討しました。このような話し合いが，問題が生じた時に対応したり，計画を即時に修正したりする場となりました。最初の1週間の後には，寝る時の状態が前よりはスムーズになり始めたので，話し合いの時間を毎週日曜の朝に取ることにしました。

6 アヤの全体的な結果

　新しい計画の準備や話し合いをすることは，アヤや家族に非常に有効でした。寝る時の行動に関する表に星のシールをはること，新しいCDプレーヤーを使うこと，自分の部屋で時計を見ることを非常に喜びました。アルバムや雑誌を見て，特別な写真を見つけることも楽しみました。寝る時の新しいやり方に従うと何が起きて，従わないと何が起こるのかなど，新しい日課を理解したようでした。

　しかしながら，このようにすべてを準備しても，計画の実行にあたりいくつかの問題にぶつかりました。アヤはベッドに入った時間を覚えておくことが難しかったのです。両親は部屋を出る前に，静かに手短に説明を繰り返しました。アヤは数分間は大声で両親を呼びましたが，どうやら用意しておいた時計と写真をじっと見ながら，最初の夜はどうにか眠るまでベッドにいました。

　その翌日から数日間の夜は，アヤは新しい日課のお試しをしているようで，両親を限界にまで追い詰めました。アヤが部屋を出ようとした時，両親は廊下でアヤとはち会い，すぐにベッドに連れ戻しました。時に両親は決めた計画に従うことが難しいと感じました。アヤの叫びや泣きを無視することが難しかったのです。しかし，両親は正しいことをしているとお互いに再確認しました。4日目の夜には，アヤは新しい日課に慣れたようで，最終的には午前中の特別な活動をできるようになりました。

　次の数週間は，アヤは基本的には適切に行動しました。しかし，母親はアヤとご褒美である特別な活動を行う時間を一貫して十分に取ることが，段々と難しくなってきました。このことをお隣に話すと，お隣の12歳の娘のマリがその時は夏で普段は家にいるので，週に数日は手伝えるかもしれないと言ってくれました。アヤはマリが大好きなので，数日間アヤの両親は，マリと活動するか，あるいは母親がアヤと過ごしている時にマリにエミを見てもらうかのどちらかをアヤに選ばせました。

　両親は決めた計画を行い続けて，必要に応じて小さな変更をしました（たとえば，写真を変える，寝る時用グッズを新しく買う，父親のスケジュールが変わったらそれに合わせて寝る時の日課を変えるなど）。時間が経ちアヤが成長するにつれ，アヤは寝る時の行動に関する表に星のシールをはることはもう覚えておらず，この方法はやめることにしました。最後には，寝ることはもう問題ではなくなりました。アヤと両親二人は十分に休息することができ，家族全体がより幸せになりました。

第8章
ユキの事例

　ユキは15歳で，友達がたくさんいます。暇な時にはいつも電話かパソコンをしています。基本的にはごく普通な思春期の女の子です。仲間内の冗談で友達とくすくす笑っているかと思ったら，次の瞬間には男の子のことでくよくよしています。また，友達が自分に抱くイメージをとても気にしています。ユキのことを一番よく知る人は，ユキは社交的で，ふざけたがり，頑固で，（時に）理屈っぽいと言います。

　ユキの家は中流の上位層です。母親は芸術家で，父親は地元の大学教授です。11歳の妹のチカと，9歳の弟のヒデキがいます。妹は物静かで，礼儀正しく，落ち着いています。妹とユキは二人とも優秀ですが，妹が学校の目標を達成するには，ユキよりも頑張らなければなりません。弟はサッカーチームの点取り屋です。両親は週末，ヒデキのサッカーの試合に行き，彼のプレイを見て過ごしています。

　ユキは地元の私立学校に通っています。きちんと出席し，成績も良いです。しかし，担任の先生はユキが先生の権限に踏み込んでこようとすると感じています。ユキは学校のルールに疑問を持ち，周期的に服装に関して校則違反をします。しかし，学校で厳しく罰せられたことはありませんでした。ユキは学校で演劇に参加していましたが，段々やらなくなりました。以前は，生徒会役員や放課後活動などにも参加していました。しかし，他に興味が移り，これらの活動への参加は段々減りました。

　ユキは普段，とても多くの大人から一目置かれています。しかし，自分の両親とやり取りする時はそうではありません。両親はそれぞれ，ユキの行動に異なった見方をしています。母親はユキを活発と言って，ユキの行動をしばしば大目に見ています。父親はもっと強い言葉で表現していて，ユキは行儀が悪く，扱いづらく，反抗的だと言います。家ではユキは自分の言い分が通らない時や，自分がやりたくないことを両親にするように言われた時には，いつも声を荒げます。ほんの些細な頼み事でさえもユキの問題行動を引き起こすことがあり，ユキの問題行動の嵐はユキの部屋や家の外までおよびます。父親はとても心配しており，時間が経つにつれて，ユキの問題行動が悪化し，両親共にユキを全くコントロールできなくなるのではないかと思っています。ユキは両親を罵倒し，ことあるごとに激しく批判します。このような行動は家族全体の雰囲気に影響しています。

　食事の時は特に大変です。母親は食事ができると，夕食に来るようユキを呼びます。その時，ユキはたいてい自分の部屋で宿題をしているか，音楽を（非常に大きい音で）聞いており，滅多に返事をしません。5分くらい後に母親がもう一度呼びますが，それでもやはり反応はありません。それから，母親は非常に大きい声でユキを呼ぶか，ユキの部屋のすぐ外に立って，夕食に来るよう直

接言います。この時，ユキはたいてい母親に叫んだり，自分のやっていることを知らせたり（たとえば，「私が何かしているってことがわからないわけ？」など），皮肉を言ったりします（たとえば，「やーっと夕食ができたようね」など）。それから，ユキは食卓まで駆け下りてきます。椅子に座り，ふくれっ面をして椅子や家具をどんと叩き，妹を口汚くののしり始めます。たいていは夕食の文句を言い，食べようとしません。他の家族とはほとんど目を合わさず，がみがみ言う以外では家族とほとんど話しません。家族の団らんに参加すると，自分に向けられた質問に対して，生意気で皮肉な言い方で返事します（たとえば，「そんなばかな質問をするなんて」と両親に文句を言うなど）。食事がやっと始まっても，食卓を離れてもよいかと聞いてきます。ユキは，食べていない時になぜ席についていなければいけないのか理解できないと言います。このような皮肉や文句で，ユキはほぼ毎晩の夕食を乱しています。

　また，ユキは友達と外出すると，たいていいつも門限を20分以上破ります。さらに，いつ帰る予定なのかを両親に知らせる電話もしません。ユキは親が決めた門限をギリギリまで破ろうとしていると，父親は感じています。両親が門限破りの問題に対応して，ユキがどこにいるのかがわからない時にどれだけ心配しているのかを伝えると，ユキはそんな心配は払いのけ，なんでもないことをいつも大げさに騒ぎ立てていると文句を言います。そして，「それがどうしたの？　まだ10時半だし，今日は土曜日じゃない」などと言います。両親が問題なのは時間が遅いことではなく，門限を30分近くも破ったことだと説明すると，ユキは親なんか大嫌い，家を出る時が待てないと言います。このために，両親はいつも小言を言えなくなってしまいます。ユキはたいてい，外出中にどこにいたのか，何をしていたのか，誰といたのかなどの，両親の質問には答えようとしません。ユキの気まぐれな行動により，両親はユキがアルコールや薬物に手を出しているかもしれないと疑いますが，はっきりとした証拠はありません。

　ユキは自分の部屋など家中を散らかしっぱなしにします。洋服のかたまり，積み上がった学校の課題，脱ぎ捨てられた靴などで，ユキの部屋は足の踏み場がありません。洋服ダンスの一番上のスペースには，新聞や洋服などいろいろなものが高く積み上がっています。靴，洋服，本などの自分の持ち物を，家のあちこちに置きっぱなしにします。両親が片付けるよう言うと，最初はたいていそれを無視したり，あとで片づけると言ったりします（しかし，決して片付けません）。もう一度言うとたいてい，ユキは皮肉を言い，両親に荒っぽい返事をして，怒って泣き叫びます。うるさく言うと，たいていドアをバタンと大きな音を立てて閉め，部屋に閉じこもったり家から出ていったりして，いなくなります。両親は散らかしっぱなしのユキの物は捨てるとか，新しい服や靴は買わないなどと強く言いますが，実際に行ったことはありません。

　両親はユキに対して一貫した対応をしていません。おそらくその原因の一部は，両親それぞれがユキの行動に違った見方をしているためです。両親は二人ともユキの気持ちについてユキと話そうとしたり，なぜユキがもっとちゃんと振る舞うべきなのかを説明しようとしたり，あるいは強く言ったり叱ったりしています。母親はユキが非常に問題である行動をすることに理由を付けて，ユキの問題行動をかばいます（たとえば，多分ユキは疲れている，今日は嫌なことがあった，友達ともめたなど）。時に両親は無条件の注目や支えを示し（たとえば，「何よりもお前を愛している」と言う

など。),また時には外出禁止にします。外出禁止にされている時には,友達とショッピングモールに行く,パソコンを使う,電話で話す,テレビを見るなどはしてはいけないことになっています。しかし,それにも関わらずユキはたいていこれらのことをします。両親が設定した後続事象はユキの問題行動に影響しないようです。ユキと直接関わっている家族のみが,ユキの行動が反抗的であると捉えているようです。おそらくその理由は,ユキの行動が両親の権限の境界線を試すことに集中しているからです。両親はユキを刺激して怒らせることを避けたいと思いながら,ユキに気を使って接することに疲れています。

1 ステップ1:ゴールを立てること

PBSの第一のステップは,ゴールを明らかにし,気になる行動をいくつか具体的に定義し,それらに優先順位をつけ,自分の子どもと家族にとってのより大きなライフスタイルのゴールを立てることです。

1-1 問題行動を定義する

気になる行動は明確に定義しなければなりません。自分の子どもとたまにしかやり取りしない人でも,その行動だと確実にはっきりわかるまで,定義を具体的にするべきです。それに加えて,まずは行動の頻度,持続時間,深刻さを評価しなければなりません。これにより,その後の変化が評価できるようになります。覚えておいて下さい。人が言うことや行うことすべてが行動なのです。

ワーク:考えてみましょう
　ユキと家族に起こり続けていることを考えると,ユキの一番気になる行動は何だと思いますか？

・気になる行動:
___

・その行動の具体的な記述:
___

・その行動の頻度,持続時間,深刻さ:
___

両親は，自分たちが気になる行動が主に二つあることに気づきました。その二つの行動を，反抗的な行動と行儀の悪い行動と命名することにしました。たいてい両方の行動が同時に見られますが，いつもではありません。どちらの行動も，ユキが両親とどのようにやり取りするかに特に関係しています。

- 気になる行動：
    反抗的な行動
- その行動の具体的な記述：
    指示を無視する，ある活動をやめるよう言われてもやり続ける，家のルールや門限を破る，許可なく外出する。
- 気になる行動：
    行儀の悪い行動
- その行動の具体的な記述：
    失礼な言い方をする，口論する，叫ぶ，皮肉を言う，ばかにする，文句を言う
- その行動の頻度，持続時間，深刻さ：
    どちらの行動も最低一日3回は起こり，週末にはもっと多い。これらの行動は，ユキが部屋を出ていくまで続き，家族全体を乱している。

1-2　その行動が本当に問題であるかどうかを判断する

　ゴールを明らかにするということの一つは，気になる行動が深刻で，その行動に対応するべきかどうかを判断することです。Big Ds を考えてください。その行動は危険でしょうか，破壊的でしょうか，周りを乱すでしょうか，嫌悪的でしょうか，発達から考えて不適切でしょうか。

ワーク：考えてみましょう
　ユキの気になる行動の定義を見て，Big Ds の見方から，ユキのその行動が本当に問題であるかどうかを判断してみましょう。

- 危険な行動：

- 破壊的な行動：

- 周りを乱す行動：

- 嫌悪的な行動：

- 発達から考えて不適切な行動：

表4　ユキの反抗的な行動と行儀の悪い行動に対する Big Ds

	反抗的な行動	行儀の悪い行動
危険な行動	ユキはルールに従うことを拒否する。特に門限に関すること，健康や安全を脅かすかもしれない場所に行くことについてのルールを拒否する。	ユキは口論し，泣き叫び，その他のやり方で行儀の悪い返事をする。しかし，その言い方は危険ではない。
周りを乱す行動	ユキは指示に従うことを拒否する。これにより，決められたルールや日課を守ることが困難で，妹や弟に悪い例を示している。	ユキの口論や泣き叫びは，食事の時間や家の中の全体的な和やかさを乱している。そして家族のお互いの関係にダメージを与えている。

　両親は Big Ds を考えて，ユキの行動は表4に示した理由のために注目する価値があると，はっきりと判断しました。ユキの行動を嫌悪的であるとか，破壊的であるとは思いませんでした。また，発達から考えて不適切とも思えませんでした。このような行動は10代の若者にはよくあることと聞いていたからです。ユキの教師や自分も親である知人と話し，家の決まりを試したり，目上の立場を軽視したりすることは，ユキの年齢の若者にはよくある行動であるとわかりました。しかし，ユキの行動は非常に激しいようでした。

1-3　より大きなゴールを立てること

　気になる行動を定義することに加えて，自分の子どもや家族のために達成したいと思う，より大きなゴールも考えたいと思います。より大きなゴールとは，ただ問題行動を止めるだけでなく，関

係性を改善すること，機会を確立すること，気持ちの幸福を維持することまで広がります。

ワーク：考えてみましょう
ユキと家族にとって，どのようなより大きなゴールが考えられますか？

___

___

___

___

両親は，ユキの望みと自分たち自身のニーズの両方を考慮して，以下のようにゴールを決めました。

- ユキが家のルールに従うこと，両親がユキに課した制限を受け容れること，割り当てられた家事を行うことで家族に貢献すること
- 両親，弟，妹とポジティブなやり取りをすること（たとえば，落ち着いて適切な時に自分が気になっていることを話す，丁寧にお願いする，人を身体的あるいは感情的に傷つけることなく自分のイライラを表現する，他人の必要なことを認めるなど）
- ユキが学校や地域のポジティブな活動に参加するようになること（たとえば，クラブ活動，課外活動，地域の演劇など）。また，危険な行動を行わないようにすること（たとえば，夜遅くに外出し，どこにいるかを言わないなど）
- ユキがほぼいつも家庭環境が平和で和やかであるように助け，少なくとも家族を妨害しないようにすること。

両親は自分たちや家族のほかのメンバーにとってのゴールを考えるだけでなく，より大きなゴールを家族みんなで立てるためには，ユキ本人と，妹や弟と話すことが重要であると思いました。母親はユキが学校で着る服を買うために，ユキと外出しました。買い物している時に，今現在でユキが自分自身に設定しているゴールや，生活の中でほしいものについて話しました。ユキのゴールはより多くの自由を手に入れて，両親から独立することでした。このようなゴールを心に留めておき，両親はなぜユキが問題行動を行うのかをさらに突き止めました。

2　ステップ2：子どもの行動に関する情報収集

PBSの第二のステップは，自分の子どもの行動をさらによく理解するために，情報収集することです。親の多くは，さまざまな状況で子どもを観察したり，子どもとやり取りしている人と話したり，子どもの行動を記録したりすることで，このような情報を簡単に集められることがわかります。

2-1　どのような情報を集めるのかを決める

自分にとって役に立つ情報を集める方法を選び，その方法を行うための最良のやり方を判断しなければなりません。

ワーク：考えてみましょう
両親が情報収集のために使う方法はどのようなものでしょうか？

- さまざまな状況での観察：

- 子どもをよく知る人と話す：

- 子どもの行動を記録する：

　一旦，ユキと両親が自分たちのゴールを決めたら，両親はユキの行動やニーズの理解を深めるための情報収集の方法について考えました。そして，次のことを行うことにしました。

- さまざまな状況での観察：
　　特に問題行動が起きると予想される時間帯（たとえば，家事を割り当てた時，夕食の時など）には，ユキの行動とその行動への自分たちたちの反応について，両親は特に注意を払うことにしました。
- 子どもをよく知る人と話す：
　　両親はユキと一緒に，問題行動がいつもどこで起こるのか，その時そばに誰がいるのか，そこでは何が起きているのかといった周囲の状況について話し合いました。そして，毎晩寝る前に，その日がどうであったか 2, 3 分ユキと話すことにしました。また，友達や演劇の先生など，ユキの学校の関係者と話すことにしました（このことは，ユキを怒らせたり恥ずかしい思いをさせたりしないように，こっそり行わなければなりませんでした）。最後に，ユキが問題行動によって達成しようとしていることについての理解が深まったら，その理解を確かめるために

ユキと話すことにしました。
- 子どもの行動を記録する：
    最も問題行動が多い状況において，ユキの行動と自分たちの対応について理解することが難しい場合は，日記にユキとのやり取りを記録することで，ユキと両親のやり取りのパターンを調べることにしました。

この計画を用いて，両親は1週間，自分たちが目にしたユキの行動について，しっかりと観察し，話し合い，そして記録しました。そして，次のようなことがわかりました。

観察から，ユキに特定の指示をしたり，家族のルールについて注意したりするような時間（たとえば，夕食など）において，二つの問題行動とも最もよく起こると結論付けました。また，ユキに時間の制限を与える時に，問題行動が起こる可能性がより高くなりました（たとえば，「ここの散らかしたものをすぐに片付けなさい」，「4時までに帰りなさい」など）。朝の時間や，両親がユキに指示をしない時は，問題行動が起こる可能性が最も低いと結論付けました。露骨に反抗的な態度や行儀の悪い行動は家で起こるようであり，学校や地域では起こらないことがわかりました。また，問題行動はたいてい両親と一緒の時に起こり，本当にたまにだけ，妹や弟と一緒の時に起こるということで意見が一致しました。両親のどちらか一方とだけ一緒にいるときは，親がユキに特定の指示をしない限りは，問題行動はたいてい起こりませんでした。

両親は，ユキが問題行動によって得たり避けたりしている可能性のあることについて考えました。最初は，ユキは両親からの反応を得るために，両親が要求したことを拒否したり，両親と口論したりしていると考えました。ユキは両親をイライラさせ，不満を溜まらせて怒らせようと意図した行動を選ぶことで，その場の状況をコントロールするために，両親からわざとネガティブなやり取りを引き出していると感じていました。実際は，両親に反抗し，気難しくなることで，嫌な責任を避けることができていたのです。それどころか，両親はたいていユキの家での仕事をきょうだいに行わせていました。また，問題行動に関わらず，ユキに小遣いや特別なご褒美を与えていました。なぜなら両親はこのようなことは当然与えられる権利であると考えていたからです。両親は，ユキのネガティブな行動や時に怒った行動を避けるために，ユキへの指示や制限を少なくしていることに気づきました。

両親はユキの演劇の先生であるノグチ先生と会いました。先生はとても快くユキについて話してくれました。先生は，ユキは演劇をとても楽しんでおり，優れた役者であると言いました。先生は両親が言うような問題行動を見たことがありませんでした。しかし，ユキが本当は自分の周りをコントロールしたがることに気づいていると話しました。ユキは非常に口がうまく，他人が率先することにはあまり従わないと言いました。また，ユキの演技に対して意見するときは，非常に気を付けなければならないと言いました。なぜなら，建設的な批評を受けても，ユキは防衛的になったり不機嫌になったりするからです。

両親はユキと話したいし，ユキがどこに出かけているのかをもっとよく知っておきたいとユキに伝えました。するとユキは，最初は渋りました。しかし最終的には，ユキは自分が両親からいつも指示され，評価されているように感じていると告げました。もっと自立したい，両親に自分のこと

を信頼してもらい，自分でさまざまなことを決めたいと言いました。また，ユキは意地悪になろうとしているのではないと言いました。両親の方がただ「私をおかしくさせている」と言うのです。

両親は，ユキが両親や家族に特に何を求めているのかを質問することで，ユキを尊重していることを示そうとしました。しかし，このような質問をすることは，ユキが求めるすべてのことを得られることを保証する訳ではないことは，はっきりさせました。ユキが求めることは，次のようなことでした。

- 両親の自分に対する小言をやめてほしい
- 友達ともっとたくさんの時間を過ごしたい
- あまり自分がすることに質問しないでほしい
- 自分で選ばせてほしい

また，ユキが楽しいと感じる両親とのやり取りを尋ねました。ユキは母親が買い物に連れて行ってくれている時や，庭で父親が作業をしながら話してくれている時が好きだと言いました。両親に自分からコミュニケーションすることは好きでした。おそらくその理由は，両親はたいてい状況が悪い時にユキをつかまえたり，支持的というよりむしろ対立的であったりしたからです。

両親は，ユキが友達と外出している夜に何をしているかについての話題を切り出そうとしました。しかし，ユキは回避的で防衛的でした（たとえば，「あのね，私たちはただ一緒に生活しているだけじゃない。こと細かに何でも知る必要があるとは思えないけど」など）。両親はユキが行っていることがあまりわからないことに，不満を感じました。しかし，このことは緊急に優先されることではなく，少し経ってからユキが行っていることについて話せるかもしれないと判断しました。

一日中ユキの行動を見ることは非常に大変なようでした。そのため，両親は夕食の時間でわかったことが，他の時間の見通しを持つことにも役に立つのではないかと思い，夕食の時間の最初の方で起こることに集中して情報を集めることにしました。毎週少なくとも5日は家族みんなで夕食を取ろうとしていました。しかし，ほぼ毎日ユキが問題を起こすことは火を見るより明らかでした。両親は，ユキの行動の目的を理解することに役立つかもしれないパターンを見つけて，そのパターンに対する自分たちの反応が，ユキの行動にどう影響するのかを理解したいと思いました。日記を書き続けることが，その状況を客観的に見ることに役立つと思いました。そして，1週間は毎日，日記を書くことにしました。図22に母親が数日間記録したことが示されています。記録を続けるうちに，自分たちがユキに言っていることや，その言い方，そしてユキがそれにどう反応しているのかということに，いくつかのバリエーションがあることがわかり始めました。ある日，母親は特にご機嫌で，いつもより元気でした。ユキに怒鳴らずに，「夕食の用意ができたわよ」とユキの部屋に直接言いに行きました。「今日の夕食は何かしらね？ 見に来てらっしゃい。今日のことを教えてちょうだい」と，陽気に伝えました。このような前置きがあると，ユキはいつもより快く夕食に来て，あまり周囲を乱しませんでした。両親は自分たちが，問題が起きることを予想しているために，事態を悪化させるような，防衛的な関わりを時にしていることに気づきました。

日付	メモ
4/19	PM6:10，私は夕食に来るようユキを呼んだ（「晩ごはんできたわよ」）。約5分後，少し大きな声でもう一度叫んだ。ユキが嫌味っぽく，「今行くからー」と言った。しかし，食卓まで来ない。ユキの名前を大声で呼ぶと，ようやくユキは食卓まで来て，ドンと椅子に座った。お父さんがその日のことを話し始めた。ユキが話をさえぎり，またつまらない話を聞かなければいけないのかと言った。私はユキに行儀よくするように言った。それからユキはナカの方を向いて，ナカが好きな男の子のことでからかい始めた。お父さんがユキに，嫌なことばかり言うのなら，「黙っている」ように言った。ユキは約10分間，少しずつ夕食を食べた。それから席を離れてよいかと尋ねた。その後，私はユキの夕食を片付けた。
4/20	PM6:20，台所から「晩ごはんよ」と叫んだ。他の家族はやって来て，食事を始めた。約10分後，お父さんがユキの部屋に行った。ユキは音楽を聴いていた。お父さんは，「おいしい料理だよ。食べに来るくらいしなさい」と言った。ユキは「あとで行く」と答えた。お父さんは厳格に，「駄目だ，今すぐ来なさい」と言い，音楽を止めた。ユキはお父さんを睨み付けて食卓に来た。ユキはいくらか食べて，なぜいつも小言を言われなければいけないのかと反発してきた。結局は話すことを止めて，黙ったまま食事した。
4/22	PM6:05，私は夕食を作りながら，洗濯物を片付け，ユキの部屋のそばまで行った。洗濯物をたんすに片付けている間，ユキに学校の様子を聞いた。ユキは「まあまあ」と言って，読んでいた本に目を戻した。あと10分くらいで夕食ができると言った。6時20分くらいにユキが食卓に来た。他の家族が段々と夕食に集まってきている間，ユキにテーブルに皿を準備するよう頼んだ。ユキは渋々と応じて，それから腕組みして椅子に座った。その夜はユキは食事を終えて，音楽について子どもたちで会話した。ユキはヒデキの新しい靴をからかい，私たちが会話に参加しようとすると，げんなりしてみせた。しかし，この日はいつもの夜より良かった。

図22 ユキの行動が示された日記の記入内容

3 ステップ3：パターンの分析

　PBSの第三のステップは，情報収集からわかったことをまとめることです。つまり，集めた情報から，問題行動やその時の周囲の状況のパターンを明らかにします。子どもの行動のパターンを一つの文や短い文章で書くことによって，まとめてみます。

ワーク：考えてみましょう

両親が集めた情報に基づいて考えると，ユキの行動に影響していると思われるパターンは何でしょうか？

• 状況： _____ の時に，

_____ が起こり，

• ユキの行動：ユキは _____

_____ という行動をする。

• 得るもの・回避するもの：それによって，ユキは _____

_____ を得たり回避したりしている。

　両親は話し合いながら考え，記録した情報に目を通しました。パターンを見出しやすくするために，第4章に示されている「行動パターンを見つけましょう」の項目に記入しました。図23は両親による記入結果を示しています。このような現時点での問題だけでなく，友達と外出している夕方におけるユキの行動や，普段のユキの安全について，両親はどのような不安を抱いているのか気づきました。また，自分たちがユキに期待している行動や管理が一貫していないことにも気づきました。両親はこのような情報に基づいて，サマリー仮説を作りました。

　「ユキはやりたくないことをするように求められたり，答えたくないことを質問されると，その指示を無視したり，両親に怒鳴り返したりする。このような行動によりユキは，1）やりたくないことを避けることができ，2）その時の状況をコントロールできている。このパターンは自分たちの一貫しない期待や，管理不足により悪化してきた可能性がある」。

　当初は，ユキは家族とやり取りすることを避けるために雰囲気を乱していると，両親は思っていました。しかし，ノグチ先生から話を聞いた後，ユキとやり取りしていて問題がなかった時には，パターンがあることに気付きました。それはつまり，ユキは自分でコントロールしようとし，また自立を得ようとするために，両親から頼まれた事を避けようとしているだけである可能性が高いようでした。また，両親は自分たちの声のトーンや普段の関わり方によって，ユキの両親への反応の仕方が違ってくることにも気づきました。

3-1　推測したことを確かめる

　自分たちのサマリー仮説について確信が持てない時は，問題行動を取り巻く状況や結果を変えて，それでも問題行動が起きるかどうかや，あるいは増加するかどうかを見て，推測したことを確かめたいと思うでしょう。

発見したパターン：反抗的な行動，行儀の悪い行動		
行動について	最も起こりやすい時	最も起こりづらい時
いつ？	ユキが好きでない活動や家事を行うよう言われた時。両親がユキに何かを要求した時。両親がユキにたくさん質問した時。	ユキが一人でいる時。好きな活動をしている時（たとえば，買い物，友達と外出中など）。
どこで？	家で，特に夕食の時。	学校。
誰と？	両親。時々きょうだい。	友達。先生。
どんな活動で？	夕食。家事。	自由時間。買い物。
その行動の目的は？	手に入れているもの	避けているもの
	自分のすることや行く場所をコントロールすること。自分の行動は関係なしに小遣いと特別なご褒美。	両親が威張っているとユキが感じている時のやり取り。家事をすること。ルールや日課を守ること。

図23　ユキの行動において発見したパターン

　母親は2，3日の間，ユキに対する自分の関わり方の影響に関して，自分の理論を実際に試すことにしました。「晩ごはんだよ」と伝えるために台所から怒鳴るのではなく，直接ユキに話し掛けに行き，ちょっとお喋りをして（ユキが話したいならば），それから夕食ができたことを言いました。この方法はユキの問題行動のすべてを解決はしませんでした。しかし，このようなやり取りをした日は，ユキはいつもより素直に食卓に来て，全部ではなくともほとんど食事を食べるようでした。

4　ステップ4：支援計画の作成

　PBSの第四のステップは，第二，第三のステップから得られた理解を用いて，子どもの行動に対応するための計画を作成することです。

4-1　いつ，どこで，何に対して介入するか

　子どもの行動への対応方法をはっきりと決めてしまう前に，今すぐ対応しなければならないと感じている行動が何かと，それに対していつどこで介入するかを考える必要があります。

ワーク：考えてみましょう

ユキのどの行動を，計画の中に取り上げるべきでしょうか？（たとえば，ある具体的な行動か，それとも一般的な行動かなど）

___

いつ，ユキの両親は問題行動に対応するべきでしょうか？（たとえば，一日中，あるいは一日のうちのある時間など）

___

どの場面に，両親は着目するべきでしょうか（たとえば，家庭，学校，地域など）

___

　両親はどちらの問題行動（すなわち，反抗的な行動と行儀の悪い行動）も自分たちにとって重要であると思いました。なぜなら，その二つの行動はたいてい一緒に起こるので，どちらにも対応する必要があったからです。一日中，あるいは1週間の毎日で，ユキのこの問題行動に影響を及ぼすよう家庭を変化させたいと思いました。両親の関心は家のことでしたが，ユキが学校や地域でどのように行動したかをチェックする必要もありました。両親は，夕食の時間に重点を置くことにしました。なぜなら，夕食の時間はいつも問題がある日課であり，また家族で食べる夕食は両親にとって重要だからです。

4-1-1　介入の方法

　子どもの行動に対応する包括的な計画には，問題を予防すること，問題行動をより適切な行動に置き換えること，そして行動の後続事象をマネジメントすることといった，さまざまな方法が含まれます。

4-1-2　問題の予防

　一度，自分の子どもの問題行動を引き起こしている状況が何かがわかったならば，子どもが適切に振る舞えるのを支援するために，状況を変えることができます（たとえば，問題を引き起こしている事柄をあらかじめ避けるなど）。

ワーク：考えてみましょう

どんな状況がユキの問題行動を引き起こしていますか？

_____
_____
_____

両親は，問題を予防するためにその状況をどのように変えることができますか？

・問題が起きる状況を避けるためにできること：

_____
_____

・問題が起きる状況を改善するためにできること：

_____
_____

・適切な行動を促す手がかりを加えるためにできること：

_____
_____

　両親はユキの問題行動が引き起こされる状況を次のように見極めました。ユキが自分にとって楽しくないこと（たとえば，部屋の掃除，家族との食事など）をするよう両親から求められたとき，ユキの行動について両親からあれこれ質問されたとき（たとえば，「いつ帰るの？」など），自分の行動が制限されたとき（たとえば，門限など）です。このような状況に対するユキの抵抗は，両親のユキに対する接し方によって悪化しました。ほとんどの場合，ユキの問題行動は両親が何か頼みごとをする時に起きていました。そのため，両親は自分たちの要求を減らしはっきりさせることで，問題を最小化できると思いました。両親が期待している行動を整理するために，現在ユキに求めている責任のリストを作りました。次にその中から，絶対不可欠ではない項目を除外しました。このゴールは，ユキがある程度の自立を得ることを許す一方で，両親が望む健全で平和な家族生活を作るために必要なことに絞ってユキに求めることでした。次のことをユキに求めないことにしました。

・登校前に家で朝食を食べること
・バス停まできょうだいと歩いて行くこと
・夕食後にみんなで散歩すること

両親は次のことはユキに求め続ける必要があると判断しました。

- 家族一緒に夕食に参加すること（少なくとも週3回）
- 部屋を掃除すること（最低週1回）
- 家の中から自分のものを片付けること（毎日）
- 門限を守ること（平日は午後8時，週末は午後10時）
- 毎日，家事を一つは行うこと（たとえば，食器洗い機の中を片付けるなど）

また，両親はユキへの頼み方を変えることにしました。まずは，ずっと期待している行動をはっきりさせることで，いつもいつもユキに指示することが減らせると思いました。自分たちが期待している行動の多くをユキだけではなく，家族全員にあてはめることにしました。その話し合いをするために家族みんなで集まりました。その時，家族にとってのゴールについて話し合い，子どもたちそれぞれから意見を求めました。ユキはきちんとこの話し合いに参加したわけではありませんでしたが，静かに座って，両親ときょうだいが話しているのを聞いていました。家族は一つの大きなゴールを見つけました。それは家族が皆一緒に楽しい時間を持つこと，お互いを助けること，そしてお互いを大事にすることで，家族がお互いを気にかけていると示すことです。それから両親は家族全員に当てはまる，家族に新たに期待される行動について説明しました。

- 毎日寝る前に自分のものを片付け，毎週自分の寝室を掃除して（自分が選んだ日と時間に），使った場所を自分できれいにすること
- お互いを尊重して話すこと（穏やかな声と礼儀正しい言葉づかいで）
- 毎日一つの家事に責任を持つことで，家族に貢献すること

両親は，家族全員に当てはまる一般的な期待される行動をはっきりさせることでは，あまり対立は生じないだろうと思っていました。こうすることで，ユキが両親と話した時に示した意見である，期待される行動がユキだけに関係するものだとは感じない可能性が高まりました。また，子どもたちの行動に関して何が許されるのかについて，ほかの子どもたちにも伝えました。両親はこの期待される行動を書き出し，リマインダーとして冷蔵庫にはり付けました。

両親はユキへの頼み方を変える必要と，自分たちが期待する行動をもっとはっきりさせる必要があると思いました。両親はユキと一緒に，両親が望んでいる行動の変化について話し合いました。両親はユキに必要以上に頼みごとをしていたかもしれないこと，そして時にユキに対して一貫性が欠けていたかもしれないことに気づいたと話しました。そして，新たに決めた期待される行動をユキに示しました。最低週3回は家族との夕食に参加すること，夕食開始5分以内に席に座り，食事が終わるまで席についていること，気持ちがよい適切な行動（どのような行動がこれに当てはまるかについて意見が一致しました）をすることを伝えました。

家庭内で期待される行動を示すだけではなく，家族が自分の居場所を伝え，子どもたちを十分に

見守るための新たな計画を立てることにしました。ホワイトボードを冷蔵庫にはり，そのそばにマーカーを付け，表に家族全員の名前を列挙し，それにいつ，どこに，誰と一緒に，何をしに，といった質問をつけました。家を出る前に，どこに行くのか，何をするのか，誰と一緒なのか，いつ家に帰るつもりなのかをメモすることが，家族全員（両親も含む）に求められました。

　また，ユキが学校や地域の活動にもっと参加することを促そうと，両親はユキの興味について本人と話し始めました。両親はなぜユキが課外活動への参加を続けなかったのかを尋ねました。ユキは課外活動に参加できなくて残念に思っており，特に演劇が残念と説明しました。しかし，活動について両親が毎回質問してくるのにはうんざりすると言いました。たくさん話し合い（そして励まして），ユキは週に数回練習する必要がある地域の演劇活動に参加してみることにしました。そして，両親は毎日多くの質問をする代わりに，ユキ自身が話したいと思った時に，演劇活動中に起きたことを話すということで両親も同意しました。

4-1-3　問題行動を適切な行動に置き換える

　私たち親は問題の予防に加えて，適切でポジティブな方法で自分のニーズを伝えて，困難な状況に対応するスキルを子どもたちに教えることができますし，教えるべきです。

ワーク：考えてみましょう
　現在，ユキは気になる行動として何をしていますか？

_____
_____
_____

両親はその気になる行動の代わりに，何をしてほしいと願っているのでしょうか？

_____
_____
_____

　両親はユキの問題行動について，そしてユキが問題行動を通して何を得ているのか（そして何を避けているのか）について，さらに考えました。また，楽しくないことをするよう求められた時や，誰かに満足できないやり方でコントロールされていると感じている時に，一般的に用いられる対応方法について考えました。また，そういう時の怒りや不満の表現の仕方についても考えました。そしてユキに，家の中の責任を受け容れることと（繰り返し指示されることなく家の義務を満たすこと），どこで何をしていたのかについて説明することだけはしてほしいこととしました。

自立には責任が求められることや，期待される行動を満たすことで責任を果たせばもっと大きな自立が与えられるようになることを，両親はユキと話しました。こうして両親は期待される行動を満たすことと，自由が増えることを結びつけたのです（次のパートの「後続事象のマネジメント」を参照してください）。

　また，ユキが自分の関心事，好きなこと，嫌いなことについて話す時に，両親，妹，弟に対して落ち着いて話してほしいとしました。自分が対応されたいように，自分も他の人に対応するべきだと言いました。さらに，自分が気になっていることを適切に言うためのステップを次のように説明しました。

1. 両親に話しかけるのに適切な時間を明確にすること（両親が電話をしていない時，仕事をしていない時，家で他の誰かと話していない時）
2. 静かに落ち着いた声で，話したい話題について気になることを両親に言うこと。代わりとなるような選択肢を含めて自分の意見を言い，両親の返事をきちんと聞くようにすること
3. 落ち着いた言い方でさらに必要な説明をしたり，再度の質問をしたりすること
4. 大事なポイントをすべて言うまで会話し続けること
5. 両親とは意見が合わないことに同意しなければならない時であっても，その問題について両親が決めたことを受け容れること
6. 次に進むこと

　両親はユキに対する自分たちの話し方に関して，悪い習慣がついていることに気付きました。話し方のモデルとして，自分たちもユキに期待するような話し方をすること，ユキに期待するスキルを使うことを両親がお互いに励ますこと，自分たちが落ち着いてやれている時を認めることに同意しました。

4-1-4　後続事象のマネジメント

　より適切な行動に問題行動を置き換えるために，子どもの行動の後続事象をマネジメントする必要があります。これによって，子どもは適切な行動では褒められ，問題行動では褒められないようになります。

ワーク：考えてみましょう
　ユキは自分の行動によって，どんな後続事象を得ていますか？

- ユキが行動の後に得ているものは：＿＿＿＿＿＿＿＿＿＿＿＿＿＿＿＿＿＿＿＿＿＿＿＿＿＿＿
＿＿＿
＿＿＿
＿＿＿

- ユキが行動により回避しているものは：
  _____
  _____

両親はユキの行動に，どのように対応するべきでしょうか。

- 適切な行動を褒める方法は：
  _____
  _____

- 問題行動への建設的な対処方法は：
  _____
  _____

　両親は，ユキが自分の責任を無視することや，両親に対して行儀悪く，そして時に激昂して話すことで，何を得ているのかについて注意深く考えました。そして，両親の対応がこの問題を悪化させているかもしれないことに気付きました。ユキがより反抗的で激昂する時，両親はユキへの頼みごとや要求を減らしていました。問題行動によりユキは，両親が行ってほしいことを避けるのに成功していました。このような理解をふまえて，両親はユキの問題行動への対応として，次のような計画を作成しました。

- ユキと両親で，ユキが行いたいと思う特定の活動や物事についてのリストを作成しました。冷蔵庫に貼った表に示した期待される行動をすべて満たした週はいつでも，そのリストから活動を一つ選べます。リストの項目は，ショッピングモールへ行く，友達と映画に行く，新しい洋服を買いに行くなどでした。
- また，ユキと両親は，ユキが現在持っている特別なご褒美のリストも作成しました。これは，電話で話すこと，パソコンを使うこと，テレビを見ることなどでした。ユキと両親はこれまで，こういうことは当然の権利と考えていました。しかし今は，取り上げられることもある権利とみなすことにしました。
- ユキが先の特別なご褒美を使えるのは，決められた期待される行動を満たしたかどうかに基づくことにしました。具体的な行動は，使った後に掃除する，家族に対してきちんと話す，門限を守る，家族との夕食に参加する，割り当てられた家事を行う，表に自分の居場所を記録するなどです。

　ユキの行動に対する新しい制限を両親が守り通せるのかどうかを確認するために，ユキはおそら

く両親を試すであろうことに気付きました。この理由は特に，これまで両親のユキへの対応方法が全然一貫していなかったからです。ユキに対応する時に落ち着きを保ち，集中する必要がありました。また，決めた制限を必ず一貫して実施できるようにする必要がありました。両親の行動パターンを変えることがどれだけ大変かを考えると，最初の２，３日（そしておそらくは数週間）を切り抜けるために，両親はお互いに支え合う必要がありました。しかし，もしこの計画を実行し続ければ，ユキの行動が改善すると信じていました。

4-1-5　生活の改善

自分の子どもの行動に対応する計画を立てている間は，親として自分たちが達成したいと望むより大きなゴールに，繰り返し立ち帰るべきです。また，子どもの行動に影響するかもしれない生活スタイルの問題に必ず対応するべきです。

ワーク：考えてみましょう

ユキの行動を改善する可能性がある変化を，ユキの生活でどのように行うことができますか？

_____

_____

_____

_____

ユキはアルバイトができる年齢です。また，両親から自立することを強く望んでいるようでした。そのため，ユキが採用される可能性や，本人が楽しめそうな仕事，その仕事にはどんな責任が求められるのか調べることを手伝うことにしました。信頼と特別なご褒美のつながりが，ユキが興味ある仕事の分野に広がることを望みました。

4-1-6　計画の実行

自分の子どもの適切な行動を支援する計画ができたならば，どのように計画を開始し，続けるかを考える必要があります。そのためには，子どもや，子どもの世話に関わる他の人と話す，必要になるかもしれない道具を用意する，計画がどれくらい上手くいっているのかを定期的に見直す方法を考える，必要に応じて計画の調整や変更を行うなどをするべきです。

ワーク：考えてみましょう

ユキに対する計画を実行するために，どんなステップを踏む必要がありますか？（そして計画を維持する責任は誰にありますか？）

_____

_____

_____

_____

　両親は，新たに期待される行動，制限，特別なご褒美を利用できる機会を明確にし，新しいルールを一貫させることが重要であることはわかっていました。また，ユキの自立に対する望みのふくらみを満たすために，責任をより大きな自由と結びつける必要があることもわかっていました。計画を成功させるために必要なアイデアは以下の通りです。

- 両親はユキと一緒に，皆で同意した期待される行動，特別なご褒美，後続事象を明確にするために，紙に書き出しました。
- ユキがその週のゴールを達成したら，ショッピングモールや，映画館などの特別な活動として選んだ場所にユキを連れて行くために，母親は毎週土曜の午後は予定をあけました。
- 家族の近況について話し，家族としての将来像を達成しつつあるかどうかを話し合い，方法を計画するために，時々（1週間おきに）家族で集まりました。
- 自立のための機会をより多く設定することを始めるために，ユキが2，3週間うまくいった後は，両親はユキと話し合うことに同意しました。

5　ステップ5：結果のチェック

　実行された計画に対して，自分の子どもがどのように反応しているのかを定期的にチェックすることで，何か問題が生じたらすぐに対応でき，必要な変更ができます。結果をチェックすることは問題行動とそれに置き換える行動の状況を見守り，計画がどのような効果を及ぼしているのかを絶えず確認し，ポジティブな結果（たとえ，計画にはなかったことでも）をすべて記録することです。

ワーク：考えてみましょう
両親は計画の結果をチェックするために何をするべきでしょうか？

_____
_____
_____
_____

　両親は，こまめに計画の進歩について考え，必要に応じて計画を調整することが重要だと気付いていました。それに加えて，ユキや家族全体と話し合うだけでなく，定期的に何気ないお喋りを通して，ユキの先生や友達と連絡を取り合うことが必要だと思いました。また，少なくとも週に1度は両親二人で話すことにしました。これにより，自分たちの気になることを伝え合い，問題を解決し，一貫性を保つことがさらに良くできました。ユキに関して，両親は計画やその結果について話し合うためにミーティングする時に，自分たちに以下のように問いかけることで確認することにしました。

- ユキは両親や他の家族とどのようにやり取りしていたのか？
- ユキが自分のしていることや居場所を伝えるなどの期待される行動をすべて達成していたか？
- 両親は決めた通りに後続事象のマネジメントをやり通しているか？
- ユキが期待される行動を満たした時に，さらに大きな自由を与えたか？
- ユキは適切に自分の気になることを話したか？
- 家の中の全体的な雰囲気は改善されたか？

6　ユキの全体的な結果

　ユキは新たな家のルールをしぶしぶ受け容れ，現状について話し合う家族会議に参加しました。最初は，両親や妹に促された後にだけ，自分のものを拾い集め，割り当てられた家事を行いました（実際は家族みんなこれを毎日することになっていました）。その後，ユキは家事を行うようになり，責任を持って引き受けましたが，妹や弟に部屋や持ち物についての小言を言うようになりました。このことから家族全体の対立が起こり，ユキはますますむきになりました。このような喜ばしくないやり取りを避けるために，自分の部屋を掃除したり，自分の家事を行ったりしたときは，家族はそれぞれカレンダーに印をつけることを家族会議で決めました。

　ユキは最初の週は，2，3回夕食に参加しましたが，言い争い，行儀がよくありませんでした。その結果，このような食事だった日は，その後ずっとユキの特別なご褒美は取り消されました。ユキはかんかんになり，両親はおかしい，自分がすることを強制できないと叫びました。ユキが落ち着いてから，夕食に参加するだけではなく，家族の会話にうまく参加し，家族に対して行儀よくす

ることがユキにとって大事であることを，両親は思い出させました。特別なご褒美がなかった2，3日後，ユキは夕食時の行動を変えました。ユキはあまり話しませんでしたが，話しかけられた時は答えました。2，3週間後，ユキが夕食と掃除の両方で期待される行動を満たした時，両親はユキに話しかけ，成功を認め，さらにある程度の自由が許されるよう付加的な活動をしてもよいことにしました。

　また，両親はユキへの接し方も変えました。過剰に指示的になったり過度に要求したりしないようまず深呼吸をしてから，言おうとすることについて考えなければなりませんでした。ユキはこのような変化に対して，ポジティブに反応し始めました。時間が経つにつれ，まだ両親とユキは口論することがありますが，ユキに対する全体的な態度や関係は改善したことに気付きました。

　両親の嬉しい驚きとしては，ユキが冷蔵庫に貼ってある表に活動や居場所を記録するシステムには全く問題を示しませんでした（おそらくこの理由は，このシステムを家族全員に当てはめたためと，両親に質問されるよりは良いとユキがみなしたためです）。このように活動を記録することにより，その日あったことを共有する夕食時に，新鮮でよりポジティブな話が促されました。さらに，ユキは地域の演劇に参加するようになりました。夕食時はその日あった出来事を共有する時間となり，ユキは演劇に参加することは誰にとっても楽しいことであると，家族に話しました。

　この計画を2，3カ月実行した後，ユキは期待される行動を日常的に行うようになりました。ユキは家族と良い関係にあった時にもらえる，さらなる自由を楽しみました。門限を破り，両親と対立する時もたまにありました。しかし，特別なご褒美がない日が1，2日続いた後，ユキの行動はより適切になりました。家族での話し合いは，ユキや両親にとって重要なことをほかにもいくつかもたらしました。子どもの頃に両親がユキに教えた落ち着いた方法で，大事なテーマについて話し合うことができました。このような話し合いによりいつも喜ばしい解決がされるとは限りませんでした。しかし，いくつかは解決することができ，このことは過去に起きたていたことからすれば大きな改善でした。ユキが特別なご褒美を制限された時，ユキをチェックすることが時に困難に感じられました。しかし，計画をやり通すための更なる努力をする価値があるということで，両親は意見が一致していました。なぜなら，ユキの問題行動が減少していることが確認できたからです。

　全体として，両親は家庭が改善したことに気付きました。普段からもっとリラックスできるようになりました。おそらくその理由は，現在はユキの行動に対応する計画があるからでした。両親の間の対立は減りました。なぜなら，子育てへの信念が一つになったからです。ユキの妹や弟は家族と一緒の時間をもっと過ごしたいと言うようになりました。そしてユキ自身でさえ，家族との新しいやり取りの方法を楽しんでいるようでした。

第9章
ケイタの事例*訳註1

　ケイタは可愛らしく大人しい9歳の男の子です。笑顔がとっても素晴らしく，母親，友達，先生の話を聞くこと，映画，ボードゲーム，レゴの組み立てが好きです。少し恥ずかしがり屋で，伏し目がちに小さな声で挨拶します。喘息に苦しんでいて，幼い時は発作が多かったのですが，今はたまにしか起こりません。吸入器を持ち歩いており，運動中や急激な天気の変化に息苦しさを感じた時に使っています。

　ケイタは主に読みや理解についての学習障害があると診断されており，学校で特別な支援を受けています。学校ではほとんど通常の学級で過ごしていますが，国語のときは学習障害を対象とした通級による指導を利用しています。自分の学年レベルの内容についていくことに苦労しており，特別支援教育担当の先生から放課後に個別指導を受けています。この個別指導は役に立っているようで，特別な支援を受けられるようになってからの1年間で初めて進歩を示しました。放課後や夕方にゆっくりと宿題をして，母親は頑張れる限りケイタの隣で手伝いました。しかし，この宿題の時間は二人にとってたいていは長くイライラが溜まるものでした。

　ケイタが5歳の時に両親は離婚し，母親が主たる養育者です。母親は地域のクリニックで看護師をしていて，我慢強く，愛情深く，落ち着いています。できるだけケイタが生活しやすいようにしています。また，母親と父親の両方の親としての役割を果たそうとしています。ただ，ケイタを躾ける時に過保護になり，ケイタが生活で直面する困難のカバーをし過ぎてしまいます。このようにケイタに必要なことを強調し過ぎてしまうことで，たいてい母親は自分自身に必要なことをないがしろにしてしまうこと（たとえば，友達との時間をめったに持たないなど）となります。よくケイタに謝り，あらゆるものを与えられないことに罪の意識を感じています。父親は時々ケイタと会っています。しかし，ケイタの日常生活や，教育についての意思決定には関与していません。父親は消極的で，のんきで，ケイタの性格とよく似ています。

　母親は普段，クリニックで9時から4時まで働いています。そのため，朝はケイタを学校に送ることができ，夕食を準備するために5時30分までには帰宅できます。一緒に夕食を食べることは二人にとってとても大切です。夜，宿題が終わった後には，ケイタはパソコンで遊んだり，テレビを見たり，レゴでこったものを作ったりします。ケイタと母親はたいてい一緒に週末を過ごします。家事やお使いで母親を手伝うことを嬉しく思っています。ケイタはめったに人の中にいようと

＊訳註1　本章は教育に関する用語を日本の特別支援教育に合わせて訳出した。

しません。しかし，周りの子はケイタのことが好きで，一緒にいる時（たとえば，学校，地元の公園などで）は仲間に入れてくれます。ケイタは慣れ親しんだ自宅にいる時を，最も快適と感じています。変化や時間の制約は楽しめず，新しいことへのチャレンジに抵抗します。

　ケイタの最も大変な問題は活動の移り変わりの時です。ある活動を止めて別の活動に移ることが非常に困難です。もっと幼い時は，幼稚園から出てくるのがいつも一番遅く，友達との遊びや誕生日パーティーから帰るのも最後でした。着替えや出かける準備をなかなかしないため，いつも約束に遅れました。そんな時，母親はいつも甘やかしているようで，遅刻を重大な問題とはみなしていませんでした。シングルマザーの子どもとして，自分が与えることができる生活の安心と我慢のすべてがケイタには必要であると，母親は感じていました。母親がパートタイムで働いていた時は，ケイタのこのような行動は母親の生活の邪魔にはあまりなっていませんでした。ケイタがある場所や活動から別の場所や活動に移る時に時間がかかるのは，ケイタが幼くてその活動に熱中しているからだと理由付けていました。しかし，母親がフルタイムで働き始めてから，ケイタの行動により特に平日の朝の家での日課が妨げ始められました。

　登校する朝は特に大変です。普段，母親はケイタの部屋に行き，家を出る1時間ほど前に起こします。起きる時間であることを優しく伝え，それから自分はシャワーを浴びに行きます。シャワーの後にケイタの部屋に行くと，まだベッドの中にいます。そこで母親は枕元のラジオをつけて，1曲聴いてから起きてシャワーを浴びるよう言います。そして，母親はたいていコーヒーを作りにキッチンに行き，約5分後にケイタの部屋に戻りますが，まだベッドにいます。この時点で，母親はイライラし始めます。時にはケイタの肩を掴んで揺さぶり，「今すぐ起きなさい」と言います。母親が着替えをしに自分の部屋に行き，それからケイタの部屋に戻りますが，まだベッドにいます。

　この時になると，母親は仕事の遅刻が心配になります。声を荒げて，ものすごい勢いでケイタをベッドから引きずり出し，浴室へ連れて行きます。ケイタをシャワーの方に押しやり，「急がないとカープールに遅れるわよ」と叫んだり，「ぐずぐずするなら，今日は学校に連れて行かないわよ」と強い口調で言ったりします。この時点で，母親がケイタに起きる時間であることを最初に伝えてから約30分が経過しています。やっとケイタがシャワーを浴びた時には，母親は朝食の準備をしています。ケイタが学校に行く前にちゃんと朝食を食べていなかったら，母親はケイタをほったらかしているように感じるのです。それから15分後，ケイタがとうとう下に降りてきて，登校のために着替えます。その時には遅すぎてカープールに間に合いません。

　1週間のうち数日は，ケイタは登校のカープールに間に合いません。結局，母親がケイタを学校まで車で連れて行くこととなり，ケイタはその車内で朝食を食べます。母親がこの朝の混乱状態のことをケイタに突き詰めると，ケイタは謝って次はもっと頑張ると言います。たいてい朝はいつも，結局母親が怒り，イライラを溜め，仕事に遅刻してしまいます。母親の職場の上司は，頻繁に遅刻することに対して文句を言い始めています。さらにカープールの親仲間は，ケイタを迎えに行っても，いつもケイタの準備がまだできておらず，ケイタの母親が車で連れて行くことになるので，うんざりしています。ケイタの母親は平日の朝がとても嫌になりました。それは，毎日直面している困難な状況に対する良い解決策が全く見当たらないからです。

1 ステップ1：ゴールを立てること

　PBSの第一のステップは，ゴールを明らかにし，気になる行動をいくつか具体的に定義し，それらに優先順位をつけ，自分の子どもと家族にとってのより大きなライフスタイルのゴールを立てることです。

1-1 問題行動を定義する

　気になる行動は明確に定義しなければなりません。自分の子どもとたまにしかやり取りしない人でも，その行動だと確実にはっきりわかるまで，定義を具体的にするべきです。それに加えて，まずは行動の頻度，持続時間，深刻さを評価しなければなりません。これにより，その後の変化が評価できるようになります。覚えておいてください。人が言うことや行うことすべてが行動なのです。

ワーク：考えてみましょう

　ケイタと母親に起こり続けていることを考えると，ケイタの一番気になる行動は何だと思いますか（複数ある場合もあります）？

- 気になる行動：
  _____
  _____

- その行動の具体的な記述：
  _____
  _____

- その行動の頻度，持続時間，深刻さ：
  _____
  _____

　母親は，ケイタが一日を通して活動から活動に移ることに困難があることはわかっています。しかし，一番気になるのは，ベッドから出て学校の準備をするまでの間の活動の移り変わりです。この時のケイタの行動を，ぐずぐずすることと呼ぶことにしました。

- 気になる行動：
  ぐずぐずすること。
- その行動の具体的な記述：
  ケイタはベッドに居続けて，朝の準備をするよう母親が言っても無視する。ケイタはすすり

泣き，自分の頭に毛布をかぶせ，壁の方に寝返りをする。母親が繰り返して言うと，これらの行動は悪化するようである。
- その行動の頻度，持続時間，深刻さ：
  ケイタは週2，3回はぐずぐずすることにより，カープールに間に合わない。このために，母親が学校までケイタを車で連れて行き，仕事に遅刻することになる。

1-2 その行動が本当に問題であるかどうかを判断する

ゴールを明らかにするということの一つは，気になる行動が深刻で，その行動に対応するべきかどうかを判断することです。Big Ds を考えてください。その行動は危険でしょうか，破壊的でしょうか，周りを乱すでしょうか，嫌悪的でしょうか，発達から考えて不適切でしょうか。

ワーク：考えてみましょう

ケイタの気になる行動の定義を見て，Big Ds の見方から，ケイタのその行動が本当に問題であるかどうかを判断してみましょう。

- 危険な行動：

- 破壊的な行動：

- 周りを乱す行動：

- 嫌悪的な行動：

- 発達から考えて不適切な行動：

表5　ケイタのぐずぐずすることに対する Big Ds

周りを乱す行動	ケイタが言うことを聞かないため，母親はイライラして，怒鳴り，ベッドから力づくで引きずり出すこととなる。この行動により，家の穏やかな雰囲気が妨げられ，一日がネガティブに始まる。また，母親が何度も仕事に遅刻することとなれば，仕事にも影響するかもしれない。
発達から考えて不適切な行動	この点について母親は確信が持てていない。しかし，登校の準備をするなどの責任を受け容れることは，ケイタの年齢の子どもには期待される行動であるべきだと思っている。

　母親は気になる行動について，二つの Big Ds だけを考えました（表5を参照）。母親にとって，ケイタの行動は危険な行動でも，破壊的な行動でも，嫌悪的な行動でもないことははっきりしていました。発達から考えて不適切な行動であるかどうかについては，確信が持てませんでした。しかし，同僚と話すことで，ケイタが同年齢の子どもに比べると，ベッドから出ることや学校の準備をすることに時間がかかりすぎていることがわかりました。

1-3　より大きなゴールを立てること

　気になる行動を定義することに加えて，自分の子どもや家族のために達成したいと思う，より大きなゴールも考えたいと思います。より大きなゴールとは，ただ問題行動を止めるだけでなく，関係性を改善すること，機会を確立すること，幸せな気持ちを維持することまで広がります。

ワーク：考えてみましょう

　ケイタと母親にとって，どのようなより大きなゴールが考えられますか？

　母親は，自分とケイタの朝の日課についてだけでなく，生活全体に関して達成したいと思うゴールについて考えました。そして次のようなゴールを決めました。

- ケイタが朝，登校の準備を自分で行うように自立心と個人としての責任感が成長すること
- ケイタと母親が毎日，仕事や学校などのいつも決まっている約束の時間に間に合うこと
- ケイタと母親が特に朝の時間，もっと平和で衝突しない関係を保つこと
- 母親が夜，自分の友達と外出するなど，自分個人に必要なことにもっと時間を費やすこと

2 ステップ2：子どもの行動に関する情報収集

　PBSの第二のステップは，自分の子どもの行動をさらによく理解するために，情報を収集することです。親の多くは，さまざまな状況で子どもを観察したり，子どもとやり取りしている人と話したり，子どもの行動を記録したりすることで，このような情報を簡単に集められることがわかります。

2-1　どのような情報を集めるのかを決める

　自分にとって役に立つ情報を集める方法を選び，その方法を用いるための最良のやり方を判断しなければなりません。

ワーク：考えてみましょう
　母親が情報収集のために使う方法はどのようなものでしょうか？

- さまざまな状況での観察：
  _____
  _____

- 子どもをよく知る人と話す：
  _____
  _____

- 子どもの行動を記録する：
  _____
  _____

　母親は，自分とケイタだけが彼の問題行動に関わっているとしても，周りの人のアイデアや関わりから助けが得られるかもしれないことに気付きました。長い情報収集のプロセスは，シングルマザーである母親が行うには現実的ではないことに気付きました。それに，そのようなプロセスはおそらく今の状況では必要ないことに気付きました。ケイタの行動の理解を深めるためには，記録するのではなく，ケイタと話すことや，ケイタの行動を観察することに特化した方法を選べば十分だろうと思いました。母親の計画は以下の通りでした。

- さまざまな状況での観察：
  　寝る時と活動の移り変わりに注意を払うことにしました。特に，母親とケイタのやり取り（たとえば，母親が言ったことや行ったこと，それに対するケイタの反応など）など，ケイタの行動に影響している可能性があることが何かを観察するために，平日の朝の日課に注意を払いま

した。その前の晩にケイタが何時間寝たのか，誰が学校に連れて行ったのか（つまり，母親か，それともカープールの他の親か）等について考えました。仕事や学校に行くために起きなくてもよい週末や休日の朝は，ケイタはどのような行動をするのかを観察しました。朝の日課でやり取りしている時に観察した行動について考えるのは，通勤中の時間を当てました。

- 子どもをよく知る人と話す：
  母親はケイタ本人と話すことにしました。それにより，ケイタの問題行動がカープールや学校の生活に及ぼしている影響や，朝の日課についてケイタが考えていることがわかりました。また，登校渋りを引き起こしているかもしれない何らかの状況が，学校にあるのか確かめるために担任の先生と話しました。さらに，登校するまでの車中で何が起こっているのかの情報を，カープールの他の親から得ました。このような情報すべてを集めた後，母親はケイタの行動に影響している要因を理解するために，自分の親友と話す計画を立てました。
- 子どもの行動を記録する：
  母親は行動の記録はしないことにしました。その理由は，単にケイタに注意を払うこと，観察したことについて友達と話すこと，イライラした状態から自分を落ち着かせるために時間を使うことで，ケイタの行動を理解することや，ケイタの行動のパターンや目的を考えることができると思ったからです。

　母親がケイタに話しかけると，学校ではうまくいっていると言いました。しかし，少し追求すると，学校が本当は嫌なことだけは認めました。その理由を尋ねると，ひまわり学級（これはケイタが通う特別支援学級の名称です）に行かなければならないことが，本当は嫌だと言いました。理由は，授業がつまらなく，本当に自分の役には立っていないからだと言いました。また，平日の朝のことを尋ねると，ケイタはなぜ自分が登校の準備をする時に問題を起こすのかわからないと言いました。ただ，どちらかといえば家で母親といたいことはわかっていました。

　母親はケイタの担任であるムラタ先生とも話しました。先生によれば，同級生はケイタのことが好きなようだが，ケイタはお昼の時間や休み時間に一人でいて，友達との活動にはあまり参加しないようにしていると言いました。また，ケイタは自己主張せず，同級生はケイタを気に留めていないようだと言いました。ケイタは活動に参加したがらず，それよりは見ている方が良いようでした。ムラタ先生が同級生と何かをするようにケイタを後押しすると，同級生はケイタを歓迎し，同様にケイタも楽しんだようでした。また，ケイタには授業中に課題を終わらせるのに励ましが必要なこと，そして手を休めないように頻繁に注意しなければいけないことを言いました。そして，ケイタがあまりたくさん注意されなくても，一生懸命勉強してほしいと言いました。また，特別支援教育担当のタカダ先生と話すことを提案しました。

　母親は，ケイタがタカダ先生の授業についてどう話しているかを，タカダ先生に話しました。タカダ先生はケイタのことが好きであること，ケイタは一生懸命頑張ろうとしていて，問題を起こしたことは一度もないことを話しました。しかし，ケイタは時々，通常学級から特別支援学級に移動することが難しく，その時はたいてい遅れたりクラスを乱したりしていると言いました。ケイタが

特別支援学級にいる時には，3学年から他に12人の児童が来ていると説明しました。タカダ先生は，個々の児童に特有のニーズを満たすためにカリキュラムを個別化しようとしています。しかし，児童一人一人に注意を払うことはあまりできません。放課後にケイタに個別指導している時間はとても有意義で，この特別な個別の時間は今年のケイタの学習面の進歩にとって，大きな要因となっているとタカダ先生は言いました。ケイタの学習面の進歩の詳細と，家での宿題の時間に衝突を避けるために母親が行える最適な援助の仕方について話し合うために，時間を改めて会うことを同意しました。

　カープールの親たちは，学校へ向かっている時，ケイタはたいていどちらかといえば静かにしていると言いました。しかし，他の子どもや親がケイタに関わると応じていると言いました。また，ケイタは朝起きることが大変なだけで，とても疲れているためにやり取りできないのではないかと考えているようでした。そして，自分たちの子どもはケイタが好きだと考えているようでした。

　母親はケイタの寝る時や朝の日課の様子を注意して観察しました。寝る時に変わったことは何もなく，夜ケイタはよく眠っていました。ケイタはたいてい毎晩約10時間眠り，寝る時の日課は一貫しており，またその時は楽しいようでした。夕食の後，ケイタと母親はたいてい宿題に取り掛かり，犬の散歩をし，約30分テレビを見ます。ケイタは宿題がつまらないと思い，二人ともよくとてもイライラし怒鳴り合います。しかし，ケイタはあきらめないでいつも宿題を終わらせていることに気付きました。宿題の後，ケイタは歯を磨き，母親はケイタを寝かしつけました。しかし，朝の日課を観察すると，いつも同じネガティブなやり取りのサイクルをしていることに気付きました。母親がケイタに起きる時間であることを告げてもケイタは眠り続ける，母親が注意しても眠り続ける，怒鳴っても無視する，ベッドから引きずり出すと，やっとケイタはシャワーを浴びますがとてもゆっくりしています。そして，それからケイタが学校の準備をするまで，母親は叫んだり強い口調で言ったりします。そして母親は怒り，イライラが溜まります。

　注意深く考えた後，ケイタの母親がカープールの運転をする朝は，ケイタを注意する必要がほとんどないようで，母親はたいていあまりイライラが溜まらないことに気付きました。また，日曜日に教会に行くために起きなければならない時，ケイタは時間通りに起きることに多少困難がありますが，学校に行く時ほどではほとんどありません。日曜日は，ケイタに準備させるために2，3回注意や手助けをするだけです。あまり朝早くに起こす必要はありませんでした。なぜなら，ケイタはいつも土曜の夕方にシャワーを浴びているからです。母親はたいてい，たっぷりと温かい朝食を二人分用意し，時には教会に行く途中で朝食を食べました。ケイタが起きようとしている間にたいてい，同年齢の子どもの教会のクラスに行くのではなく，メインの教会の礼拝に母親と一緒にいさせてほしいとせがみました。母親がケイタと一緒にいてもよいことにした日は，ケイタはたいていいつもよりさっさと準備しました。

3　ステップ3：パターンの分析

　PBSの第三のステップは，情報収集からわかったことをまとめることです。つまり，集めた情

報から，問題行動やその時の周囲の状況のパターンを明らかにします。子どもの行動のパターンを一つの文や短い文章で書くことによってまとめてみます。

ワーク：考えてみましょう
母親が集めた情報に基づいて考えると，ケイタの行動に影響していると思われるパターンは何でしょうか？

- 状況：_____の時に，
  _____が起こり，
- ケイタの行動：ケイタは_____という行動をする。
- 得るもの・回避するもの：それによって，ケイタは_____
  _____を得たり避けたりしている。

　母親はいろいろな人と話したこと，および寝る時や朝の日課の状況で観察したことから学んだことについて，一人の友達と話し合いました。ケイタの行動のパターンを考え，ある結論を出しました。ケイタのぐずぐずする行動は，登校する朝に起こる可能性が最も高かったのです。しかし，母親がカープールの運転をする日は，あまり強くは起こりませんでした。また，時間に追われていない時，その日の活動が家の周りである時，母親と二人で一緒にいる時は，ぐずぐずする行動はあまり起こりませんでした。このぐずぐずする行動によりケイタは，母親とのより多くの時間や注目を得ているようでした。また，ケイタは結果的にたいてい母親と一緒に車で登校していました。このことにより，ケイタは起きて登校するまでの間の喜ばしくない移動を避けることができていました。

　ケイタには学校についてたくさんの問題や心配事があり，そしてそのような喜ばしくない状況を避けようとしているかもしれないことに気付きました。状況や行動にみられるパターンについて考えた後，母親はケイタの問題行動についてのサマリー仮説を作りました。

　「私が学校の準備をするようケイタに指示すると，ケイタは私からの注目をもっと得るため，登校しなければならないことを避けるため（または先延ばしにするため）に，私を無視する。この準備のときにみられる問題は，学校での対人面，学業面の困難と関連しているようである」

4　ステップ4：支援計画の作成

　PBSの第四のステップは，第二，第三のステップから得られた理解を用いて，子どもの行動に対応するための計画を作成することです。

4-1 いつ，どこで，何に対して介入するか

子どもの行動への対応方法をはっきりと決めてしまう前に，今すぐ対応しなければならないと感じている行動が何かと，それに対していつどこで介入するかを考える必要があります。

ワーク：考えてみましょう

ケイタのどの行動を，母親は計画の中に取り上げるべきでしょうか（たとえば，ある具体的な行動か，それとも一般的な行動かなど）

_____
_____
_____

いつ，母親は問題行動に対応するべきでしょうか（たとえば，一日中，あるいは一日のうちのある時間など）

_____
_____
_____

どの場所に，母親は着目するべきでしょうか（たとえば，家庭，学校，地域など）

_____
_____
_____

ケイタは概して移動に問題がありましたが，登校する朝に時間通りに準備することの重要性をケイタに教えることが，一番気になる行動であると母親は思いました。

4-1-1 介入の方法

子どもの行動に対応する包括的な計画には，問題を予防すること，問題行動をより適切な行動に置き換えること，そして行動の後続事象をマネジメントすることといった，さまざまな方法が含まれます。

4-1-2 問題の予防

一度，自分の子どもの問題行動を引き起こしている状況が何かがわかったならば，子どもが適切に振る舞えるのを支援するために，状況を変えることができます（たとえば，問題を引き起こしている事柄をあらかじめ避けるなど）。

第 9 章　ケイタの事例 ● 147

ワーク：考えてみましょう

どんな状況がケイタの問題行動を引き起こしていますか？

_____
_____
_____

母親は，問題を予防するためにその状況をどのように変えることができますか？

- 問題が起きる状況を避けるためにできること：
_____
_____

- 問題が起きる状況を改善するためにできること：
_____
_____

- 適切な行動を行う促す手がかりを加えるためにできること：
_____
_____

　特にケイタの母親以外が学校まで運転する時に，ケイタは登校するまでの朝の時間に問題がありました。この問題を予防するために母親が思いついた方法は以下の通りです。

- ケイタの学習障害に関連したニーズに対して，特別支援学級ではなく，通常学級の国語の授業において支援できるかどうかを判断するために，タカダ先生とムラタ先生に会うこと
- ケイタが同級生と友達関係を築き，学校の宿題をもっと早く終わらすことを促すためのゴールや支援計画（たとえば，同じ興味を持つ児童とケイタをペアにする，ケイタが授業内容を整理することを同級生に援助させるなど）を作成するために，二人の教師をサポートすること
- 教会の日曜学校*[訳註2]の先生と話して，ケイタの読みの能力に困難があることを理解してもらい，効果的にケイタを支援し他の子どもと共に学べる方法を具体的に理解してもらうこと。ケイタの学校から学んだ方法を共有すること
- ムラタ先生の援助のもと，ケイタが学校で他の児童と仲良くなり，友だちを遊びに誘うように促すこと。あるいは，学校外の他の児童との活動にケイタを参加させること

＊訳註2　教会で日曜日の礼拝の前に，子どもを対象に行う聖書の学びの場がある。

- カープールの子どもたちとの社会的な活動を定期的に計画すること
- 週末の活動に参加している時などのように，時間的制約がない時にケイタ一人だけに注目すること
- 朝の時間の自由度を上げるために，ケイタには夜にシャワーを浴びさせること
- 朝の日課やケイタに期待される行動を明確にすること。たとえば，ケイタのアラームは7時30分に鳴る。母親はケイタがベッドから起きたことを確かめるために，5分間は部屋に入っている。ケイタは着替えて，髪をとかし，歯を磨く。そして8時に母親との朝食のために下の階に来る

4-1-3 問題行動を適切な行動に置き換える

　私たち親は問題の予防に加えて，適切でポジティブな方法で自分のニーズを伝えて，困難な状況に対応するスキルを子どもたちに教えることができますし，教えるべきです。

ワーク：考えてみましょう
　現在，ケイタは気になる行動として何をしていますか？

_____
_____
_____

母親はその気になる行動の代わりに，何をしてほしいと願っているのでしょうか？

_____
_____
_____

　ケイタは登校の準備にとても時間がかかっていました。そのためにいつも遅れてしまい，しばしばケイタは母親の時間を割いてもらって，学校まで車で連れて行ってとお願いしていました。ケイタは母親の車に乗せてもらうことが好きなようでした。そして，たいていはネガティブな注目だとしても，母親の小言は母親からの注目が増えることとなっていました。

　母親は，ケイタに少ない指示でベッドから起きて学校の準備をしてほしいと思いました。また，適切に母親にお願いをしたり，母親と過ごす時間の計画をしたりしてほしいと思いました（たとえば，「今，急がないといけないのはわかっているけど，夜には一緒にボードゲームしない？」など）。さらに，ケイタの生活に関わっている大人全員が，ケイタが課題をやり遂げるスキルや，他の子どもとやり取りするスキルを発達させる必要があることについて，意見が一致しました。

4-1-4　後続事象のマネジメント

問題行動をより適切な行動に置き換えるために，子どもの行動の後続事象をマネジメントする必要があります。これによって，子どもは適切な行動では褒められ，問題行動では褒められないようになります。

ワーク：考えてみましょう
ケイタは自分の行動によって，どんな後続事象を得ていますか？

- ケイタが行動の後に得ているものは：

- ケイタが行動により回避しているものは：

母親はケイタの行動に，どのように対応するべきでしょうか。

- 適切な行動を褒める方法は：

- 問題行動への建設的な対処方法は：

ポジティブな行動にご褒美を提示するために，次のことを実行します。

- 母親は，ケイタが一人で準備しているのを見た時は，ほめて励ます（たとえば，「あら，早いじゃないの。今朝はすぐに起きたのね」など）。特にこの新しい計画を始めた最初の 2 〜 3 週間は，ケイタが準備している時を見計らって，できるだけしょっちゅう何か良かったことを言うようにする
- 予防の節で示したように，ケイタが時間通りに準備したら，母親は温かい朝食をケイタに作り，学校に連れて行く前にケイタと 10 分間の活動をする（たとえば，ゲーム，散歩など）
- ケイタが 1 週間毎日，時間に間に合うよう準備したら，週末に母親と一緒に行う活動を選べる。また，その次の週には，母親が自分の仕事がない日を選んで余分に一日，ケイタを車で学校に

連れて行く
- カープールの親は，ケイタを車に乗せた時に，自分の子どもたちが温かくケイタに挨拶するよう促す。また，車内にケイタのお気に入りの玩具を置いておく
- タカダ先生は毎週ケイタと会って，ケイタのゴールに向かった進歩について話し合う。そこで，ケイタがどれくらい早く課題をやり遂げ，友達とやり取りしているのかに対してフィードバックする。ケイタがその週に進歩を示したら合格にして，次週に課題を一つやらなくて済むようにする

以下は問題行動に対する対応です。

- 母親が説明した期待される行動を満たさず，準備が遅れたら，ケイタがするべきことをするまで，ケイタに与える注目を制限する（たとえば，優しい言葉で釣ろうとしたり，急がせようと小言を言ったりしないなど）。これと同様の方法を学校で行う
- ケイタが時間通りに準備しなかったら，朝食として車内で食べるようにおにぎりやパンを与えて，その時がどのような状態であっても，時間通りにケイタをカープールに連れて行く

4-1-5　生活の改善

自分の子どもの行動に対応する計画を作っている間に，親として自分たちが達成したいと望むより大きなゴールに，繰り返し立ち帰るべきです。また，子どもの行動に影響するかもしれない生活スタイルの問題に必ず対応するようにするべきです。

ワーク：考えてみましょう
ケイタの行動を改善する可能性がある変化を，ケイタの生活でどのように行うことができますか？

_____
_____
_____
_____

ケイタの生活は人との関係，特に他の子どもとの関係ができることで，改善される可能性があると母親は感じていました。この時点で，ケイタがやり取りすることを選ぶ唯一の人間は母親でした。母親は自分が他の家族と仲良くなることに，もっと注意を払おうと決めました。これにより，母親とケイタの二人とも，友達関係を築けるかもしれません。教会以外の時は，母親とケイタは仕事や学校の時間を除いては，たいてい家で一緒に過ごしていることに気付きました。二人の生活により

多くの友達関係を築く努力をすることとして、毎月少なくとも二つの社会的な活動に二人一緒に参加することにしました。

4-1-6　計画の実行

自分の子どもの適切な行動を支援する計画ができたならば、どのように計画を開始し、続けるかを考える必要があります。そのためには、子どもや、子どもの世話に関わる他の人と話す、必要になるかもしれない道具を用意する、計画がどのくらい上手くいっているのかを定期的に見直す方法を考える、必要に応じて計画の調整や変更を行うなどをするべきです。

ワーク：考えてみましょう

ケイタに対する計画を実行するために、どんなステップを踏む必要がありますか？（そして計画を維持する責任は誰にありますか？）

___

___

___

___

　母親は自分が気になることをケイタに話し、自分の立てた計画を説明するために、ある土曜の午後に時間を取りました。ケイタは新しく自分に期待されている行動を覚えていられるかどうか心配しました。そのため、母親は朝一番に今から行うことを確認し、そしてそれを寝る時に毎日、再度確認することを了解しました。また、二人が一緒に行える特定の活動や、ケイタが友達関係を作りたいと思う子どもについて話し合いました。母親は担任のムラタ先生に連絡を取りました。先生はケイタが先のリストに挙げた子どものうちの一人が、お互いが友達になるよう促されたら友達になるようだと確認してくれました。母親と先生がその一人の子どもに決めたら、先生はその男の子の親に連絡して、ケイタの母親に電話番号を教えてよいか確認することを了解しました。母親は連絡先がわかったら、その男の子の親に電話して、放課後や週末にケイタとその子が一緒に過ごせるよう計画を立てました。また、ケイタがまるで寝起きのままで車に来た場合に備えて、自分の計画をカープールの親に話すことにしました。カープールの親に、車内に置いておく用のレゴブロックの入った袋を渡し、ケイタを車に乗せた時に必ずケイタに挨拶してもらうようお願いしました。

　母親はもう一度ケイタの先生達と話し、ケイタの特別支援教育の受け方を再考し、学習面のゴールを修正し、立てた計画がうまくいっていることを確かめるために、母親と先生たちで取れるコミュニケーションの方法について話し合うことを依頼しました。先生達はケイタの母親とのミーティング用の記録用紙に特定の指導方法を記録しました。そして、この記録用紙を日曜学校の先生と共有するために余分にコピーをもらいました。

5　ステップ5：結果のチェック

　実行された計画に対して，自分の子どもがどのように反応しているのかを定期的にチェックすることで，何か問題が生じたらすぐに対応でき，必要な変更ができます。結果をチェックすることは問題行動とそれに置き換える行動の状況を見守り，計画がどのような効果を及ぼしているのかを絶えず確認し，ポジティブな結果（たとえ，計画にはなかったことでも）をすべて記録することです。

ワーク：考えてみましょう
　母親は計画の結果をチェックするために何をするべきでしょうか？

___

___

___

___

　母親は職場に着いたら，その日の朝の様子を自分の手帳にメモすることにしました。自分の計画がどれくらいうまくいっているのかを追跡して調べ，計画をできるだけ一貫して実行したいと思いました。ケイタが時間通りに準備したかどうか，朝食を食べたかどうか，特別な活動ができたかどうかを記録しました。また，ケイタが友達と遊ぶ約束をした日も記録しました。ケイタの学校での様子を毎週メールで報告してくださいと，特別支援教育担当のタカダ先生にお願いしました。そして，ケイタがどれくらい上手にカープールの親や子ども達とやり取りしていたのかについて，カープールの親に確認するようにしました。日曜日の朝はいつも朝食を食べながら，母親とケイタは学校や家であった出来事や活動について話しました。

6　ケイタの全体的な結果

　ケイタはこの新しい計画に対して良好な反応を示しました。いつもより早く起きるようになり，ちょうどよい時間で登校の準備をしました。計画を開始した初日，ケイタが準備している時に母親はケイタの部屋を2，3回のぞいて，ケイタの進歩にポジティブなコメントをしました。しかし二日目は，ケイタが準備している時に，母親に自分の兄弟から電話がかかってきてしまいました。ケイタは特別な活動をすることができたのですが，この電話により予定が狂い，特別な活動を行う時間がとれませんでした。母親は学校が終わった後に特別な活動はしようとケイタに言いました。しかし，ケイタはカープールを出た時にかなり怒っていました。その翌日，ケイタはそれでも時間通りに準備しましたが，母親はケイタを数回促さなくてはなりませんでした。ケイタが温かい朝食を食べる時間がありませんでした。ケイタはこの計画はばかげていると言いました。そして，母親は

ケイタと一緒の活動を，心からしたいとは思いませんでした。

　母親は先の電話がケイタの行動へ及ぼした影響や，計画を実行する際の一貫性について振り返りました。たいてい朝に気を散らされることがあり（たとえば，電話，やらなくてはいけない家事など），この気を散らされることによりケイタのニーズにあまり注意が払えないでいることに気付きました。そこで，電話には出ない，不可欠でない家事は別の時にする，可能な時は前の夜に自分に必要なこと（たとえば，シャワーを浴びるなど）をしておくことにより，そのような気を散らされることを最小限にすることにしました。

　母親とケイタの先生たちは学校で行える教育面での変更について話し合うために会いました。特別支援教育担当のタカダ先生は，国語の授業中にケイタを援助するための特別な指導方法を担任のムラタ先生に見せることと，最も効果的な介入のようである放課後の個別指導を行い続けることにしました。先生たちがいくつかの配慮*訳註3（たとえば，書きとる単語の数を限定する，読書では友だちがケイタを助ける，ある本を授業で読む前日に，母親がケイタに読み聞かせるためにその本を持って帰ってもよいことにするなど）を一度行うと，ケイタは国語の授業中に通常学級にいることができるようになりました。ムラタ先生は計画的に他の児童とケイタを隣同士にして，もっと友達とやり取りするように促しました。

　ケイタの先生たちは母親に，宿題を手伝うのに最適な方法を提案しました。ケイタが学校で習ったことを復習できるように宿題を変えました。これによって，宿題の時間がケイタのスキルの補強となりました。先生たちはケイタの教育的な能力よりいくつか下の学年レベルの本を，ケイタに読むよう提案しました。これにより，ケイタは読むことを簡単で楽しい課題であると見なし始めました。先生たちは強い興味をひき，なおかつあまり難しくない本を見つけました。その本はケイタにとっては比較的読みやすく，かつ友達が中心となった読みのグループからは外れないものでした。

　ケイタが同級生の一人と友達関係を築けるようにと母親が試みたことは，あまりうまくいったことはありませんでした。そんな折，カープールの一組の親子が経済的困難に陥り，以前よりも長時間働くようになりました。母親は自分の仕事の予定が許す午後には，その子どもを預かることにしました。母親はたいていこのようなことをやりませんでしたが，ケイタが友達関係を作ることを促そうとしていたため引き受けました。最初は，ケイタがこの変更を，母親と一緒に過ごす特別な時間を制限しようとするためとみなすのではないかと心配しました。しかし，最初はわくわくはしていませんでしたが，この新たな調整に同意しました。母親は子ども達の活動やゲームに少しは参加しました。それから母親がゲームを離れ，子どもたちが遊んでいる時に子どもたちから離れるための口実を作りました。子どもたちはすぐに友達になり，一緒に過ごす午後を楽しみにするようにな

＊訳註3　アメリカでは，リハビリテーション法504項において，障害のある人が教育を受ける時に必要な配慮について定義されており，教育の内容を変えずに，方法を変えることにより，障害から生じる学習上の困難を減少させること，とされている（参考：野口晃菜・米田広樹（2012）米国スタンダード・ベース改革における知的障害のある児童生徒への通常カリキュラムの適用．特殊教育学研究 49, 445-455．なお，日本においても，平成28年4月から施行される「障害を理由とする差別の解消の推進に関する法律」で行政機関等について，合理的配慮の提供が具体的な法的義務となっている。

りました。友達関係が育つにつれて，ケイタは夕方にその男の子の家に遊びに行くようになり，母親に自由な時間や外出する機会ができました。

　まとめると，ケイタと母親は二人とも前より幸せになり，朝の日課は以前よりもずっとスムーズになりました。ケイタは前よりも学校が楽しいと言い，ケイタと母親は宿題が前よりも楽しくなり，ケイタには新しい友達ができました。母親は自分のために時間がある程度取れるようになり，自分の友達関係を強めることができ，自分が楽しめる活動に参加できるようになりました。

第4部
ポジティブな行動支援(PBS)による生活の拡大
――そのプロセスを家族に役立たせる――

　第1部と第2部では，子どもが今のように行動する理由をより良く理解するためのポジティブな行動支援（以下，PBS）の使い方，そしてもっと適切な行動を促すための実践的な方法を立案する方法について述べました。第3部の事例では，気になる行動に対応する時に家族が直面する，より広い視野に立った考えるべき点や，PBSのステップについて詳細に述べました。第1～3部では，さまざまなタイプの気になる行動を示す子どもたちや，その家族の状況を示すために，さまざまな例を示しました。まとめると，以下の方法について学んだことになります。

1. 問題行動と，子どもがその問題行動に代わって獲得する必要があるスキルを定義すること
2. 自分の子どもの行動を変え，子どもや自分たち家族の生活を全般的に改善するためのゴールを立てること
3. 子どもが今のように行動している理由について理解を深めるために情報収集すること
4. パターンをまとめること，そのために子どもの行動に影響している可能性がある状況や，その行動により達成している結果などを考えること
5. 問題行動を予防し，より適切な行動を教え，ポジティブな行動と問題行動の両方の後続事象を効果的にマネジメントするための指導方法を作成すること
6. 立てた方法がうまくいっていること，および必要な時に適切な調整が確実になされるように結果をチェックすること

　PBSは子育てに対するアプローチや，子どもとの関わり方の指南となり得る枠組みにとって，重要な基盤となるものです。本書を読み，中で紹介されているワークに取り組むことで，PBSの原則やプロセスは問題行動を示す子どものためだけでなく，家族一人一人にとって役に立つものとなり得ることが明らかとなってきたかもしれません。この創造的な問題解決のプロセスにより，建設的な方法で自分の行動や生活を変えたいと願う誰もが利益を得ることができます。

PBS は行動に対応するための最適な方法のように見えるかもしれません。しかし，いくばくかの疑いの気持ちを持って前の3部を読んできたかもしれません。疑いの気持ちを持っていることは良いことです。なぜなら，新たな考えを疑うことは必ず利益をもたらすからです。自分の家族や生活において，PBS をうまく機能させる方法について，たくさんの心配があるかもしれません。このような心配は，以下のような言葉となるかもしれません。

- 「このプロセス全ては，ばかげたほど大変そうに思えるのですが。特に何か問題が生じた時に，毎回このプロセスを行わなくてはいけないとしたらね」
- 「自分の子どもの二人以上に問題行動がある場合，親の私にどうしろというのでしょうか」
- 「PBS は問題を修復することに注目しているように見えます。だとすると，自分の子どもがトラブルを起こし始めるまでただ待っていろというのでしょうか」
- 「親である自分がいつも子どものそばにいられるとは限らないし，子どもも自分の行動に責任を持つべきではないのでしょうか」
- 「もちろん何をすべきなのかはわかりますが，一貫して行うのは相当難しいのです」
- 「PBS の計画に従って行おうとは思いますが，家族や友人が私の努力を邪魔するのです」

そこでこの第4部で目指すところは，1）自分の家族や生活に，PBS をどのようにして取り入れるのかについて述べること，2）前述したような心配事のいくつかに対処して障壁を乗り越え，可能な限り効率的かつ効果的に PBS を用いることです。第4部は2章に分かれています。第10章は，ポジティブな家族関係を作り上げ方と，ある決まった日課や状況に関連している問題の解決方法についての考え方を示します。それによって，PBS を自分の家庭内に取り入れることができます。第11章は PBS を成功させることに着目します。子どもたちが自分のことについて責任が持てるように援助します。そして，親の側も自分の行動に変化を促すために PBS のプロセスを用いること，およびポジティブな変化を生み出すために自分の子どもや家族の生活において，誰にとっても PBS が効果的にはたらく方法を見出すことについて取りあげます。

第10章
ポジティブな行動支援（PBS）を家族生活に取り入れる

　第3部までで示した通り，ポジティブな行動支援（以下，PBS）は子どもの問題行動を理解し解決するのに効果的な方法です。しかし，PBSは個々の子どもに対応するだけではありません。それよりさらに広く，人の集団全体の行動を改善する際にも用いられています。このことはスクールワイドPBS（schoolwide PBS）に最もよく示されてきています。学校の規律を守らせるために昔から用いられてきた方法は，しばしば受動的であり，段々と罰的となる方法です。時には問題行動を示す子どもを停学や転学させる結果になります。これとは対照的に，スクールワイドPBSは学校をポジティブな雰囲気にするために，また，協働的で，予防的で，問題解決的なアプローチを通して全児童生徒の行動を改善するために用いられます。スクールワイドPBSを用いた学校は，規律のリフェラル（referrals）[訳註1]が他校より少なく，より良い社会的な成果や学業的な成果が得られ，児童生徒や教職員にとって学校環境が全体としてより快適になっています（スクールワイドPBSについての詳細は巻末の参考文献を参照[訳註2]）。

　スクールワイドPBSと同じやり方で，自分の家庭を組み立てたいとは思わないでしょう。しかし，スクールワイドPBSから学ぶことは，人の集団の機能の仕方を改善するために，PBSの原理が使えるということです。このことは家族という集団に対して特に当てはまるかもしれません。PBSを家族の生活に特有なニーズや優先事項に適合させられれば，問題を最小化し，かつ家庭生活を広く改善するために，PBSの原理とそのプロセスを家庭全体に対して用いることができます。

　PBSが家族全体に対して使えることを保証する理由は，PBSが柔軟性に富んだ問題解決思考の枠組みであり，行動に対応する方法をガイドしたり評価したりするために，どんな状況でも実行できるものだからです。しかし，以下の二点を覚えておきましょう。PBSには良き親になるために知っておく必要があることのすべてが含まれているわけではありません。また，家庭のデザインの仕方や，親が直面している子どもの問題の対応方法に関して，子育て本に載っている知恵の代わりになるわけでもありません（具体的な子育ての方法については，参考文献の「ペアレンティングについて」を参照）。そうではなくPBSは，自分がふれることができるさまざまな考えすべてをまとめて，

＊訳註1　米国で学校教員が，子どもの問題行動に対応するためのシステムの一つ。問題行動をした子どもは，最初に警告を受け，それでも行動が修正されない場合に，その子どもは学校管理職と面接を行うシステム。
＊訳註2　日本語で読めるスクールワイドの書籍は下記があります。
　　　　クローン・ホーナー著，野呂文行・大久保賢一・佐藤美幸・三田地真実訳（2013）スクールワイドPBS―学校全体で取り組むポジティブな行動支援．二瓶社．

その中から選ぶための方法の一つとみなすべきです。PBSとは家族の状況, ニーズ, 優先順位, ゴールをふまえて, 賢明な意思決定をするための発見的方法, つまり考え方の枠組みを示すものです。

第10章ではPBSの原理（ガイドラインとしてスクールワイドPBSの体系を用います）を家族に適用する方法を示します。このテーマを扱うにはおそらく一章分では十分ではありません。しかしその代わりに, 一般的な体系といくつかの予備的なアイデアを示します。本章は家族の整え方, 子どもの行動への反応の仕方, ある決まった状況や日課に関連した問題を解決するためのPBSの使い方を検討する際のガイドラインを示します。また, これらの領域それぞれをはっきりと説明するために, 事例をいくつか示します。

1　家庭生活を組み立てること

家族全体にPBSを適用することは非常に大きなチャレンジのようなものです。一人一人の子どもの行動に対してPBSのプロセスを応用するのに比べて, 複雑に思えるかもしれません。実際はそれとは反対で, 家族全体に注目することは, 長期的には問題により対応しやすくなり, もっと効率的です。個々の問題が明らかになった時に改善しようとするのではなく, 家族全体に有益で包括的な変化をもたらすことができます。家族がめちゃくちゃになっていると感じたり, 親である自分たちが子どもにイライラするようになったりしてから取り組む必要はありません。むしろ, 生活の組み立て方や, 子どもとのやり取りの仕方に対して前向きになれます。自分たちの環境や問題行動への対応方法を現実的にいくつか変化をさせると, 問題行動の大部分が繰り返し起きることを予防し, 問題が生じた時にもっと効率的に対応できるようになります。PBSを家庭生活に組み込む方法は, 次の三つがあります。

1. 家族の将来像と, 行動に対する明確で一貫した期待を立てること
2. 上記の行動に対する期待を支え, 促すように家庭を組み立てること
3. ポジティブな行動を促し, 問題行動をやめさせるように行動に反応すること

1-1　家族の将来像と行動についての期待を立てること

子どもの行動に対するゴールや期待を明確にすることは, 学校全体においても（個々の子どもたちにおけるのと同様に）行動を改善するために重要であることが見出されてきています。これと同じ考えが家族にも当てはまります。子どもの行動を改善させるつもりならば, 自分たちがしたいことを知らなければなりません。PBSを家庭に組み込む第一ステップは, 自分の家族にどのように機能してほしいのか明らかにすることです。そのために, 以下のような問いをします。

- 「家族として, 自分たちに重要なことは何だろうか？」
- 「家族として, 自分たちをどのように見ているのだろうか？」
- 「どんな原理が自分たちの行動を導いているのだろうか？」

表6 家族のルールとその定義の例

期待される行動	定 義
人に優しく丁寧であること	・人の話を聞く（たとえば，話している人の方を見る，静かにしている，質問に答える，頼まれた通りに行うなど）。 ・手を出さずに言葉で伝える（たとえば，叩いたり押しのけたりしない，他の人から物を奪い取らないなど）。 ・落ち着いた声や礼儀正しい言葉を使う（たとえば，「どうぞ」や「ありがとう」を言う，脅かしたり，ばかにしたり，泣き叫んだり，すすり泣いたりしない）。
自分自身や自分に関することに責任を持つこと	・自分が使った後はきれいにする（たとえば，靴，学校の宿題，ジャケットを片付ける，汚れた服はかごに入れる，食事が終わったらテーブルを拭く，定期的に自分の部屋を掃除するなど）。 ・自分の宿題や毎日の家事を終わらせる（たとえば，ごみを取り除く，洗濯物を集める，食事の準備を手伝うなど）。

- 「自分の家族の何が好きなのだろうか？」
- 「自分たちは何を変化させたいのだろうか？」

　自分たち家族にとっての将来像をはっきりさせるには，以上のような問いに対する答えをまとめて，自分たちがどうなればうまくいっている家族とみなすのかを示した文章にします。このような文章はたとえば，幸せで健康で充実していたいとなるかもしれません。または，家族みんなで穏やかに暮らしたいとなるかもしれません。あるいは，ベストの努力をしていたいとなるかもしれません。

　自分たちの将来像とは目的を表したものです。つまり，自分たち家族とは何者であるのかを定義し，また自分たちの生活に対する満足度を評価したり，気になることを明らかにしたりできる道標が示されるということです。そのため，大人だけではなく，家族全体からの情報に基づいて決めるべきです。そして，家族の特徴や特有のニーズ（たとえば，子どもの年齢，住んでいる地域，自分たち個人の価値観やニーズなど）を考慮するべきです。

　この家族の将来像に基づいて，自分たちの家族に期待される行動を定められます。第5章で説明したように，時に子どもは誤った行動をします。なぜなら子どもは自分に期待される行動の区別がついていなかったり，自分がするべきことに注意が向いていなかったりするからです。家族が自分たちに期待される行動を明確にすると（これはルールとも呼べます），家族全員に適切な行動を導き，限度を設ける一助となりえます。この期待される行動は広範囲であるべきで，ほとんどすべての状況において子どもだけでなく，親も含めた家族全員に適用するべきです。また，避けるべき行動だけではなく，むしろ望ましい行動について示すべきです。そしてはっきりわかる言葉でそれぞれの行動を示すべきです。それにより，家族全員が期待される行動が何か理解します。たとえば，ある家族の期待される行動は，「この家族の一員として，①ほかの家族に優しく丁寧にし，②自分自身や自分の事に責任を持つこと」かもしれません。

　自分たちの期待が示している行動を正確に定義することは重要です。期待される行動を具体的に述べるために，「家族がこのルールに従って話すべきことや，しなければいけないことは何か？」や，

「家族がこのルールを破るのにするかもしれないことは何か？」などの自問自答もできるでしょう。表6に家族のルールの例や，ルールをどのように定義するのかを示しています。

　ほとんどの状況において家族全員に適用される，広範囲の期待される行動だけでなく，特定の状況におけるルールに従う行動を子どもに対して明確にする必要があるでしょう。これは特に，家族全体にとって大変になり得る状況において必要です。期待される行動は自分たちがその時にどこにいるのか，何をしているのかによってきっと変わるでしょう。そしてこの違いをはっきりと説明するべきです。たとえば，以下のような状況で優しく丁寧であるとは，何を示しているのか定義する必要があるかもしれません。

- 夕食の時（たとえば，適切に食器を使う，全員が食べ終わるまで座っている，食べ終わったら皿を片付けるなど）
- 朝の準備の時（たとえば，ほかの家族とトイレが使える時間を分ける，学校に行くバスに間に合う時間に起きるなど）
- 家族での外出の時（たとえば，レストランでは静かに話す，お店では家族と一緒にいる，家族と外出しているときに挨拶されたら礼儀正しく返事するなど）

　家族のルールを立てるだけでは不十分です。立てたルールは教えなければなりません。立てたルールは何か，そのルールが何を示しているのかを家族全員が必ず理解しているようにすることで，また必要に応じて立てたルールについて話し合ったり練習したりする機会を設けることで，ルールを教えることができます（このことは小さい子どもがいる家族には特に重要です）。たとえば，夕食中や家族で話している時に，家族のルールについて話し合い，ルールに従っているとされる行動の例や，ルール破りとなる行動の例を子どもに言ってもらうこともあるでしょう。子どもが成長するにつれ，話し合いには家族の協働，家族の関係，道徳のジレンマなどといった，より複雑な問題が入り込むようになるかもしれません。家族の将来像や期待される行動を書き出して，家族全員が見られるように共通の場所（たとえば冷蔵庫の扉など）にはり出すと有効でしょう。家族に小さな子どもがいる場合は，ルールを示すために写真を貼ると，将来像や期待される行動のリストがさらに理解できるでしょう（たとえば，優しくあることを子どもに思い出させるためのシンボルとして，二人がお互いに手を取り合った写真など）。

　期待される行動を教えるためのおそらく最も重要な方法は，親自身がその行動を実行することです。親自身がルールに従い，家族に促したい行動のモデルを正確に示すようにします。家族のルールに沿った行動をモデルで示すことは，ルールを示すための巧みな方法です。たとえば，「テレビを見る前に家の用事を行った方がいいよ」とか，「家のルールを破って，かっとなって怒鳴ってしまったよ。同じことが今度起きたら，自分がイライラしていることについて家族に話す前に，離れて落ち着くつもりだよ」などといったことを，親が子どもに言うかもしれません。

　ルールを教えた後は，そのルールを取り上げて話し合い，家族がルールに従った時には褒めなければなりません。家族にとって大変だとわかっている状況に至る直前に，ルールを見直すことは特

ワーク：家族の将来像と期待される行動を書き出しましょう

家族に対する自分たちの将来像はどのようなものですか？	
家族の行動に対する期待は何ですか？	左の期待は，家族がするべき行動と，するべきでない行動に関して，何を示していますか？

期待される行動は状況によってどのように異なりますか？

期待される行動を家族に対してどのように伝え，教えていますか？

に重要です。

1-2 自分たちの空間と時間を整えること

　自分たちの家族に対して期待される行動を確立し，その行動を教えたら，その期待される行動を促し，期待される行動を一貫してやり通すように自分の家が整えられているかどうか，または自分の家がどのように整えられているのかについて考える必要があります。自分たちの将来像の達成を手助けするために，自分の家族のニーズにより合うように物理的空間を整え直したり日課を変化させたりすること，ポジティブなやり取りを促すこと，問題行動を引き起こすかもしれないこと（たとえば，気を散らすもの，散らかりなど）を最小限にすることが必要かもしれません。家の中を整えることが，日常的に対処している多くの問題を予防する手助けになるかもしれません。それぞれの家族は異なるやり方で行動し，自分たち独自のスタイルを持っています。一方で，すべての家族を管理し整えることを促すために修正可能な，二つの全般にわたる領域があります。それは空間と時間です。

1-2-1 空間

　簡単ではあるけれども必ずしもそれ程明確ではない，家の中を整える際の考慮点は，自分の家の中にある物理的な空間，つまり，家にある物やその周り（たとえば，家具，生活空間など）の整え方です。自分たちの空間を整える時，家の中にある物の配置の仕方により，期待される行動が促されるのかどうかを考える必要があるでしょう。家族の優先順位により，家庭内の環境をとてもしっかりと組み立てたり，あるいはかなり緩やかにします。以下のような問いについて考える必要があるかもしれません。

- 毎日使う物には決まった片付け場所はあるか？（たとえば，玩具入れ，鞄や財布を置く場所，重要書類を入れる箱，玄関の靴箱やかごなど）
- 一人になれる場所や，自分の持ち物をしまう場所など，家族一人一人がパーソナルスペースを持っているか？
- 必要な情報を整理して管理する方法があるか？（たとえば，電話の伝言，人と会う約束，レシート，招待状，家族間でのコミュニケーションなど）
- ある役目や活動をするために必要な道具が使いやすい場所にあるか？（たとえば，掃除道具は決まった一つの棚にある，宿題や電話の伝言に使う鉛筆と紙は台所にあるなど）
- ある特定の場所が特定の活動を示しているか？（たとえば，食事の時間，宿題，友達と遊ぶなど）そして，それぞれの場所にはその活動に割り当てられたスペースが十分にあるか？
- 家具が親の管理を促すのに適切なよう配置されているか？（たとえば，遊び場が台所に近い，子どもの友達が来ている時は子ども部屋のドアは開いている，パソコンと電話は家族全員が利用できるなど）
- 安全の問題（たとえば，子どもにとって安全であるようにされている，ドアに鍵がかけられて

いるなど）が考えられ，きちんと対応されているか？
- 家族の活動の妨げになるかもしれない気が散らされるもの（たとえば，宿題をする場所は電話や玄関から離れていること，テレビは会話の最中には消されていることなど）を最小限にするように家が整えられているか？
- あまり使わないものを邪魔にならないところに片付けていて，無駄に散らかっているものは定期的に捨てているか？（たとえば，季節ものの洋服は屋根裏にしまうこと，ほとんど使わない玩具は箱に入れておくことなど）
- 立ち入り禁止の場所や触れることが制限されている物には，鍵がかけられている，あるいは手が届かない，またははっきりと利用不可と明示されているか？（たとえば，工具，洗剤，化粧品，夕食後のデザートなど）

このような問題に対応するために家の中を整理することで，期待される行動についての視覚的な注意を示すことになり，何度も同じ問題について悩む必要が減ることになります（たとえば，「なぜソファにパン屑が落ちているの？」，「台所に靴を置き去りにしたのは誰？」，「なぜ宿題をしないでテレビを見ているの？」など）。

1-2-2　時間

　時間の管理とは，家族の毎日のスケジュールや日課を調整したり，活動の時間制限を決めたりする方法のことを示します。時間の使い方は，家族の価値観やニーズによって決まっていたり自由であったりするでしょう。しかし，多くの子どもたちとその家族は，ある程度スケジュールが予測できることを好みます。ある日課がいつ起きるのかわかる安心感を持つことで，家族は安定し，そして今行っていることに集中し，次の活動に向けて準備できるようになります。また，時間を調整することにより，より充実して効率的になる場合もあります。このことは，自分たち家族の忙しいスケジュールの中に，どれくらいの活動を組み込むのかを示すために，特に重要でしょう。

　時間を取り扱うやり方の一つは，家族の活動のスケジュールを立てることです。多くの場合は，仕事や学校，食事の時間，門限，寝る時間などについて立てます。スケジュールに一貫性をもたせておくことで，自分たちの一日を整理し，家族全員が十分な栄養や休息をしっかり取れるようになり，必要な時に必要な場所にいてもらうようになります。たとえば，小さい子どもがいる家族によくある一日には，決まった食事やおやつの時間，お昼寝，読み聞かせ，家に友達が遊びに来る，外遊び，幼稚園の活動などが含まれるでしょう。年齢が高い子どもがいる家族は，運動やその他の放課後活動，宿題，子どもが友達と外出する時間などについて，もっと柔軟なスケジュールを立てているかもしれません。

　スケジュールだけでなく，自分たちの生活をマネジメントしやすくしておくために，そのほかの時間枠も立てることがあります。つまり，家庭内でそれぞれの活動がどれくらいの時間，あるいはどれくらい頻繁に起こるのかを決めるということです。たとえば，以下のようなことを行えるでしょう。

- 1週間で決まった回数は必ず家族一緒に食事する
- 子どもが参加する課外活動の数を制限する
- テレビやパソコンを見てもよい時間の長さを明確にする
- 外泊や，夕食に友達を呼ぶことは，1週間に決められた日数に制限する

　もちろん以上のような制限は，家族が楽しむ目的のために，見過ごすべき時もあります（たとえば，週末に遅くまで寝ている，いつもよりプールでたくさん泳ぐため昼食を遅らせる，花火を見るために遅くまで外出するなど）。しかし，一般的なルールとして，時間に制限を設けることで，家族にとってストレスとなり得る，スケジュールが詰め込まれ過ぎた状況を避けられるようになります。そして，家族全員に対して期待される行動に対する一貫性が高まります。

　自分たちの時間を調整することの最後のポイントは，自分たちで決まった日課を立てたり変えたりすることです。日課とは予測可能な活動の連続であり，何をするのか，それをどのようにするのかということです。ほとんどの人には，朝の準備，食事の用意，家事や宿題を終わらせること，学校や仕事から帰宅すること，夜に眠ることなどの一般的な日常の活動という日課があります。目標達成に効果的な日課により，家庭内の期待される行動を明確にするだけでなく，より効率的に時間を計画したり用いたりすることが促されるでしょう。また，決まった日課が問題となる可能性もあります。たとえば，両親のうち一方の日課が，夕方に帰宅したらすぐにメールを読み，テレビの前でリラックスすることであれば，その日課は一日中親といることを楽しみにし続けている幼い子どものニーズを満たさないでしょう。

　複数の家族メンバーがみんなで一緒に行動しようとしている時に，日課は特に重要でしょう。以下に，ある家族が朝の準備として立てた日課の例を示しています。

　　　母親と，幼稚園に通っているリョウは，翌朝にほかの家族が自由にシャワーを使えるように，前の晩に入浴しています。一番早く学校が始まるミホは，最初にシャワーを浴びて，それから寝室で化粧をして髪をセットします。父親は朝にジョギングをするので，ヒロシが次にシャワーを浴びて，父親が帰ってくるまでには終えます。そのため，父親は仕事に行く前に髭を剃り，十分な時間シャワーを浴びます。母親はほかの家族が朝食の準備をしてからリョウを起こします。こうすることで，リョウがたくさんの注目や援助を要求してくることで家族の日課を妨げることはありません。母親はシリアル，マフィンなど朝食に選べるものは何でも並べて，リョウの朝食を準備します。ミホとヒロシは自分の朝食を準備します。そして，母親がその日の準備ができるまでリョウの様子を見ています。自分の食器は自分で片づけて，皿洗い機に入れます。朝食が終わったら，全員がその日に必要なものをすべて玄関のそばに必ず用意するようにしています。

　家庭内を整えるためにどんな方法を選ぶかは，個々の家族の好みに基づいてさまざまでしょう。たとえば，ある家族が多くの平穏や静けさを望むならば，テレビの時間を制限して，招かれざるお客は丁寧に断るかもしれません。家族がみんなで過ごすことが重要であると見なしたら，週末の活

動や食事など頻繁に一緒の時間を予定するかもしれません。家族が秩序を保つことに関心があるならば，より建設的になるよう自分たちの空間を整えて，より一貫した日常のスケジュールを立てるでしょう。自分たちがどんな変化を選んだかに関わらず，家庭内の空間構造や日課を注意して見ると，多くの問題は避けることができます。

ワーク：家庭内を整理しましょう

自分たちの家族の期待される行動（ポジティブな行動を促し，問題を最小化すること）を支えるように，家の空間をどのように整理できますか？

___

自分の家族の期待される行動の支えとなるように自分たちの時間をどのように整えられますか？

- 全体的なスケジュール：

___

- 細かいスケジュール（予定表）：

___

- 毎日の日課：

___

1-3　行動に対する反応

問題行動を予防するように自分の家庭内を整えるのに加えて，明確にした期待される行動を家族がしっかり行えるよう援助するための効果的な方法は，ルールを守るのを促し，かつルール破りを止めさせるように行動にきちんと反応することです。はっきりとわかる一貫した後続事象を示すと，家族のメンバーはルールに従うことは一つの選択であり，自分の行動のポジティブな結果とネガティブな結果を自分でコントロールできると理解し始めます。第5章で示した，ポジティブな行動にごほうびを提示し，問題行動を止めさせるという方法を家族全体に応用できます。これは，スクールワイドPBSの方法から引き出されたアプローチです。

1-3-1 期待される行動を行うよう家族を促すこと

　家族のメンバーにポジティブなフィードバックを示すことは，家族に期待される行動を支え促すために必要不可欠です。具体的にはつまり，家族が家のルールに従った時には認めて，ごほうびを提示するということです。適切な行動に注目することは一般的に，生活経験から身につく習慣ではありません（昔からポジティブな行動を促すよりも，不適切な行動を正すことの方が強調されてきました）。そのため，適切な行動を促すための計画を立てることは家族にとって役に立つでしょう。特に，お互いに励まし支える方法や，家族の全員が行うポジティブな貢献に絶えず目を向ける方法について，家族で話し合う必要があるかもしれません。ルールに従うことを家族に促すための三つの方法は，①行動に対して賞賛やフィードバックを提示する，②適切な行動と特別なご褒美を結びつける，③毎日の日課の中にご褒美を組み込むことです。

　賞賛するということはシンプルに，家族の期待と結びついた行動を必ず認めるということです。たとえば，家族全員がお互いに感謝し合う，家事を行ったり他の家族を優しく扱ったりなどの具体的な行為を賞賛するといった習慣を身につけることができます（たとえば，「夕食ありがとう」，「寝室がとてもきれいで素晴らしいね」，「私に腹を立てているのはわかっていた。でも短気を起こさないで叫ばなかったのね」など）。賞賛の主なゴールは，ポジティブな行動に気付いてコメントすることです。不適切な行動を修正するのに比べて多くはないにしても，少なくとも同じくらいの数は賞賛するようにします。

　ここでの特別なご褒美とは，衣食住を除いたそれ以上の何かです。一般的にはお小遣い，テレビやパソコンを使うこと，交通機関が利用できること，特別な活動，おもちゃ，お菓子，家事をしなくて済むことなどです。多くの家族は子どもが家事をしたことに対してお小遣いをあげます。しかしたいてい多くの特別なご褒美は自動的に与える必要がないことに気が付きません。家族の期待される行動を促すために，すべてではなくともこのような特別なご褒美の多くは，ポジティブな行動と結び付けるべきです。特別なご褒美は家族のルールに従ったら得られ，ルールを破ったら取り上げられるべきです。自分の子どもの最近の行動をさっと見直すことで，子どもの特別なご褒美の要求への対応の仕方を決められます。子どもの現在の行動を基に特別なご褒美を得られるかどうかを決めるような単純なことで，子どもに自分の行動によってご褒美が決まることを教えることができます。

　また，家族の日課の中にご褒美を組み込むこともできます。たとえば，家族が夕食を食べ終わった後だけにデザートを出す，子どもが朝に準備が早く終わり登校するまでに時間があるならテレビを見させる，ある一つの計画を終わらせたりその週に家族全員がすべてのルールに従ったりしたら一緒に映画を見に出かけるなどです。毎日の日課の一部となっているご褒美は，両親を含めてすべての家族に適用するべきです。

1-3-2 ルール破りをやめさせること

　自分の家族に対して期待される行動を強化するために，家のルールが破られた時にフィードバックや，その行動に対する後続事象を提示する必要もあります。つまり，普段得られるご褒美（たと

えば，お小遣いなど特別なご褒美）をもらえなかったり，行ったようなルール破りの行動を今後しないようにするだろう後続事象を受ける結果となったりするということです。この時の後続事象はあらかじめ決められた，論理的でかつ自然なものであるべきです（第5章に示したように）。そして可能な限り，後続事象について家族全員から同意を得るべきです。後続事象を明確で理にかなったものにして，家族全員が後続事象について必ず理解しているようにすることで，家族が大変な苦労をする状況を避け，たいていは気まぐれで行われる弱化による悪い感情を打ち消すのに役立ちます。このような後続事象の例には以下のようなものがあります。

- 許可なしの外出や門限破りに対しては，理にかなっただけの時間は外出してはいけないことにする
- すすり泣くこと，口論することなど家族生活を乱すことに対して，落ち着いてその特定の状況について話し合ったり，適切なこととして後続事象を受け容れたりするつもりになるまで，寝室にタイムアウトされる
- 喧嘩したことに対しては，双方は落ち着くまで引き離され，意見の違いを解決し，再びその状況が生じた場合に備えて計画を立てなければならない

第5章で述べたように，行動に対する自然で論理的な後続事象とは，子どもがその行動を起こすと必ず望ましくない後続事象が伴うようにしなければならないということです（たとえば，携帯電話の料金の支払いを子ども自身に任せる，玩具を壊したら代わりを与えないなど）。

　後続事象（ポジティブなものもネガティブなものも）は行動を改善するためには一貫しなくてはなりません。そのため，後続事象は注意して選ばなければならず，家族全員を尊重し適したものであるべきです。後続事象を決める前に，その後続事象が家族に期待される行動に合っているかどうか，そして後続事象がそれに対する行動と比較して，持続時間や強さが理にかなった対応かどうかを見極めるべきです。また，不適切な行動をしていない他の家族メンバーに対するその後続事象の影響を考慮するべきです。たとえば，10代のタケシは翌日に学校がある日の夜に門限を破りました。そのため，家の車を使うという特別なご褒美を失います。この制限を負わせることにより，他の家族（たとえば，両親）は家族の送迎のために自分の予定をキャンセルしなければならないかもしれません。この場合，先の後続事象は家族全員にとって過度に不便です。タケシの両親は，タケシに弟や妹の送り迎えは続けさせるが，友達とのドライブはできないようにした方が良いと判断するかもしれません。行動に対する後続事象は家族のニーズや状況に合っていなければなりません。表7は家のルールに基づいて確立できるご褒美や後続事象の更なる例を示しています。

2　困難な状況や日課の問題解決

　一般的に，よく整ったポジティブな家族であっても，ある特定の状況や日課において繰り返し問題が起こります。PBSのもう一つの要素は，何故ある特定の状況が家族全体にとって特に困難な

表7 行動に対するご褒美と後続事象の例

家族に期待される行動	ご褒美	後続事象
人に優しく丁寧に接する（たとえば，人の話を聞く，手を出さずにコミュニケーションをする，落ち着いた声で話す，礼儀正しい言葉を使うなど）。	子どもに静かに楽しい活動をさせるようにする（たとえば，水泳に行く，本を読むなど）。また，提案したルールに反応した子どもだけを参加させる。良いマナーを褒める（たとえば，聞く，「どうぞ」や「ありがとう」を言うなど）。自分の感情を適切に話すことを子どもに促す（たとえば，叫ぶのではなく，怒っている時に誰かに言うなど）。	泣き叫び，すすり泣き，脅し，ばかにすることに対して，一度警告する。さもなければ，良くなるまで自分の部屋に行くようにして，穏やかに自分の感情を表現することを思い出させる。
自分自身や，自分の行動，自分のものに責任を持つ（たとえば，散らかしたものを片付ける，割り当てられた家事を行うなど）。	子どもが割り当てられた家事をすべて終わらせたら，その週末にお小遣いを与える。家の中の割り当てられていない家事も行うよう子どもを褒める。そして特別な仕事に対してはボーナスを与える。毎週末に行う家族の計画を選び，外出時にその計画を行う（たとえば，アイスクリームを食べに出かけるなど）。家事を終わらせた後は，友達と遊ばせる。	子どもがお互いを傷付けたらすぐに引き離す。問題について話し合わせて，必要な時は特別なご褒美を取り上げる。子どもが自分の家事を終わらせなかったら，お小遣いをなしにしたり減らしたりする。子どもが家の中のことを手伝わなかったら，特別なイベント（たとえば，友達を訪ねるなど）へ参加してはいけないことにする。

ワーク：行動への反応を決めましょう

家族に期待される行動に対して，①決められたルールに従うことを促すよう行動に対してどんなご褒美を与えるのか（たとえば，賞賛する，特別なご褒美を与えるなど），②ルールを破らせないように行動に対してどのように後続事象（つまり，自然で理にかなった後続事象）を提示するのか書きましょう。

家族に期待される行動	ご褒美	後続事象

のかを考えることに，第2部に示したものと同様の問題解決のプロセスを応用することです。家族全体にとっての問題が生じた時，問題を整理して対応方法を決めるために，PBSのプロセスを用いることができます。以下のステップを取ることができます。

- 具体的な気になる行動と，家族が目指して努力しているより大きなゴールを定義する
- その問題行動の一因となる状況や結果の理解を深めるために情報収集する
- より効果的に問題を予防したり，問題行動を別の行動に置き換えたり，後続事象のマネジメントをしたりするための方法を立案し実行する
- 実際に自分たちが経験した変化をチェックし評価する

次節は，特定の家族の状況や日課内でのこの問題解決のプロセスの使い方を例示します。

2-1 ゴールを立てること

ある決まった状況や日課に問題があったら，その時にどんな行動が起きてほしいのか，または家族としてどのように機能したいのか，現在はどんな行動が起きているのか，どんな具体的な状況や行動を変えたいのかを考えることが重要です。たとえば，両親と4人の子どもがいるタナカさん一家には，楽しい食事の時間と，ゲーム，外出，映画などの活動で，週1回家族で夜を過ごすという素晴らしい習慣があります。しかしまたタナカさん一家は，家庭と学校や職場への移動で問題に直面しています。この場面では家族全員がストレスで疲れ，不適切な行動をしています（たとえば，よくお互いに口論するなど）。そのため，タナカさん一家のゴールは，移動の時間を改善し，お互いに口論する時間を減らすこととしました。これにより，家族で過ごす夜と同様に，移動の時間が楽しい時間となります。

2-2 情報収集すること

一度自分たちのゴールを明らかにしたならば，ある状況でなぜ問題行動が起きるのかの理解を深めるために，第4章で示したものと同様の方法で情報を収集し分析することができます。問題の理由を明らかにしようとして，その時には細心の注意を払うでしょう（たとえば，行動のパターンを見る，何がなぜ起きているのかについてお互いに話し合う，必要に応じてその行動や状況を記録するなど）。集めた情報を用いて，その状況について自問自答します。

- 家族の最も良い時間と，最も悪い時間に寄与しているものは何か？
- どのような結果がそのパターンを継続させているのか？

異なる状況や日課をいくつか注意深く客観的に見ることで，たいていはパターンを明らかにできます。タナカさん一家の話に戻りますと，食事の時間と家族で過ごす夜は楽しい状況かもしれません。なぜならその時間において一貫した期待される行動があり，ご褒美が活動それ自体の一部となっ

ており（たとえば，ポジティブな家族のやり取り，おいしい食べ物など），そこでの雰囲気は概していつもよりリラックスしています。これとは対照的に，移動の時間は混乱状態で，急かされているでしょう（たとえば，家族が慌ただしくある場所から次の場所に行く，必要なものを見つけようとする，トイレや車を我先に使おうとするなど）。移動の時間には，両親がポジティブな行動よりも問題行動に注目していることや（たとえば，急ぐようにと小言を言うなど），建設的でない方法で行動に対応している（たとえば，自尊心を傷つける，皮肉，強い口調で言うなど）傾向にあることが見出されるかもしれません。パターンを認識するこのプロセスを通して，口論することは楽しくない活動を延ばすこと，あるいは周りの人からたくさんの助けを得ていることに気付けます。問題が起きている状況に対応しようとする時に，このようなパターンを明らかにするととても役に立ちます。

2-3 計画作成すること

　ある特定の時に家族の行動に影響していることについての以上のような理解をもとに，問題を予防したり最小にしたり，楽しくないやり取りをポジティブな行動に置き換えたり，ポジティブな行動を促すよう後続事象をマネジメントしたりするために，変化させることができます。

2-3-1　問題を予防すること

　困難な移動の時間に，衝突を最小限にして状況をもっとスムーズにするために，家族の周りの環境や日課を変えることができるでしょう。たとえば，タナカさん一家はよりスムーズな移動を促すために，玄関の空間を整理し直すかもしれません（たとえば，鞄や靴などの置き場所を決めるなど）。また，前日の夜に，服を準備する，お弁当を準備する（あるいは昼食のお金を準備する），食事の計画をする，入浴時間を調整する等の準備をしたり，いつもより早く起きたりできます。こうすることで，家族全員が朝にもっと時間ができます。他にも，問題のある時間中に気を散らすことを最小限にする（たとえば，電話に出ない，テレビを消したままにするなど），移動の時間にさらに一貫した日課を立てる，家族全員に各自のニーズを伝えることができるようにするために，何かするかもしれません（このことのもっとたくさんの例については，本章の「1. 家庭生活を組み立てること」の部分を参照してください）。以上のようなことはタナカさん一家にとって，移動の時間をより快適で楽しくするためにとても役に立つでしょう。

2-3-2　問題である行動のパターンを適切な行動パターンに置き換えること

　特にストレスがかかる時に，家族が不愉快だったり建設的でなかったりする行動のパターンに陥っていることに気付くことでしょう。たとえば，タナカさん一家は移動時間における行動に対応する出発点として，家のルールを用いるかもしれません。移動時間において期待される行動をもっとわかりやすくすることや（たとえば，家事の分担を書き出して，見えるようにはり出すなど），家族としてよりうまく機能するために新しいスキルを使うようできる限り促すことが，家族にとって必要かもしれません。また，ある程度の時間とストレスマネジメントスキルを用いること（たと

えば，優先順位をつけてスケジュールを組む，不安を和らげるために深呼吸するなど）や，お互いにより効果的にコミュニケーションする（たとえば，「急かされているように思うけど，もう少し時間が必要なの」など）ことが必要かもしれません。

2-3-3　後続事象のマネジメント

　問題行動をポジティブな別の行動に置き換えるために，新しいポジティブな行動にはご褒美が提示され，かつ不適切な行動のパターンはもはや促されないようにしなければなりません。困難な状況において，自分たちが良い行動であれ悪い行動であれどの行動に最も注目しているのかについて，またはその他に得ている行動の結果について考える必要があるでしょう。また，問題行動（たとえば，口論，家事をなかなかしないことなど）によってやりたくない活動を避けることにつながっているかどうかを考える必要があるでしょう。不適切な行動に意図せずご褒美を提示してしまっているならば，そのように行動に反応するパターンは整えるべきです。

　タナカさん一家の移動時間は特に大変です。そのため，両親は移動の時に特定のご褒美を用いることにするかもしれません。移動の時に起こったポジティブな行動は何でも賞賛する必要があります。家事や日課を終わらせた後にだけ，テレビを見ることや楽しい活動ができるといったような楽しみを設定するかもしれません。さらに，より大きなご褒美のために果たすべき責任について話し合って決めるかもしれません（たとえば，子どもが週の5日中4日は，出かける準備を一人でして時間に間に合ったならば，両親が金曜の下校時にアイスクリームを買ってあげるなど）。また，問題行動へ対応するために，理にかなっていたり自然であったりする問題行動の後続事象を用いようと思うかもしれません（たとえば，適切な移動を妨げる行動を無視すること，子どもが学校の準備をするのが遅い朝は，時間がかかる温かい朝食の代わりに冷たい朝食を手早く作って出すことなど）。

　家族の大変な日課（たとえば，食事の時間，外出中に挨拶する，両親の目が届かないところで遊ぶなど）における問題解決の例は，巻末の付録AとCにあります。

ワーク：ある特定の状況や日課の問題解決について考えましょう

状況：

　自分の家族の大変な状況における，家族のゴールは何ですか？（たとえば，望ましい行動，気になる行動を変えることなど）

この日課のどのようなパターンがあなたの家族としての行動の一因となっていますか？

• 最も良い時と，最も悪い時に関連した状況は：

• そのパターンを続けさせている行動の結果は：

大変な日課を取り巻くパターンについての理解を踏まえると，次のどの方法をその日課で実行しますか？

• 問題を予防する方法は？

• 適切な行動に置き換える方法は？

• 後続事象をマネジメントするストラテジーは？

　子どもの行動を改善するための計画を立てるだけでなく，実行した方法の家族全体に対する結果をチェックする必要もあります。介入計画が一貫していて，効果的であるために，家族の将来像や期待される行動が達成されつつあるかどうかを判断する方法が必要です。多くの家族にとって，このことは家族全員が協力することによって，最適な評価が行えるかもしれません（たとえば，朝食時にその朝のゴールを確認して寝る時にはその日の行動を見直すことによって，また出来事や行動について話し合う家族のミーティングを毎週設けることによってなど）。家庭でのPBSは，自分たち家族が問題行動に対して現在どのように対応しているのか，そして必要が生じた時に困難な状況をどのように問題解決しているのかを評価する，連続的なプロセスとしてみなすべきです。

3 本章のまとめ

PBS は行動上の問題がある個々の子どもの行動を改善するだけではなく，家族の生活を一層良くするために用いることができる枠組みとプロセスです。自分たち家族の目標を決め，家族の行動に影響している状況に注意を払い，ポジティブな行動を促し，問題行動を止めさせるために自分たちの反応を変えることにより，家庭の中に PBS の原理を組み入れることができます。PBS を日常生活や継続的な意思決定に組み入れたならば，もっと楽しく満たされた家庭生活をもたらすことができます。

次章に進む前に

- 自分たちの家族に対する将来像と，明確に定義された期待される行動がありますか？

- 家族として望まれるやり取りを支えるような方法で，家庭の空間や時間を調えましたか？

- ポジティブな行動（たとえば，ルールに従うなど）を促し，ネガティブな行動（たとえば，ルールを破るなど）を止めさせるために一貫した方法を用いていますか？

- 自分の家族にとって問題がある毎日の日課を念入りに検討して，その活動を改善するように変化させましたか？

第11章
誰に対してもポジティブな行動支援（PBS）が機能するために

　ポジティブな行動支援（以下，PBS）は，個々の子どもの行動に対応するため，あるいは家族生活全般を改善するために非常に効果的です。PBSのプロセスはさまざまな状況で使えるような，そしてさまざまな個人あるいは環境のニーズに合わせられるような柔軟なアプローチを示すことにより，問題行動の解決や生活の改善を促します。しかし，PBSが効果的であるためには，ある程度の正確性や一貫性を持って用いなければならなく，このことはいつも簡単とは限りません。PBSの原理を子どもや家族に正確に応用するには，親である自らの行動や子どもとのやり取りについて考えるために，子どもの問題行動を超えた広い視点をもつようにしなければなりません。本章はPBSを機能させる際の三つの重要な点について取り上げます。①自らの行動を検討し変えること，②子どもに自分の行動をマネジメントする方法を教えること，③家族全員と関係者（たとえば，教師，親戚，ベビーシッターなど）が行動の改善のために協働することを促すこと，です。本章は，PBSによる子育てについて本書全体を通して学んだことの簡潔なまとめで終わります。

1　自らの行動に対応すること

　子どもの行動を変えることは通常，親としての自らの行動も変える必要があります。自らの行動とは特に，観察の仕方，関わり方，困難な状況への対応の仕方です。子育てがとても難しい理由の一つは，親が自らの行動を現実的に評価し，自分の行動ややり取りが，子どもの問題行動や人との衝突に対してどのように一因となっているのかを考えなければならないからです。人からの情報や助言について考え，自分の子どもや家族にとって利益となり得る新たな考えを受け容れる必要があります。また，どのような行動がなぜ起きるのかについてより良く理解するには，ストレスや不満が溜まるような状況を客観的に見ることができなければなりません。それから，自らの行動をマネジメントし，コントロールする準備をしなければなりません。そうすることで，状況が困難な時でさえも，我慢強く，慎重で，ぶれない対応ができます。自らの行動を評価する時には以下のような自問自答をしてみるとよいでしょう。

- 「我が子にしてほしい行動のモデルを自分は示しているのか？　あるいは，自分が明確にした期待される行動と，自分が言っていることややっていることは違っていないか？」
- 「自分たちは期待される行動に対して一貫していて，かつ後続事象をやり通しているのか？

あるいは，浅はかな強い口調や思いつきの対応に頼っていないか？」
- 「我が子が自立できるように促しているのか？　あるいは，子どもを自然な後続事象から引き離し，不必要な親への依存を作っているのか？」

　以上のような質問に対する答えに基づけば，自分の行動が非常にしっかりと一貫している領域と，自分の行動を変えたいと思う領域が明らかになるでしょう。たとえば，3人の小学生の子どものシングルマザーであるヨウコは，ほとんどの時間は子どもたちを愛し，子どもたちに対して開かれた心を持ち，平等に対応しています。しかしまた，子どもたちに対して怒りや不満をためて，怒鳴る，強い口調で言う，掴みかかるといった行動をする傾向があります。ある状況ではヨウコは衝動的になり，長期的にみると特段に利益や効果がない方法で対応してしまいます。

　自らの行動をしっかりと見て，自分が子どもの行動に最も効果的に影響している時とそうでない時を見極め，また，自分の行動の効果に寄与する環境状況を考えるために，本書で紹介したPBSの原理を用いることができます。自分自身の行動，その時の周囲の状況，自分の行動に対する子どもの反応を分析することにより，自分が子どもに今のように反応する理由に気付くようになります。そして，このような理解をもとに，自分の行動を変化させたり修正したりするための計画を作成できます。

　自分の行動の見直しをもとに，ヨウコは仕事や家庭での負担の増加によりストレスが溜まっている時に，子どもたちに対しての怒りや不満をためやすくなることに気付くかもしれません。家族の日常のスケジュールが押し迫っている状況や，やることが多すぎる状況で子どもが不適切な行動をした時に，子どもを怒鳴ったり強い口調で言ったり掴みかかったりしていることに気付きます。このように反応すると，子どもはすぐに不適切な行動を止めてヨウコから離れます。これがヨウコに一瞬のやすらぎを与えているのです。これらはすべてその場しのぎの解決法を示しているだけで，実際のところはヨウコのネガティブな行動のパターンを強めているのかもしれません。ヨウコが行動のパターンを考える時，自分がリラックスする時間を必ず取るようにすると，子どもたちに怒ることが少なくなることにも気づけるでしょう。

　このような気付きが得られると，自分の望ましくない行動を引き起こす状況を予防したり最小化したりするための変化をもたらすことができます。自分の自動的な反応を，よりポジティブで目的的で実現可能な方法に置き換えることができます。そうすれば，うまくやり取りした時に自分にご褒美をあげられます。たとえば，ヨウコは自分のために特別な時間を確保する必要があると判断するかもしれません。これにより，仕事が大変だった日の後にリラックスでき，思いにふける時間を過ごすことができ，子どもたちとのやり取りにそれを反映させ，翌日のスケジュールを計画できます。この特別な時間を使って，何が子どもたちの行動に対する自分の反応をプロンプト*訳註1しているのかをさらに分析し，今後のネガティブなパターンを避けられる方法を考えることができるで

＊訳註1　子どもに対する，期待される行動を行うことへの手助けのこと。

しょう。ある具体的な状況や子どもたちの行動によりヨウコがイライラしたり動揺したりすることがよくあるならば，それがどのような行動であるか，そしてその影響を最小化できる方法を見極めることができます（たとえば，子どもたちが喧嘩にエスカレートする前にお互いをからかうことに対応する，子どもたちがお互いに優しくしていることに対していつもご褒美をあげるなど）。

また，ヨウコは自分自身を振り返る必要があるかもしれません。これにより，ストレスがかかる状況において，リラックスして冷静さを取り戻す必要がある時に気付くことができます。このような状況で自分が言えることや行えることについて考えられるでしょう。そうすることで，次のような状況のシナリオができます。たとえば，子どもたちに対して，「今ママは本当にイライラしているの。あなたたちにイライラをぶつけたくないのよ。2, 3分独りにさせてくれる？」と言い，それから2, 3分子どもから離れて別室に行くでしょう。

自らの行動を変えるために，「今，自分は子どもたちにどんな行動のモデルを示しているのか？」などのような対話を心の中でするとメリットがあるでしょう。自分の行動を調整する計画を立てたら，その計画がどれくらいうまく作用しているのかを定期的に評価する必要があります。大変な状況に適切な対応をしていることがわかったら，自分のその行動を認める必要があります。もしかすると，自分で自分にご褒美をあげることさえ必要かもしれません（たとえば，テイクアウトの料理を注文することで夕食の準備をしなくてすむなど）。

たまにあることですが，子どもの問題行動に関する状況で失敗や誤った対応をした時は，その状況を修正する努力をし（たとえば，子どもに謝るなど），自分の行動がどのように不適切で，何がその問題の一因となったのかを考え，その状況が次に起きた時にできる対応方法を判断して，前に進む必要があります。親である私たちは完璧ではありませんし，子育ては正確に行うべき科学ではありません。自分の間違いを価値ある学習経験としてとらえ，自分の行動やニーズをより良く支えるためにうまく調整することが重要です。また，子どもたちにも問題解決のスキルの使い方を見せたり，子どもたちがやってしまったことを後悔している行動を修正する方法を教えたりするために，自分が子どものモデルになれるのです。このPBSのプロセスを通して，自分自身，そして親としての自分の役割に誇りを持つよう常に努力します。それにより，目的を持ってポジティブに子どもに反応したり，やり取りしたりします。

2 子どもが自分自身の行動をマネジメントするように促すこと

親である私たちは，我が子には次のようなたくさんのことが起ってほしいと思っています。すなわち，子どもには幸せで，健康で，能力があって，責任感があって，建設的で，自立してほしいと思うでしょう。子どもが幼い時は，親は子どもが必要なものをすべて与えて，子どもの行動に対してしっかりとした境界線を示します。子どもが赤ちゃんの時は，子どもが泣いたらすぐに反応し，家の中を子どもにとって安全にしておき，気を付けて子どもを見ておき，誰が子どもの面倒を見るかについて細心の注意を払っています。子どもが大きくなるにつれて，子どもを管理したり指図したりできなくなっていきます。親が子どものためにしたいこともできません。子どもは親の監督な

しに友だちの家に遊びに行き，親以外の大人からの指示に関心を向け，自分で日常的な意思決定を始めます。親は長い時間をかけて，自分の子どもの行動に影響する活動ややり取りの多くは，親がコントロールできないと気づくようになります（たとえば，子どもが友だちとやり取りする方法など）。子どもに起きた出来事や，子どもの行動に影響する出来事によっては，気付かないことさえあるかもしれません。子どもと一緒に何かしている時でさえも，友だちからの影響と比べると，親は子どもの行動にほとんど影響していないかもしれません。

　子どもが自立するにつれ，自分の行動を調整することや，理にかなった意思決定をすることを学ぶのは重要です。子どもに影響するすべての状況を親が調整できないですし，するべきではありません。その代わりに，親である自分たちが子どもに教えた価値観やスキルを自分のものにして，それに一致した行動をするようにと願わなければなりません。

　自らに問うべき質問は，「子どもが良い意思決定や，自分を律することを学ぶために，どのような支えができるのか？」です。子どもが自分の面倒を見たり，自分の行動を調整したりする心構えをすぐにはさせられません。また努力なしにもできません。その代わり，私たち親が子どもを導き，徐々にエンパワメント[訳註2]した時に（これはすなわち，教えるということです）最も達成されます。そして，子どもができることが増え，自立できるようになるにつれ，親の関与や影響は減っていきます。

　子どもをエンパワメントすることについて，たくさんの役に立つ本や指導プログラムがあります（巻末にある参考文献の「ペアレンティングについて」を参照）。PBSは子どもに主な二つのゴールを達成するためのガイダンスを示します。

1. 子どもがさまざまな状況においてどのように行動するのかのガイドとなり得る，子ども個人の価値観を育てる
2. 子どもにPBSの原理を教え，それにより子どもが自分の行動を理解しマネジメントできる

2-1　子どもの価値観を育てること

　親としての主たるゴールは，自分の家族に必須で，子どもが自分の行為を導き評価するために使える自らの価値観を伝えることです（たとえば，第10章の「1-1　家族の将来像と行動についての期待を立てること」の部分を参照）。このような価値観は家族や個人によってさまざまでしょう。しかし，誠実さ，尊敬，優しさ，感謝，感受性，リスクを引き受けること，自制心，創造性などといった広い概念を含むでしょう。家族の価値観を明確にして，その価値観に一致した振る舞い方を子どもに計画的に教えることは重要です。こうすることで親の価値観は，子どもがどんな状況にも応用でき，適切な意思決定をする際の基本的な指標となるでしょう。このような価値観を土台にす

＊訳註2　もともとの意味は「能力や権限を与える」という意味であり，福祉などにおいて，障害のある人は元々，一人の人間として高い力を持っており，社会がその力をどのように引き出し開花させるかという考え方の基に使われる言葉である〈参考：山縣文治・柏女霊峰編（2013）社会福祉用語辞典　第9版．ミネルヴァ書房〉。

表8　自分の中での対話の例

何が起きたのか？	「母親が宿題の手伝いにすぐに来なかった時，泣き叫んだ」
なぜそのことが起きたのか？	「手伝いを待たなければいけない時，自分はひどく興奮して，時に泣き叫ぶ。それから何も手伝いが得られず，宿題が終わらせられない」
自分は何ができるのか？	「いつもより時間があるときは，宿題を早く始めることができる。そしてそれから，イライラがたまったら，休憩を取ることができる。難しい宿題をしている時は，多分手伝いが必要であることを，落ち着きながら適切に求めることによって，母親に知らせることができる。次に宿題をする時に泣き叫ばなかったら，このことを母親に示して，自分へのご褒美として宿題が終わった時に，お気に入りのゲームをする」

ると，子どもは自分独自の長所に気づきそれを確立することや自分の目標に一致しない時（すなわち，間違ったことをしている時）に自分の行動を調整することが学べます。また，子どもは自らの行動を注意深く見て，その行動が受け容れられるものかどうかを評価することも学べます。正にこのことは，親が何年もかけて子どもに対してしてきたことでしょう。

　価値観を教えることは，価値観に忠実であるとはどのようなことなのかを，子どもにきちんと理解させることから始まります。たとえば，人との身体的なやり取りの仕方（たとえば，優しく人に触れる，パーソナルスペースを尊重する，助けを申し出るなど）や，社会的なやり取りの仕方（たとえば，褒め言葉や元気づける言葉を投げかける，個々の違いに対する尊重を示すなど）で，「優しさ」という言葉を定義するかもしれません。この価値に一致した行動や，この価値を乱す行動の例を指摘して，示すことができます。また，自己判断する方法の学びを子どもに促す問いかけができます（たとえば，「このような状況が自分に起きたら，どうやって優しくする？」など）。子どもが自分に期待された価値観を理解したら，毎日のやり取りにおいて子どもが自分の行動を評価し，そして調整するように導くことができます。

2-2　子どもにポジティブな行動支援の原理を教えること

　基本的な価値観を教えるだけでなく，本書で示してきた行動の基本的原理を，子どもたちが自分の行動に応用するように促すこともできます。PBSはもっぱら大人だけが実践する秘密の暗号である必要はありません。むしろ，PBSの根底にある方法や考え方を自らに使うことを子どもに教えることができます。子どもはすべての行動には目的があること，そしてこの知識により自らの行動を変えられることを学べます。「自分があのような方法で行動していた時に，何が起きていたのか？」，「あのような状況に自分はどのような反応をしていたか？」，「もっと良い反応方法があったのか？」，「自分がその方法で行動したことにより何が得られたのか？」，「何を避けたのか？」といった自問自答をするよう子どもに促すことができます。

　このような知識を使って，子どもが自らの行動計画を作成できます。そして，自分の行動上の問題を引き起こす状況を変えること，自分のニーズを満たす新たな方法を学ぶこと，行動の結果を調整することにより問題を予防できます。表8は子どもが自分の行動を観察する時，なぜその行動が

起きているのかを理解しようとする時，この状況が次に起きた時のための計画を作成する時に用いる，自分の中での対話を示しています。子どもに自分の行動を評価して変えるために必要なスキルを教えることは必要です。なぜなら，このスキルによって子どもが他人（たとえば，親など）のガイドや承認に常に依存するのではなく，自立してセルフコントロールを向上できるからです。親である自分たちから子どもにこの責任を受け渡すことは簡単ではありません。そして，親が指示的な態度ではなくファシリタティブ*訳註3な姿勢を取ることが求められます。大事なことは，親はある状況に関与することから一歩退いて，その代わりにその状況を通して子どもを導くということです。これはすなわち，子どものコーチ，応援団，協力者になっていくということです。子どもにするべきことを言うのではなく，子どもが自らで問題の答えを見つけることを促すために，問いかけをしたりわずかなプロンプトを提示したりします。また，子どもの問題を解決したり，すぐに後続事象を提示したりするのではなく，子どもが自らで選び，自分の行動の結果に責任を持てるようにします。子どもに振る舞い方や考え方を教えません。しかしその代わりに，状況の評価方法や，状況に応じた行動の調整方法を教えます。このことをうまく行うために，親は子どもの話に本当に耳を傾け，子どもに注意を払い，子どもが経験していることを理解しようとしなければなりません。

3　子どもの行動を改善するために関係者が協働すること

　PBSを実行していくために最も重要な必要条件の一つ（これはたいてい最も不満がたまることの一つでもありますが）は，自分の家族と自分の子どものケアに関わるすべての人が，行動支援計画のゴールや方法に合意して，それに最大限努力することです。一個人として，親である自分たちが子どもの行動にポジティブな変化をもたらそうとするかもしれません。しかし，親だけがその計画に成果をもたらすことができる，またもたらすつもりである唯一の人物ではおそらくありません。自分の配偶者，友達，親戚，子どもの友達や教師，子どものケアをする人など，子どもの面倒を見たりやり取りしたりする大人が連携する必要があるかもしれません。

　子育てとしつけを統合したやり方は一般的に重要ですが，子どもが問題行動を起こしていたり家族が大変な問題を抱えていたりする時はほぼ不可欠になります。しかし，そのようにたくさんの人々が協働することは容易ではありません。特に，家族全員のニーズすべてに注意を払うと同時に，問題行動を示す子どもの子育てに伴う難題を考慮しなければならない時は容易ではありません。このことは，今日のように家族の状況が複雑な場合が多いこと（たとえば，養育権利の共有，離婚者同士が再婚してできた家族など），子どもがよく参加する課外活動が多様であること，そして一般的に家族生活がとても慌ただしい時は，特に容易ではないかもしれません。

　人が協働に抵抗するかもしれない理由はたくさんあります。第一に，私たちは皆，異なるものの

＊訳註3　「促進する」「容易にする」という意味の「ファシリテート（facilitate）」の形容詞形。ここでは，親が威圧的に振る舞うのではなく，子どもが自分の力を存分に発揮でき，伸ばしていけるような関わりをすることを指す。

見方，考え方，そして子育ての方法で，ある状況に対して独特の関わり方をします（たとえば，親によってはより寛大であったり，あるいは頑固であったりするなど）。自分の考えに過度に固執したり，自分が絶対に正しいと思ったりするようになるかもしれません。そうなると，人の意見を考慮に入れたがりません。あるいは自分の日々の仕事が多忙過ぎて，最初に人に相談することなしに，重要な意思決定をしていることに気付かないかもしれません。また，自分の人間関係に問題があるかもしれません。そして，このような問題にどう取り組むかは，子どもの行動に大きな影響を与えるでしょう（たとえば，ある親はパートナーの子どもに対する最近の行動にイライラしているという理由で，子どもに対する制限をなくします）。

　複数の人が協働する時は大変かもしれないということを認識しなければなりません。しかし，この大変さをうまくいくように調整できると，たくさんの重要な利得もあります。次のようなことが，子どもや家族の生活に関わっている人々の助けや援助を得ると可能になります。

- 他の人のものの見方を聞くことができ，それにより子どもや，子どもの行動に影響していることについてより多くのことを知ることができる
- 子どもに効果的に作用し，自分たちの家族生活に合い，そして自分たちのゴールを達成する計画を立案することがもっと上手にできる
- 自分たちがそのゴールにもっと関与し，そのために計画をもっと一貫的かつ効果的に用いることができる
- プロセスに関与している人々，つまり成功を共に喜び，困難が生じた時は支えてくれるような人々と共に学び，成長できる

　協働することの大変さと潜在的な利得を考えると，どうやって協働を機能させることができるのだろうと思うでしょう。自分がいつも教師の方法に賛成するとは限らない時に，どうやってその教師を支援できるでしょうか？　親である自分の努力を間接的に妨げるような子育てのスタイルをもった祖父母とどのように向き合えるでしょうか？　子どもの前に自分と常に一緒にいる子育てのパートナーと，どのように努力するのでしょうか？　協働は全員が一つの共通のゴールに向かって取り組むことが必須です。関係者が皆，統一の将来像の作成，一貫した方法の維持，行動支援計画の実行に対する責任の共有に参加しなければなりません。協働をテーマとした利用可能なたくさんのリソースがあります（参考文献の「ペアレンティングについて」を参照）。しかし，次節ではPBSをうまく使えるように協働することの手助けとなり得る重要なヒントをいくつか示します。

3-1　適切な人に関与してもらうこと

　子どもに対する行動計画を作成する人がたくさんいれば，その計画を台無しにしてしまう人もたくさんいるかもしれません。その子どもについてよく知っていて，定期的にその子どもたちとやり取りしており，子どもの教育や世話に対して責任がある人々を，協働に関与してもらうよう努力する必要があります。複雑なニーズがある子どもや（たとえば，障害があったり，学校や地域におい

て問題があったりしているなど），際立った問題行動がある子ども，さまざまな支援やサービスを必要としている子どもに対してPBSのプロセスをうまく用いるには，さらにより多くの人々に援助を求める必要があるかもしれません。PBSのプロセスに関与するすべての人々が，そのプロセスの始まりや重要な時点（たとえば，計画作成の時など）には関わるべきです。

3-2 違いを認識すること

　人と協働する時，人によってものの見方には必然的に違いがあることに気付き，その違いを尊重する必要があります。子どもや家族の生活に関わる人によっては，子どもの行動に対する期待に関して，自分が古い考えを持っていることに気付くかもしれません。またその一方で，別の人では子どもの行動に対する期待が厳しすぎるとか寛容すぎると見なされるかもしれません。協働の目的は個々の違いを変えずに，PBSの原理について一般的な合意を得ることであるべきです。なぜなら個々の違いは最終的には子どもの利益になるかもしれないからです。全員が全く同じ方法で計画を実行することは必須ではありません。全員で共有されたゴール，計画，責任だけでなく，基本的な原理に対する一貫性を維持するならば，人や場所の多様性はPBSのプロセスに役立つでしょう。

3-3 一貫したコミュニケーションをすること

　協働するためにはお互いにコミュニケーションをしなければなりません。つまり，話し合う（または文章で伝える）時間を十分に確保するということです。たとえば，話し合うのに最適な時間は，夜に子どもが寝た後や，子どもが朝起きる前かもしれません。親戚や仲が良い友達を含めた家族会議を予定したいと思ったり，メールで子どもの先生とコミュニケーションしようとしたりするかもしれません。PBSのプロセスについてコミュニケーションする時には，開かれた気持ちを持ってそれに集中して，自分たちのゴール，観察したこと，考え方，ニーズを言葉通りに共有することが重要です。

3-4 共に問題を解決すること

　ものの見方に違いがあると，自分たちの時間にかかる多くの負担，問題行動に対応する時の困難，個人間の衝突はおそらく避けられないでしょう。そのため，PBSのプロセスや子どもに関する意思決定の方法（特に大きな意思決定），そして共に問題を解決する方法を見つける必要があります。効果的に衝突を対処することに役立つやり取りのルールを，前もって立てておくと役に立つでしょう。たとえば，個人的でないこと（子どもたちを目にする，耳にする時）では意見を合わせる，誰かの責任を追及するのではなく問題解決に目を向ける，解決に辿り着くまでコミュニケーションを続けるというルールにするかもしれません。問題を解決して，コミュニケーションを開かれたものとして維持するために，折衷案を取り決めたり，時には相手に完全に譲ったりするかもしれません。

3-5 ポジティブな行動支援の原理をやり取りに用いる

　自分たちお互いのやり取りを改善し，協働を促進するために，本書で示したPBSの原理を用い

ることができます。たとえば，他の人の真意について早合点せず，その人がなぜそのような特定の方法で行動しているのかをより良く理解するために，その人の行動や状況を観察する，そして開かれた心でコミュニケーションする努力ができます。いつ，どこで，どのようにその嬉しくない話題を切り出しているのかをチェックすることで，その後に起こる夫婦間など人との衝突を予防できるかもしれません。また，間違いを非難するのではなく，お互いの努力に感謝して，支え合い元気づけると効果的に協働できる可能性が高まります。

関係者がPBSを用いる時に一丸となって，共通のゴールに合意し，基本的ないくつかのガイドラインに従うと，PBSはとても効果的になりえます。皆の考えをまとめた解決方法はたいていの場合，一個人によって生み出された解決方法よりも素晴らしいものです。

4 本章のまとめ

PBSは学校や地域のプログラムにおいて多くは限定的に用いられてきました。しかし，PBSは専門家によって限定的に用いるように設計されたわけでも，それを意図していたわけでもありません。PBSの基である行動の基本原理は，誰に対しても応用可能です。子どもを導き支える時に引き受けることになる本質的な親の役割のために，親はこのPBSの方法を必要として利益を受ける可能性が最も高い人です。そして，親である私たちにはPBSを効果的で上手に実行する能力があります。PBSを通して，なぜ自分の子どもが不適切な行動をしているのかの理解を深めることができ，予防，指導，後続事象のマネジメントを通して子どもの行動に対応できます。

まとめると，PBSは自分たちの日常生活で使える，基本的な教えをもたらしてくれます。具体的には，以下のことです。

- 行動を理解すること：距離を置き，他人の視点に対して開かれた心を持ち，日常のやり取りのパターンを探すことにより，行動により得られる目的や，その行動を促している状況（いつ，どこで，誰が，何を，なぜ）を理解できるようになります。
- 予防的であること：問題が起きることを待つのではなく，家庭，生活，日常の状況を整えるやり方を通して，問題を予測し，予防できます。
- スキルを指導すること：子どもの問題行動を単純に，子どもが自分の状況に対処するあるいは自分のニーズを満たすための不適切な方法であると見ることができます。そのため，子どもが自分のゴールを達成するための，新たなそしてより良い方法を作り出す援助ができます。
- 目的をもって反応すること：子どもの行動に対する自分の反応方法や，子どもの行動に影響を及ぼす人，また自分の行動が意図的か否かを知ることで，問題を維持してしまう代わりに，ポジティブな行動を促すやり方で計画的に行動できます。

PBSはこのような土台を提供し，また，どんな行動を子どもに用いてほしいのか，行動に変化を促す方法を判断できる柔軟な枠組みを示します。PBSのプロセスは理にかなった意思決定の一

般的な基準を示します。また，家族や友人，健康サービスケア提供者や教師，メディアにより提案された幅広い選択肢から選ぶ基準を示します。PBSは家庭や生活において，子どもと親である自分たちの問題を解決するための一連のプロセスをもたらしてくれます。特に，時間が経ち，子どもが育ち発達して，新たな状況が生じた時にもたらしてくれます。PBSは私たちに適切な問いを示します。それにより，適切な解決方法を考え出すことができるのです。

文　献

PBS について

Bambara, L. M., & Kern, L. (2005). *Individualized supports for students with problem behaviors: Designing positive behavior support plans.* New York: The Guilford Press.

Boettcher, M., Koegel, R. L., McNerney, E. K., & Koegel, L. K. (2003). A family-centered prevention approach to PBS in a time of crisis. *Journal of Positive Behavior Interventions, 5*, 55-60.

Buschbacher, P., Fox, L., & Clarke, S. (2004). Recapturing desired family routines: A parent-professional behavioral collaboration. *Research and Practice for Persons with Severe Disabilities, 29*, 25-39.

Carr, E.G., Dunlap, G., Horner, R. H., Koegel, R. L., Turnbull, A., Sailor, W., et al. (2002). Positive behavior support: Evolution of an applied science. *Journal of Positive Behavior Interventions, 4*, 4-16.

Carr, E. G., Levin, L., McConnachie, G., Carlson, J. I., Kemp, D. C., & Smith, C. E. (1994). *Communication-based intervention for problem behavior: A user's guide for producing positive change.* Baltimore: Paul H. Brookes Publishing Co.

Crone, D. A., & Horner, R. H. (2003). *Building positive behavior support in schools: Functional behavioral assessment.* New York: The Guilford Press.（野呂文之・大久保賢一・佐藤美幸・三田地真実訳（2013）スクールワイド PBS ― 学校全体で取り組むポジティブな行動支援．二瓶社．）

Dunlap, G., Fox., L., & Vaughn, B. J. (2003). Families, problem behavior, and positive behavior support. *TASH Connections, 29*, 28-31.

Dunlap, G., Newton, J. S., Fox, L., Benito, N., & Vaughn, B. (2001). Family involvement in functional assessment and positive behavior support. *Focus on Autism and Other Developmental Disabilities, 16*, 215-221.

Fox, L., Dunlap, G., & Cushing, L. (2002). Early intervention, positive behavior support, and transition to school. *Journal of Emotional and Behavioral Disorders, 10*, 149-157.

Fox, L., Vaughn, B. J., Wyatte, M. L., & Dunlap, G. (2002). "We can't expect other people to understand:" Family perspectives on problem behavior. *Exceptional Children, 68*, 437-450.

Hieneman, M., & Dunlap, G. (1999). Issues and challenges in implementing community-based behavioral support for two boys with severe behavioral difficulties. In J. R. Scotti & L. H. Meyer (Eds.), *Behavioral intervention: Principles, models, and practices* (pp. 363-384). Baltimore: Paul H. Brookes Publishing Co.

Hieneman, M., & Dunlap, G. (2000). Factors affecting the outcomes of community-based behavioral support: Identification and description of factor categories. *Journal of Positive Behavior Interventions, 2*, 161-169.

Hieneman, M., Nolan, M., Presley, J., DeTuro, L., Roberson, W., & Dunlap, G. (1999). *Facilitator's guide: Positive behavioral support.* Tallahassee: Florida Department of Education, Bureau of Instructional Support and Community Services.

Holburn, S., & Vietze, P. (Eds.). (2002). *Person-centered planning: Research, practice, and future directions.* Baltimore: Paul H. Brookes Publishing Co.（中園康夫監訳，武田則昭・末光茂監訳（2005）パーソンセンタードプランニング PCP〈本人を中心に据えた計画づくり〉上―研究，実践，将来の方向性―知的障害，認知症のための実践マニュアル．相川書店．中園康夫監訳，武田則昭・末光茂監訳（2007）パーソンセンタードプランニング PCP〈本人を中心に据えた計画づくり〉下―研究，実践，将来の方向性―知的障害，認知症のための実践マニュアル．相川書店．）

Horner, R. H., Dunlap, G., Koegel, R. L., Carr, E. G., Sailor, W., Anderson, J., et al. (1990). Toward a technology of "nonaversive" behavioral support. *Journal of The Association for Persons with Severe Handicaps, 15*, 125-132.

Jackson, L., & Panyan, M. V. (2001). *Positive behavioral support in the classroom: Principles and practices.* Baltimore: Paul H. Brookes Publishing Co.

Knoster, T. P. (2000). Practical application of functional behavioral assessment in schools. *Journal of The Association for Persons with Severe Handicaps, 25*, 201-211.

Koegel, L. K., Koegel, R. L., & Dunlap, G. (Eds.). (1996). *Positive behavioral support: Including people with difficult behavior in the community.* Baltimore: Paul H. Brookes Publishing Co.

Lewis, T. J., Sugai, G., & Garrison-Harrell, T. (1999). Effective behavior support: Designing setting-specific interventions. *Effective School Practices, 17,* 38-46.

Lucyshyn, J. M., Dunlap, G., & Albin, R. W. (Eds.). (2002). *Families and positive behavior support: Addressing problem behavior in family contexts.* Baltimore: Paul H. Brookes Publishing Co.

Marshall, J. K., & Mirenda, P. (2002). Parent-professional collaboration for positive behavior support in the home. *Focus on Autism and Other Developmental Disabilities, 17,* 216-228.

O'Neill, R. E., Horner, R. H., Albin, R. W., Sprague, J. R., Storey, K., & Newton, J. S. (1997). *Functional assessment and program development for problem behavior: A practical hand-book.* Belmont, CA: Wadsworth.（三田地昭典ほか訳（2003）子どもの視点で考える―問題行動解決支援ハンドブック．学苑社．）

Paul, A. S. (2002). The importance of understanding the goals of the family. *Journal of Positive Behavior Interventions. 1,* 61-64.

Repp, A. C., & Horner, R. H. (Eds.). (1999). *Functional analysis and problem behavior: From effective assessment to effective support.* Belmont, CA: Wadsworth.

Santarelli, G., Koegel, R. L., Casas, M., & Koegel, L. K. (2001). Culturally diverse families participating in behavior therapy parent education programs for children with developmental disabilities. *Journal of Positive Behavior Interventions, 3,* 120-123.

Scotti, J. R., & Meyer, L. H. (Eds.). (1999). *Behavioral intervention: Principles, models and practices.* Baltimore: Paul H. Brookes Publishing Co.

Sugai, G., & Horner, R. (2002). The evolution of discipline practices: School-wide positive behavior supports. *Child and Family Behavior Therapy, 24,* 23-50.

Sugai, G., Horner, R. H., Dunlap, G., Hieneman, M., Lewis, T. J., Nelson, C. M., et al. (1999). Applying positive behavioral support and functional behavioral assessment in schools. *Journal of Positive Behavior Interventions, 2,* 131-143.

Tobin, T. J. (2005). *Parent's guide to functional assessment* (3rd ed.). Eugene: University of Oregon, College of Education, Educational and Community Supports. Available from the University of Oregon web site, http://darkwing.uoregon.edu/~ttobin

Turnbull, A., Edmonson, H., Griggs, P., Wickham, D., Sailor, W., Freeman, R., et al. (2002). A blueprint for schoolwide positive behavior support: Implementation of three components. *Exceptional Children, 68,* 377-402.

Turnbull, A. P., & Turnbull, R. H., III. (1996). Group action planning as a strategy for providing comprehensive family support. In L. K. Koegel, R. L. Koegel, & G. Dunlap (Eds.), *Positive behavioral support: Including people with difficult behavior in the community* (pp. 99-114). Baltimore: Paul H. Brookes Publishing Co.

Vaughn, B. J., Dunlap, G., Fox, L., Clarke, S., & Bucy, M. (1997). Parent-professional partnership in behavioral support: A case study of community-based interventions. *Journal of The Association for Persons with Severe Handicaps, 22,* 186-197.

Vaughn, B. J., White, R., Johnston, S., & Dunlap, G. (2005). Positive behavior support as a family-centered endeavor. *Journal of Positive Behavior Interventions, 7,* 55-58.

ペアレンティングについて

Aron, E. N. (2002). *The highly sensitive child: Helping our children thrive when the world overwhelms them.* New York: Random House.

Baker, B. L., & Brightman, A. J. (2004) *Steps to independence: Teaching everyday skills to children with special needs* (4th ed.). Baltimore: Paul H. Brookes Publishing Co.（井上雅彦監訳（2011）親と教師が今日からできる家庭・社会生活のためのABA指導プログラム―特別なニーズをもつ子どもの身辺自立から問題行動への対処まで．明石書店．）

Bean, R., & Clemes, H. (1990). *How to teach children responsibility: The whole child series.* Los Angeles: Price Stern Sloan.

Bentzen, W. R. (2005). *Seeing young children: A guide to observing and recording behavior* (5th ed.). Albany, NY:

Thomson Delmar Learning.
Brazelton, T. B. (1992). *Touchpoints: Your child's emotional and behavioral development.* Reading, MA: Addison Wesley Higher Educations Group.
Brazelton, T. B., & Sparrow, J. (2003). *Discipline: The Brazelton way, advice from America's favorite pediatrician.* Cambridge, MA: Do Capo Press.
Canter, L. (1995). *What to do when your child won't behave.* Santa Monica, CA: Lee Canter and Associates.
Carter, N., & Kahn. L. (1996). *See how we grow: A report on the status of parent education in the U.S.* Philadelphia: Pew Charitable Trusts.
Clark, L. (1996). *SOS! Help for parents: A practical guide for handling common everyday behavior problems* (2nd ed.). Bowling Green, KY: Parents Press.
Coloroso, B. (2002). *Kids are worth it: Giving your child the gift of inner discipline.* New York: HarperCollins.
Covey, S. R. (1997). *The seven habits of highly effective families.* New York: Golden Books.（フランクリンコヴィージャパン訳（2005）7つの習慣ファミリー．キングベアー出版．）
Crary, E. (1993). *Without spanking or spoiling:A practical approach to toddler and preschool guidance* (2nd ed.). Seattle: Parenting Press.
Crary, E. (1996). *Help! The kids are at it again: Using kids' quarrels to teach people skills.* Seattle: Parenting Press.
Dietz, M. J., & Whaley, J. (1997). *School, family, and community: Techniques and methods for successful collaboration.* Gaithersburg, MD: Aspen Publishers.
Dinkmeyer, D. C., & McKay, G. D. (1997). *Parent's handbook: Systnnatic training for effective parenting.* Circle Pines, MN: AGS Publishing.
Divinyi, J. E. (2004). *Discipline that works: Five simple steps.* Peachtree City, GA: The Wellness Connection.
Elias, M. J., Tobias, S. E., & Friedlander, B. S. (2000). *Emotionally intelligent parenting: How to raise a self-disciplined, responsible, socially skilled child.* New York: Three Rivers Press.
Elkind, D. (2001). *The hurried child: Growing up too fast too soon* (3rd ed.). Cambridge, MA: Ga Capo Press.
Essa, E. (2003). *A practical guide to solving preschool behavior problems* (5th ed.). Albany, NY: Thomson Delmar Learning.
Faber, A., & Mazlish, E. (1990). *Liberated parents, liberated children: Your guide to a happier family.* New York: HarperCollins.（森かほり訳（2014）やさしいママになりたい！―ギノット先生の子育て講座．筑摩書房．）
Faber, A., & Mazlish, E. (1999). *How to talk so kids will listen and listen so kids will talk.* New York: HarperCollins.
Flick, G. L. (2002). *Power parenting for children with ADD/ADHD: A practical parent's guide for managing difficult behaviors.* San Francisco: Jossey-Bass.
Foxman, P. (2004). *The worried child: Recognizing anxiety in children and helping them heal.* Alameda, CA: Hunter House Publishing.
Galinsky, E., & David, J. (1990). *The preschool years: Family strategies that work—from experts and parents.* New York: Random House.
Gordon, T. (2000). *Parent effectiveness training: The proven program for raising responsible children.* New York: Three Rivers Press.
Hyman, I. A. (1997). *The case against spanking: How to discipline your child without hitting.* San Francisco: Jossey-Bass.
Jacobs, D. M., & Jacobs, R. (1999). *Zip your lips. A parents guide to brief and effective communication.* Rockport, MA: Houghton Mifflin.
Kabat-Zinn, M., & Kabat-Zinn, J. (1998). *Everyday blessings: The inner work of mindful parenting.* New York: Hyperion.
Kurcinka, M. S. (1998). *Raising your spirited child: A guide for parents whose child is more intense, sensitive, perceptive, persistent, energetic.* New York: HarperCollins.
Kvols, K. J. (1997). *Redirecting children's behavior* (3rd ed.). Seattle: Parenting Press.
Latham, G. I. (2000). *The power of positive parenting.* Salt Lake City, UT: Northwest Publishing.
Leach, P. (1997). *Your baby and child: From birth to age five.* New York: Alfred A. Knopf.
Maag, J. W. (1996). *Parenting without punishment: Making problem behavior work for you.* Philadelphia: The Charles Press, Publishers.
Maslin, B. (2004). *Picking your battles: Winning strategies for raising well-behaved kids.* New York: St. Matlin's Press.
McKay, G. D., & Mabell, S. A. (2004). *Calming the family storm: Anger management for moms, dads, and all the kids.* Atascadero, CA: Impact Publishers.

Nelsen, J., & Delzer, C. (1999). *Positive discipline for single parents: A practical guide to raising children who are responsible, respectful, and resourceful.* New York: Crown Publishing Group.
Nelsen, J., Lott, L., & Glenn, S. (1999). *Positive discipline A-Z: 1001 solutions to everyday parenting problems* (2nd ed.). New York: Three Rivers Press.
Paquette, P. H., & Tuttle, C. G. (1999). *Parenting a child with a behavior problem: A practical and empathetic guide.* Los Angeles: Lowell House.
Popkin, M. H. (1993). *Active parenting today: For parents of 2- to 12-year-olds: Parents' guide.* Kennesaw, GA: Active Parenting Publishers.
Samalin, N., & Whitney, C. (1997). *Loving each one best: A caring and practical approach to raising siblings.* New York: Random House.
Severe, S. (2000). *How to behave so your children will, too!* New York: Penguin Books.
Sgro, V. (2004). *Organize your family's schedule in no time.* Upper Saddle River, NJ: Pearson Education.
Shea, T. M., & Bauer, A. M. (1991). *Parents and teachers of children with exceptionalities: A handbook for collaboration.* Boston: Allyn & Bacon.
Sheridan, S. M. (1998). *Why don't they like me? Helping your child make and keep friends.* Longmont, CO: Sopris West Educational Services..
Shure, M. B. (2001). *Raising a thinking preteen: The "I Can Problem Solve" program for 8-to 12-year-olds.* New York: Henry Holt and Company.
Spencer, P., & Parenting Magazine Editors. (2001). *Parenting: Guide to positive discipline.* New York: Random House.
Stahl, P. M. (2000). *Parenting after divorce: A guide to resolving conflicts and meeting your children's needs.* Atascadero, CA: Impact Publishers.
Thompson, M. (2004). *Mom, they're teasing me: Helping your child solve social problems.* New York: Random House.
Tinglof, C. B. (2002). *The organized parent: 365 simple solutions to managing your home, your time, and your family's life.* Chicago: McGraw-Hill.
Turecki, S. (2000). *The difficult child.* New York: Bantam Dell Publishing Group.
Vernon, A., & Al-Mabuk, R. H. (1995). *What growing up is all about: A parent's guide to child and adolescent development.* Champaign, IL: Research Press.
Weissbluth, M. (2005). *Healthy sleep habits, happy child.* New York: Random House.
Wykoff, J., & Unell, B. C. (2002). *Discipline without shouting or spanking: Practical solutions to the most common preschool behavior problems.* Minnetonka, MN: Meadow-brook Press.

ウェブサイト

Beach Center on Disability, University of Kansas
http://beachcenter.org

Center for Effective Collaboration and Practice
http://cecp.air.org

Center for Evidence-Based Practice: Young Children with Challenging Behavior
http://challengingbehavior.org

Center on the Social and Emotional Foundations for Early Learning
http://csefel.uiuc.edu

National Dissemination Center for Children with Disabilities
http://www.nichcy.org

ポジティブな行動支援の関連リンク

Center on Positive Behavioral Interventions and Support
http://www.pbis.org

Journal of Positive Behavior Interventions
http://education.ucsb.edu/autism/jpbi.html

Kansas Institute for Positive Behavior Support
http://www.kipbs.org

Office of Special Education Programs (OSEP) Center on Positive Behavioral Interventions and Supports: Understanding Problem Behavior: An Interactive Tutorial
http://serc.gws.uky.edu/pbis

On-line Academy for Positive Behavioral Support
http://uappbs.apbs.org

米国の各地域におけるポジティブな行動支援の関係機関

Stone Soup Group (Alaska)
http://www.stonesoupgroup.org

PBS Project (Florida)
http://ftpbs.fmhi.usf.edu

Behavioral Intervention Program (Georgia)
http://www.pbsga.org

LRE for Life (Tennessee)
http://web.utk.edu/~lre4life

Indiana Resource Center for Autism (Indiana)
http://www.iidc.indiana.edu/~irca

Positive Behavior Support Project (Delaware)
http://www.udel.edu/cds/pbs

University of Kentucky and Positive Behavioral Interventions and Supports (Kentucky)
http://www.pbis.org/main.htm

Michigan's Integrated Behavior and Learning Support Initiative (Michigan)
http://cenmi.org/miblsi/Default.asp

Positive Behavior Support in West Virginia (West Virginia)
http://www.as.wvu.edu/wvpbs/

日本語で読める関連文献

以下は，本章の学びをさらに深めたい方のために，日本語で読める関連文献をまとめました。
○行動分析学について
　・ポール・A・アルバート・アン・C・トルートマン著，佐久間徹・谷晋二・大野裕史訳（2004）はじめての応用行動分析　日本語版第2版．二瓶社．
　・杉山尚子（2005）行動分析学入門―ヒトの行動の思いがけない理由．集英社新書．
　・奥田健司（2012）メリットの法則―行動分析学・実践編．集英社新書．
○特に子育てに関する行動分析学について
　・井上雅彦著（2008）家庭で無理なく楽しくできる生活・学習課題46―自閉症の子どものためのABA基本プログラム．学習研究社．
　・井上雅彦著（2010）家庭で無理なく楽しくできる生活・自立課題36．学習研究社．
　・井上雅彦・藤坂龍司著（2010）家庭で無理なく楽しくできるコミュニケーション課題30．学習研究社．
　・井上雅彦監修，三田地真実・岡村章司（2009）子育てに活かすABAハンドブック―応用行動分析学の基礎からサポート・ネットワークづくりまで．日本文化科学社．
　・平澤紀子（2013）応用行動分析学から学ぶ子ども観察力＆支援力養成ガイド　家庭支援編．学研教育出版．
　・奥田健次著（2011）叱りゼロで「自分からやる子」に育てる本．大和書房．
○問題行動の対応やポジティブな行動支援について

- 平澤紀子著（2010）応用行動分析学から学ぶ子ども観察力＆支援力養成ガイド―発達障害のある子の行動問題を読み解く！．学研教育出版．
- リンダ・M・バンバラ・ティム・ノスター著，三田地真実訳（2005）プラス思考でうまくいく行動支援計画のデザイン．学苑社．
- メリーアン・デムチャック，カレン・W・ボサート著，三田地真実訳（2004）問題行動のアセスメント．学苑社．
- リンダ・レアル著，三田地真実監訳，岡村章司訳（2005）ファミリー中心アプローチの原則とその実際．学苑社．
- 小笠原恵著（2010）発達障害のある子の「行動問題」解決ケーススタディ―やさしく学べる応用行動分析．中央法規出版．

付録 A
情報収集ツールの記入ワークシート

インタビュー記録シート

気になる行動の時間記録シート

気になる行動の日記シート

行動支援計画シート

インタビュー記録シート

自分の子ども本人や，自分の子どもをよく知っている人と話して，問題行動に関する以下の質問をして下さい。質問はその人の見方を完全に理解するまで続けましょう。

(子どもの名前) _____ は何が良くできていて，何を楽しんでいますか？

(子どもの名前) _____ はあなたが気になる行動として特に何をしていますか？

どのような状況（いつ，どこで，誰と）で，上記の気になる行動が起こることが最も多いですか？

どのような状況（いつ，どこで，誰と）で，上記の気になる行動が起こることが最も少ないですか？

_____ は上記の気になる行動により何を手に入れたり避けたりしていますか？

_____ の行動に影響しているかもしれないとあなたが思うことは他に何かありますか？

Parenting with Positive Behavior Support:
A Practical Guide to Resolving Your Child's Difficult Behavior
by Meme Hineman, Karen Childs, and Jane Sergay.
Copyright © 2006 Palu H. Brookes Publishing Co., Inc. All rights reserved.

気になる行動の時間記録シート

問題行動：＿＿

　左側の列に，普段の時間枠や活動を記入して下さい。そして右側の一番上の行のますに日付を記入して下さい。ある時間枠や活動の最中に問題行動が起きたら，そのブロックに印を書いて下さい。記録する日ごとに新しい列を使って下さい。問題行動が起きている時のパターンが分かるまでに十分な日数を記録して下さい。

一日の活動や時間	日　付					
	／	／	／	／	／	／

Parenting with Positive Behavior Support:
A Practical Guide to Resolving Your Child's Difficult Behavior
by Meme Hineman, Karen Childs, and Jane Sergay.
Copyright © 2006 Palu H. Brookes Publishing Co., Inc. All rights reserved.

気になる行動の日記シート

名前：_____　日付：_____

状況：_____

直前に何が起きたのか	子どもは何をしたのか	直後に何が起きたのか

Parenting with Positive Behavior Support:
A Practical Guide to Resolving Your Child's Difficult Behavior
by Meme Hineman, Karen Childs, and Jane Sergay.
Copyright © 2006 Palu H. Brookes Publishing Co., Inc. All rights reserved.

◉ ＿＿＿＿＿＿＿＿＿＿に対する行動支援計画

誰が関わるのか？

いつどこで行動支援計画を用いるのか？

ゴール

問題である子どもの言動は正確には何か：	その問題行動が起こる頻度や長さ：

子どもや家族にとっての広い視野からのゴール：

サマリー仮説

問題行動が起こる時：	子どもがすること：	何を得るためか・何を避けるためか：

（次頁へ続く）

Parenting with Positive Behavior Support:
A Practical Guide to Resolving Your Child's Difficult Behavior
by Meme Hineman, Karen Childs, and Jane Sergay.
Copyright © 2006 Palu H. Brookes Publishing Co., Inc. All rights reserved.

(前頁からの続き)

◉ _____ に対する行動支援計画		
各介入計画（サマリー仮説に基づいて）		
問題の予防： （問題を避けたり，困難な状況を改善したり，適切行動を促したりするために，何を変えるのか？）	問題行動の置き換え行動： （問題行動と置き換えるためにどのようなスキルを教えるのか？）	後続事象のマネジメント： （ポジティブな行動にご褒美を与え，問題行動にご褒美を与えないように，どんな反応をするのか？）

子ども，周囲の人，周囲の環境の安全を保障するための計画は必要ですか？　　はい　　いいえ
もし必要ならば，その計画の方法を記述してください：

子どもの生活を改善するために必要とされるその他の支援：

Parenting with Positive Behavior Support:
A Practical Guide to Resolving Your Child's Difficult Behavior
by Meme Hineman, Karen Childs, and Jane Sergay.
Copyright © 2006 Palu H. Brookes Publishing Co., Inc. All rights reserved.

(前頁からの続き)

◉ _____に対する行動支援計画		
実行プラン		
何をする必要があるのか？	誰がするのか？	いつまでにするのか？
どのように計画をチェックするのか？		

付録 B

事例に対する行動支援計画

アツシの行動支援計画
カズキの行動支援計画
ナオの行動支援計画
アヤの行動支援計画
ユキの行動支援計画
ケイタの行動支援計画

____アツシ____ に対する行動支援計画

誰が関わるのか？

　　母親，父親，兄，アツシの世話をする大人（ベビーシッター，親戚）

いつどこで行動支援計画を用いるのか？

　　家の中や地域において，アツシの世話をしている人が（たいていは母親）他のことや他の人に注目する必要がある時。

ゴール

問題である子どもの言動は正確には何か：	その問題行動が起こる頻度や長さ：
すすり泣く：「えー」という声や反復的な言葉（「アッブ，アッブ」と言うなど）をかん高く言う。 しがみつく：足のあたりを掴み，服を引っ張る。	平均で一日に4回，長い時間（母親が夕食の準備をしている時間のほぼ半分）行う。

子どもや家族にとっての広い視野からのゴール：

　　アツシが10分間独りで遊ぶ（たとえば，母親が夕食を作っている間など）
　　母親ができないでいることがある程度行える（たとえば，友達との会話，シャワーを浴びるなど）

サマリー仮説

問題行動が起こる時：	子どもがすること：	何を得るためか・何を避けるためか：
母親がアツシとのやり取り以外のことをしようとする時（たとえば，電話で話す，夕食を作るなど）	すすり泣き，足にしがみつき，何度も抱っこを求める。	すすり泣くことにより母親の注目を得る（母親は他のことを止めて，アツシと話したりなだめたりする）

　　上記の気になる行動は雑然とした状況の時，その場所にアツシと親しくない人がいる時，アツシが空腹だったり，疲れていたり，調子が悪い時に特に起こる可能性が高い。

(次頁へ続く)

(前頁からの続き)

＿＿アツシ＿＿に対する行動支援計画

各介入計画（サマリー仮説に基づいて）

問題の予防： (問題を避けたり，困難な状況を改善したり，適切行動を促したりするために，何を変えるのか？)	問題行動の置き換え行動： (問題行動と置き換えるためにどのようなスキルを教えるのか？)	後続事象のマネジメント： (ポジティブな行動にご褒美を与え，問題行動にご褒美を与えないように，どんな反応をするのか？)
アツシが自分だけに対する注目を集める問題行動を始める前に，安心感や助けを与える。 その時にアツシに期待される行動を伝える。 その時にアツシの注目を引き続けるための，特別な活動や玩具を与える。	アツシに言葉（たとえば，「ママ，手伝って」など）を使うことや，ほしいものがある時に欲しいものを指さしするよう促す。 アツシに短い時間一人で遊ぶことを教える（たとえば，玩具の使い方を示して，それから一人で玩具を使うことや本を読むことを練習させるなど）。	アツシが言葉や身振りを使った時だけ，アツシが注目を求めることに応じる。 アツシがすすり泣いている時は無視して（必要な時はアツシを別室に連れて行く），すすり泣きを止めた時だけ反応する。 アツシが一人で静かに遊んでいる時は，必ず褒めて少し注目するようにする（たとえば，「玩具で楽しんでいるのね」など）。

子ども，周りの人，周囲の環境の安全を保障するための計画は必要ですか？　　はい　(いいえ)
もし必要ならば，その計画の方法を記述してください：

子どもの生活を改善するために必要とされるその他の支援：

　　アツシが必要な時に，お昼寝，食事，お菓子，医療的な介入が必ず得られるようにする。
　　一日を通して，アツシとの一対一の時間を計画する（たとえば，他のことを止めて，一緒に1階に降りて，玩具を一緒に使う，抱きしめる，2, 3分の間何をしているのかについて話すなど）。

(次頁へ続く)

(前頁からの続き)

◉ ＿＿＿アツシ＿＿＿ に対する行動支援計画

実行プラン

何をする必要があるのか？	誰がするのか？	いつまでにするのか？
母親などの養育者が別のことをしている時に、アツシが遊ぶ玩具が入った特別な箱を用意しておく。	母親	一週間以内
これからどんな活動が起こるのか、何をするべきなのかをアツシに話す（手助けが必要な時に言葉を使うことを思い出させる）。	母親	必要に応じて毎日
一人で遊ぶことをアツシに教える（玩具や本を使って、実際にやって見せる）。	母親	一週間以内

どのように計画をチェックするのか？

母親はアツシのすすり泣きがいつ、どこで、誰と一緒の時に起きたのかを振り返るために日記に記録し続ける。そして毎晩アツシが眠った後に父親と結果について振り返る。

| ◎ | ___カズキ___ に対する行動支援計画 |

誰が関わるのか？

　　父親，母親，妹，カズキの友達，
　　カズキと関わる大人（カズキの友達の親，カズキの空手のサトウ先生）

いつどこで行動支援計画を用いるのか？

　　午後や夜または週末のカズキが家にいる時や，スポーツのイベントに参加している時，近所にいる時。

ゴール

問題である子どもの言動は正確には何か：	その問題行動が起こる頻度や長さ：
怒鳴る：大声で話す からかう：友達に悪口を言ったり，脅かしたり，友達から物を取ったり，手の届かないところに持って行ったりする。 人を傷付ける：人や物を叩いたり蹴ったりする。物を投げる。首を絞める。	怒鳴ることやからかうことは，平均して一日に5〜6回は起こる。 攻撃行動は一日に2回前後は起こる。

子どもや家族にとっての広い視野からのゴール：

　　大人が見守っていないところでカズキが妹や友達と遊べるようになる。
　　カズキの妹や友達との関係が良くなる（例えば，他の子どもが家までカズキを訪ねようと思うようになるなど）。
　　カズキが空手の練習などのスポーツに参加し続ける。

サマリー仮説

問題行動が起こる時：	子どもがすること：	何を得るためか・何を避けるためか：
カズキが雑然とした状況で，年下の友達と10分以上やり取りする時。	怒鳴る，他の人と玩具や活動を共有しようとしない，人の悪口を言ったりからかったりする。 友達が自分を守ろうとすると，カズキは友達に対して叩く，蹴る，首を絞める，物を投げる。	カズキが楽しいと思うような反応を人から得る（例えば，泣く，逃げるなど）。

(次頁へ続く)

(前頁からの続き)

＿＿カズキ＿＿に対する行動支援計画

各介入方法（サマリー仮説に基づいて）

問題の予防： (問題を避けたり，困難な状況を改善したり，適切行動を促したりするために，何を変えるのか？)	問題行動の置き換え行動： (問題行動と置き換えるためにどのようなスキルを教えるのか？)	後続事象のマネジメント： (ポジティブな行動にご褒美を与え，問題行動にご褒美を与えないように，どんな反応をするのか？)
もっと注意して子どもと一緒にいるカズキをチェックして，カズキが友達を傷付ける前に介入する。 一緒に遊ぶためのルールを立てて，子どもや子どもを見守る大人みんなとそのルールを見直す。 問題を未然に防ぐために，子どもたちが遊び初めて10分経過したら中断させて活動を変えさせる。 年下の子どもに，抵抗するのではなくカズキから離れるよう促す。	子どもから感情的な反応を得るための適切な方法をカズキに教える（たとえば，冗談を言うなど）。 子どもとの適切な遊び方，自分の持ち物を一緒に使う方法，言葉で問題を解決する方法をカズキに教える（たとえば，「この方法でやってみる？」など）。 リラックスすること（たとえば，深呼吸に集中するなど）や，怒った時には問題になっている状況から離れるようカズキに教える。 妹と上記のスキルを用いることをカズキに教える(たとえば前もって，カズキと妹が遊びを止めた時にどのように意見の食い違いに対処方法をカズキに説明してもらうなど)。	カズキがからかい始めたり怒鳴り始めたりした時は，カズキから離れたり大人を呼びに行ったりするよう妹やカズキの友達を促す。 カズキたちが特に楽しめる活動をさせることによって，友達などと適切に一緒に遊ぶことに対してカズキ（妹にも）にご褒美をあげる。 カズキが友達を傷付けた時はタイムアウトを用いるようにするが，お尻叩きはしないようにする。 カズキの他の子どもとの遊びをチェックして，問題に適切に対応したことへご褒美をあげる（たとえば，褒め言葉，特別な遊びの時間など）。

子ども，周りの人，周囲の環境の安全を保障するための計画は必要ですか？　(はい)　いいえ
もし必要ならば，その計画の方法を記述してください：
　　カズキが人を傷付け始めた時はすぐに介入する（たとえば，首絞め，人や物を蹴る，叩く，妹や他の子どもに向かって物を投げるなど）。具体的には，カズキが落ち着くまで部屋にいるよう言葉で指示したり，身体的に誘導したりする。

子どもの生活を改善するために必要とされるその他の支援：
　　カズキや妹，カズキの友達が共通して興味を持つ活動を見つける。
　　カズキと妹や子どもたちとの関係の改善を試みるために，カズキ達に見つけた活動を行わせる（たとえば，私道にある正方形の袋小路を区切って，ローラーホッケーのゴールを作り，その通りの奥でホッケーのゲームをするなど）。

(次頁へ続く)

(前頁からの続き)

＿＿カズキ＿＿に対する行動支援計画

実行プラン

何をする必要があるのか？	誰がするのか？	いつまでにするのか？
一緒に遊ぶためのルールを立てる。	父親，母親，サトウ先生，カズキ，妹	この週末
一緒に遊ぶためのルールを見直す。	父親，母親，サトウ先生	毎回の遊び時間の前
喧嘩せずにカズキから離れることについて，子どもたちに話す。	父親，母親，サトウ先生，カズキの友達の親	次に子ども達が遊ぶ前
遊び始めて10分経過したらその遊びを中断させて，活動を変える。	父親，母親，サトウ先生，カズキの友達の親	遊びの時

どのように計画をチェックするのか？

大人が活動を観察して，それぞれの日でカズキが友達とどれくらい上手に遊べたのかを評価する（3＝大変素晴らしい，2＝良い，1＝あまりよくない）。この評価は毎週末にカズキと振り返る。

☀ ____ナオ____ に対する行動支援計画		
誰が関わるのか？		
父親，祖母など，ナオとやり取りする大人（レクリエーションプログラムのスーパーバイザーやスタッフ，ナオの通常学級の先生と特別支援教育担当の先生）		
いつどこで行動支援計画を用いるのか？		
家，レクリエーションセンター，学校の活動の時		
ゴール		
問題である子どもの言動は正確には何か：	その問題行動が起こる頻度や長さ：	
拒否する：特に会話，やり取り，運動，家事といった活動に参加しない。 特定の話題へ固執する：ナオの会話のほとんどは宇宙の話題に集中している。	普段は，学校における勉強ではない5つの活動のうちの一つ，レクリエーションセンターの5つの活動のうちの二つ，家で求められる活動の約半分にしか参加しない。一日に平均して二人の人とやり取りして，ほとんどいつも宇宙の話題について会話する。	
子どもや家族にとっての広い視野からのゴール：		
毎晩，ナオが父親や祖母と夕食を食べて，2，3の簡単な家事を行うようになる。 ナオが5日中4日はレクリエーションセンターの活動に参加して，地域の他の活動に関わるようになる。 ナオが毎日，宇宙以外の話題について会話するようになる。		
サマリー仮説		
問題行動が起こる時：	子どもがすること：	何を得るためか・何を避けるためか：
ナオが体を動かす活動に参加する時，家事を行う時，宇宙以外の話題で人と話すことを求められた時。	求められたことを無視して，宇宙について話したり，（無理強いすると）泣いたり大声で鼻歌を歌ったりする。	ナオの行動は特定の活動（たとえば，家事，なじみがない活動など）や人とのやり取り（たとえば，自分が面白くない話題について話すなど）に参加しないことの助けになっている。
ナオが好きな活動を止めなければならない時，多くのことが求められる状況，期待される行動が明確ではない時に，活動へ参加することにより抵抗する。		

(次頁へ続く)

(前頁からの続き)

ナオ に対する行動支援計画

各介入方法（サマリー仮説に基づいて）

問題の予防： (問題を避けたり，困難な状況を改善したり，適切行動を促したりするために，何を変えるのか？)	問題行動の置き換え行動： (問題行動と置き換えるためにどのようなスキルを教えるのか？)	後続事象のマネジメント： (ポジティブな行動にご褒美を与え，問題行動にご褒美を与えないように，どんな反応をするのか？)
家事や活動のスケジュールをナオと作る。これにより，毎日行う必要があることが分かる。 ナオに宇宙に関する本を読むことや，宇宙について話すことを止めるよう求める前に，はっきりした注意や会話のガイドを示す（たとえば，「別の話題について話そう」など）。 ナオが他の活動をしている時に，ナオの本や電子手帳を見えない所に置かせるようにする。 ナオが社会的な状況に参加する前に，その状況や求められていることをはっきりと説明する。参加できるようさまざまな方法で練習する。 ナオが不安そうな時には，友達からナオへ状況を説明してもらう。	日常のスケジュールを書き出してその通りにしてもらうこと，活動や会話の話題を記録すること，各状況で自分がどのように行動したかを評価するようナオを促す。 ナオがある状況で不安になり休憩が必要な時には，言葉で適切に要求や質問をすること（たとえば，「少し時間がほしい」，「大変だよ」など），期待される行動を明確にするようお願いすることをナオに教える。 友達と会話するためのソーシャルスキルをナオに教える（たとえば，会話の始め方や終わらせ方など）。	ナオが頼まれた家事や活動を終わらせた後や，適切にお願いした時は，ご褒美として一人で読書をする時間やパソコンを使う時間を持てるようにする。 ナオが宇宙とは違う話題で会話した後には，ナオの興味がある話題について会話できるようにする。 ナオが不適切な行動をした時には，やり取りを止めたり求めていることを取り下げたりしないようにする。 ナオに友達や大人とのやり取りについて記録させる（たとえば，誰と話したのか，何を言ったのかなど）。 ナオがすべての活動に参加して，決められた時間中に適切なやり取りをした時は，特別なお楽しみやご褒美（たとえば，図書館に行ったり，新しい本を買ったりするためのお金をあげるなど）を与える。

子ども，周りの人，周囲の環境の安全を保障するための計画は必要ですか？　　はい　(いいえ)
もし必要ならば，その計画の方法を記述してください：

子どもの生活を改善するために必要とされるその他の支援：
　ナオが家庭，学校，レクリエーションセンターで楽しめる活動（たとえば，読書，パソコンなど）をする時間を十分に持てるようにするために，ナオの日常のスケジュールを見直す。ナオと他の話題に興味を広げることに取り組む（おそらく最初は宇宙に関連した話題）。同じ話題に興味がある友達とやり取りできる科学のクラブを探す。

(次頁へ続く)

(前頁からの続き)

ナオ に対する行動支援計画

実行プラン

何をする必要があるのか？	誰がするのか？	いつまでにするのか？
家事や活動のスケジュールを作り、ナオが選択肢から行う家事や活動を選べるようにする。	ナオ，父親，祖母（他の大人からの情報を得て）	毎週日曜日
日常のスケジュールを記録するためにナオの携帯情報端末をセットアップして、そのスケジュールの使い方を教える。	ナオと父親	次の土曜日
会話の適切な話題のリストを作成して、ナオとそれらの話題について話す練習をする。	ナオ，父親，祖母，ナオの特別支援教育担当の教師	2週間以内
ナオが新しい本を買うためにお金を稼げるようにして、自分のお金を管理できるよう表を作る。	ナオと父親	1週間のすべてのゴールを満たした後
問題の予防や行動に対する適切な反応の方法を見直す。	全員	2週間ごと
社会的な状況や会話のスキルについてナオに説明する（たとえば、不安な時にどのようにやり取りを終わらせられるのかなど）。	父親，ナオ，教師	2週間以内に、毎日使っているリマインダーを用いて。

どのように計画をチェックするのか？

セルフモニタリングを用いる。PDAで、どんなやり取りしたのか、誰とやり取りしたのか、どんな話題の会話をしたのかを記録する。毎週日曜日に、ナオと父親は前の週を振り返り、次の週の活動スケジュールを書く。

☀ ____アヤ____ に対する行動支援計画

誰が関わるのか？

　　母親，父親，必要に応じてアヤのベビーシッター

いつどこで行動支援計画を用いるのか？

　　寝る時間に家の中

ゴール

問題である子どもの言動は正確には何か：	その問題行動が起こる頻度や長さ：
うろつく：真夜中に自分の寝室から出る。 周囲を乱す：すすりなき，母親や父親を大声で呼び，就寝時間に寝ない。	ほぼ毎晩少なくとも1時間

子どもや家族にとっての広い視野からのゴール：

　　アヤが一人で眠りにつき，夜中ずっと自分の寝室にいること。
　　就寝時間が家族全員にとって楽しく穏やかな時間となること。
　　家族が休み，リラックスして，概して一緒にいることを心地よく思うようになること。

サマリー仮説

問題行動が起こる時：	子どもがすること：	何を得るためか・何を避けるためか：
母親や父親がアヤを一人で眠るように寝室に寝かしつける時。	泣き叫び，すすり泣き，ベッドから出て，破壊的で周囲を乱す行動をするようになる。	母親や父親をアヤの部屋にずっといさせて，一人で眠ることを避けるために行っている。

　　アヤが寝かしつけられた後に他の家族が起きている時や，母親や父親が妹のエミと遊んでいる声が聞こえた時に，この行動は特に起こる可能性が高い。

(次頁へ続く)

(前頁からの続き)

＿＿＿＿＿アヤ＿＿＿＿＿に対する行動支援計画

各介入方法（サマリー仮説に基づいて）

問題の予防： (問題を避けたり，困難な状況を改善したり，適切行動を促したりするために，何を変えるのか？)	問題行動の置き換え行動： (問題行動と置き換えるためにどのようなスキルを教えるのか？)	後続事象のマネジメント： (ポジティブな行動にご褒美を与え，問題行動にご褒美を与えないように，どんな反応をするのか？)
寝る前の夕方の早い時間に，アヤとより充実した時間を過ごす。 入浴時間を変えて，寝る時間の直前にならないようにする。 アヤが寝つく時は家の中を静かにする。 アヤが寝つく時に心地よい音楽が聞けるようにする。 アヤが寝つく時に見られるようにベッドのそばに写真を置いて取れるようにする。 母親か父親のどちらかがアヤを寝かしつけている時に，もう一方がエミを見るよう，アヤの寝る時間を父親が家にいられる時間に遅らせる。 アヤが寝ている時に一緒にいられるように動物のぬいぐるみ（眠りのお友だち）を持っていてもよいことにする。 明確で一貫した夜の日課となる活動を立てる。	母親と父親が部屋を出た後に，アヤがベッドにいて，眠るまで静かにしているよう促す。 アヤが音楽を聴く，本を見る，ベッドのそばに置いた写真を見る，静かに歌う，頭の中でゲームをするなどによって，夜中に目が覚めた時に一人で落ち着いて心地よくいることを教える。	10分後にアヤの様子を見に来て抱き寄せてあげる（アヤが様子を見に戻ってくる必要が全くなくなるまで，この時間を徐々に延ばす）。 翌日，エミが昼寝をしている時に，母親との特別な活動をアヤに選ばせる。しかし，その活動はアヤが前の夜中ずっと寝室にいた時だけ行う。 アヤが前の夜にポジティブな行動をしていた時に，冷蔵庫にはってある表にシールをはれるようにする。 1週間を通してアヤが適切な行動をしていたら，母親や父親との特別な外出をアヤに選ばせる。 次のようにアヤの行動に反応する。最初にアヤが寝室を出た時は，楽しみを得るにはどうしなければならないのか注意して，必要最低限のやり取りと注目でベッドに戻らせる。2回目に寝室を出た時は，ベッドに戻らせて寝室のドアに鍵をかける（静かにベッドにいたら，ドアは夜中に開けることを思い出させる）。アヤが泣いたり叫んだりしたら無視する。アヤが危険なことをしたらすぐに止めて，寝室から壊れた物を取り除き，すぐに寝室で一人にさせる。

子ども，周りの人，周囲の環境の安全を保障するための計画は必要ですか？　（はい）　いいえ
もし必要ならば，その計画の方法を記述してください：

　　アヤの行動が危険になったら（物を投げる，ベッドの上で飛び跳ねる），落ち着きを保ったまま，アヤが投げているものを取りあげることによって止めて，必要最小限のやり取りと注目ですぐに部屋を出る。

子どもの生活を改善するために必要とされるその他の支援：

　　アヤだけが参加できる（エミは参加できない）活動である，地域のYMCAの「おかあさんとわたし」というクラスにアヤを参加させる。

(次頁へ続く)

(前頁からの続き)

◯ ＿＿＿アヤ＿＿＿ に対する行動支援計画

実行プラン

何をする必要があるのか？	誰がするのか？	いつまでにするのか？
CDプレイヤーを買い，図書館からリラクゼーションのテープと手引きを借りてくる。	父親	翌日の昼食の時間
アヤに新たな寝る時間の日課について話す。	母親と父親	翌日
新しい寝る時間の日課を練習して，リラクゼーション技法を使う。	母親，父親，アヤ	エミが昼寝をしている時。
表を作り，アヤが自分の行動を振り返られるようにする。その表は冷蔵庫にはる。	アヤと母親	翌日
アヤがベッドのそばに置く写真を選ぶ。	アヤと母親	2日以内
計画を見直して，進捗を確認するためのスケジュールを作る。	母親と父親	2日以内

どのように計画をチェックするのか？

　母親と父親は毎朝2，3分の時間で，昨晩にどんな行動が起きたのかについて話し合い，行動記録表を見直して，どれくらいうまく全員が計画を実行したのかを考える。
　1週間後にアヤの行動が改善を示したら，毎日ではなく週ごとに進捗について話し合うようにする。

(次頁へ続く)

＿＿＿ユキ＿＿＿ に対する行動支援計画

誰が関わるのか？

　母親，父親，弟，妹

いつどこで行動支援計画を用いるのか？

　主に家庭で一日中。ただし，結果のチェックは学校や地域でも必要な時に行う。

ゴール

問題である子どもの言動は正確には何か：	その問題行動が起こる頻度や長さ：
反抗的な行動：指示を無視して，ルールを破る。 失礼な行動：親に対する失礼な話し方，口論，皮肉。	どちらの行動も毎日少なくとも3回は起こり，週末はもっと増える。

子どもや家族にとっての広い視野からのゴール：

　ユキが家のルールに従い，母親や父親が課した制限を受け容れて，家事を手伝い，家族とポジティブなやり取りをすること。
　家庭環境がほとんどいつも平和で調和がとれていること。
　ユキがポジティブな学校や地域の活動に参加するようになること。
　ユキがもっと多くの自由や自立を得ること。

サマリー仮説

問題行動が起こる時：	子どもがすること：	何を得るためか・何を避けるためか：
母親か父親が，ユキに好きではないことをするよう求めたり，ユキがしたことについてユキに質問したりする時。	両親を無視したり，両親に失礼なことを言ったりする（または叫ぶ）。	ユキが楽しくない活動ややり取りを避けるため。 また，周囲の状況をコントロールするため。

　母親と父親は自分たちの行動に対する期待の一貫性のなさや監督不足により，ユキの行動のパターンが悪化したのかもしれないと認識している。

(次頁へ続く)

＿＿＿ユキ＿＿＿に対する行動支援計画

各介入方法（サマリー仮説に基づいて）

問題の予防：	問題行動の置き換え行動：	後続事象のマネジメント：
（問題を避けたり，困難な状況を改善したり，適切行動を促したりするために，何を変えるのか？）	（問題行動と置き換えるためにどのようなスキルを教えるのか？）	（ポジティブな行動にご褒美を与え，問題行動にご褒美を与えないように，どんな反応をするのか？）
ユキに現在，期待されている責任を見直して，家の中や地域で期待される行動をはっきり示したリストを作る。 　ユキが行える活動を，特別なご褒美としてできる活動と，権利として当然できる活動にはっきり分ける。 　家族全員が満たさなければならない家族の将来像や期待される行動を考え出すために，家族で会議する。将来像と期待される行動を書き出して，みんなが見る場所にはり出す。 　家族が自分のすることやいる場所を伝えるためにホワイトボードを用意する（どこに行っているのか，何をしているのか，誰といるのか，いつ帰る予定なのか）。	期待される行動を満たすことと，より大きな自由と機会を関連付けることによって，自立には責任が求められることをユキに教える。 　気になることを話す時には落ち着くことをユキに教える（たとえば，話すのに適した時間をきちんと決めて，気になることを親に話す時は穏やかな声で話すなど）。 　ユキに望ましいやり取りのモデルを示す（たとえば，落ち着いた，穏やかな声で話すなど）。	ユキが期待を満たした週は毎週，作成したリストから特別な活動ができるようにする。 　以下の場合にのみユキが特権を得ることができるようにする。使った後をきれいにする，家族に行儀よく話す，門限を守る，少なくとも週3日は家族との夕食に参加する，自分の家事を終わらせる，ホワイトボードに居場所を記録する。

子ども，周りの人，周囲の環境の安全を保障するための計画は必要ですか？　　はい　（いいえ）
もし必要ならば，その計画の方法を記述してください：

子どもの生活を改善するために必要とされるその他の支援：

　ユキにより大きな自主性や責任を提供するために，地域の演劇での配役のオーディションを受ける，バイトを見つける等の，建設的な放課後活動を見つけるために，ユキにできることを探す。

(前頁からの続き)

＿＿＿ユキ＿＿＿ に対する行動支援計画

実行プラン

何をする必要があるのか？	誰がするのか？	いつまでにするのか？
ユキへの期待される行動，特別なご褒美，不適切な行動に対する後続事象を具体的な文章に書き出す。	母親，父親，ユキ	今週末
ユキが特別な活動に行く時に送り迎えするために土曜に時間を作る。	母親	すぐに行う
家族の話し合いを設定する。	家族全員	週末
ユキの自立のための機会を増やすために，ユキと話し合う。	母親，父親，ユキ	ユキの行動が2，3週間改善した後。

どのように計画をチェックするのか？

母親と父親は計画がどのように作用しているのかについて話し合う。また，ユキが人とのやり取り，期待される行動を満たすこと，どこにいるのかを伝えること，気になることを適切に話すことをどのように行ったのかを検討するために，ユキの教師や友達と定期的に話す。

毎週，両親はユキにその週にどのように行動したのかを尋ねる。そして，期待される行動を満たしたかどうかに基づいて，自由や自立の機会を広げる。また，ユキに期待される行動に対する母親と父親自身の一貫性や，計画をどのように用いているのかについて振り返る。

家族会議において，家族全体の雰囲気について話し合い，何らかのポジティブな変化を確認する。

____ケイタ____ に対する行動支援計画

誰が関わるのか？

母親，カープールの親とその子ども，ケイタの教師であるムラタ先生とタカダ先生。

いつどこで行動支援計画を用いるのか？

家庭，学校，カープールを利用している時，特に朝の移動の間。

ゴール

問題である子どもの言動は正確には何か：	その問題行動が起こる頻度や長さ：
もたもたすること：ベッドから出ず時間通りに学校の準備をしない。 無視：学校の準備という特定の指示に反応しない。 駄々をこねること：朝に愚痴を言い，母親に愛情をせがむ。	週に2, 3回は遅れるためカープールに間に合わない。すすり泣きと無視は毎日している。

子どもや家族にとっての広い視野からのゴール：

ケイタが自立し，朝に一人で学校の準備をすることに責任を持つこと。

ケイタと母親が学校や仕事などの日々の約束に間に合い，特に朝の二人の関係がより平和になり衝突が減ること。

母親が友達との時間を過ごすために夕方家を出るなど，自分自身が個人的に必要なことにもっと時間を費やすこと。

サマリー仮説

問題行動が起こる時：	子どもがすること：	何を得るためか・何を避けるためか：
母親が学校の準備をするようにケイタに指示する時。	無視する，ベッドから出ない，すすり泣く。	母親からのより多くの注目を得て，登校しなければならないことを先延ばしにする。

その日の準備をしている時のケイタの行動は，学校における社会性や学業に関する困難と関連しているようである。

(次頁へ続く)

(前頁からの続き)

_____ケイタ_____ に対する行動支援計画

各介入方法（サマリー仮説に基づいて）

問題の予防：	問題行動の置き換え行動：	後続事象のマネジメント：
（問題を避けたり，困難な状況を改善したり，適切行動を促したりするために，何を変えるのか？）	（問題行動と置き換えるためにどのようなスキルを教えるのか？）	（ポジティブな行動にご褒美を与え，問題行動にご褒美を与えないように，どんな反応をするのか？）
学校の準備をしている以外の時に，ケイタと一対一で過ごす時間を調整する。 時間を確保するために，ケイタを朝ではなく夜にシャワーを浴びさせる。 明確な朝の日課となる活動と朝に期待される行動を立てる。 ケイタがよりポジティブな行動をしたら得ることができるご褒美を思い出させる。	ケイタに必要最低限の指示で起きて学校の準備をすることを教える。 ケイタが適切に母親に手伝いをお願いして，母親との時間を計画するよう促す（たとえば，「今は急がないといけないのはわかっているけど，あとで夜一緒に映画を観ない？」など）。 ケイタに課題に取り掛かる，自分の責任を果たすため，他の子どもとやり取りするためのスキルを伸ばす。	ケイタが独りで準備した時は褒める。 ケイタが自分の責任を無視している時は注目を制限する。 ケイタが時間通りに学校の準備をしたら，温かい朝食を用意して，10分間ケイタと一緒に何かする。 ケイタが準備をして学校に間に合うのが1週間ずっと続いたら，週末に母親と行える活動を選ばせる。 また，次の週に特別な楽しみとして学校まで車で連れて行く。 ケイタが時間通りにカープールに到着したら，温かく挨拶するようカープールの子どもや親にお願いする。 ケイタが所定の期間，授業に間に合い，学校の課題をすべて終わらせたら，宿題を一つ免除する許可証を与えることをムラタ先生にお願いする。

子ども，周りの人，周囲の環境の安全を保障するための計画は必要ですか？　　はい　　(いいえ)
もし必要ならば，その計画の方法を記述してください：

子どもの生活を改善するために必要とされるその他の支援：

　　ケイタと母親は自分たちの生活における友達関係を増やす努力をするために，毎月少なくとも2回は人との社会的な活動に参加する。それ以外に，特別支援学級の授業に頼るのではなく通常学級の国語の授業で支援を受けられるかどうか判断すること，同級生との友達関係を見つけるよう促すゴールや計画を立てること（たとえば，カープールの子どもと遊ぶ約束をするなど），学校の課題をもっと早く終わらせるよう援助することなどをする。

(前頁からの続き)

＿＿＿ケイタ＿＿＿に対する行動支援計画

実行プラン

何をする必要があるのか？	誰がするのか？	いつまでにするのか？
ケイタに計画について話し，一緒に行える活動について必ず話し合うようにする。	母親とケイタ	土曜日までに
ケイタの学業面のニーズと，ケイタが友達を作れる方法について，ムラタ先生とタカダ先生と話す。	母親，ムラタ先生，タカダ先生	月曜日までに
新たな計画についてカープールの親と話し，ケイタを乗せている時にケイタが遊ぶレゴの小さな箱をそれぞれの親に渡す。	母親とカープールの親	日曜日までに
ムラタ先生やタカダ先生の援助のもとに作成した支援計画を，ケイタの日曜学校の教師と共有する。	母親	教会の後の日曜日
ケイタに朝の期待される行動を思い出させる。	母親	寝る前とケイタが起きた時にもう一度

どのように計画をチェックするのか？

母親はその日の朝がどうであったのかを職場のカレンダーに記録して，ケイタが友達と遊ぶ日に印をつける。ケイタの進歩について学校と毎週話し，時々ケイタを観察してカープールの親とチェックする。また，毎週ケイタと母親は家庭や学校の日々の出来事や状況について話し合う。

付録 C
困難な家族の日課における問題解決の例

食事の時間

挨拶

一人で遊ぶこと

問題を解決する状況と日課：食事の時間

家族のゴールは何か？（たとえば，この困難な時間において望まれる変化，気になる行動など）
　　家族が穏やかに食事をするために，家族全員が席に座って，自分の食事を食べ，楽しく会話すること。

この日課においてどのようなパターンが，自分たちの家族としての行動の一因となっている可能性があるのか？
最もうまくいっている時と結びついた状況と，最も大変な時と結びついた状況はそれぞれどのようであるか？
　　最も良い時：子どもたちが空腹で，全員が自分に期待される行動を理解していて，好きな食事が出された時。
　　最も悪い時：子どもが満腹の時，疲れている時，体調が悪い時，嫌いな食事が出された時。両親が自分たちの会話に集中している時。

パターンを続けさせている結果：
　　両親は家族全員が食べ終わったかどうかにかかわらず，家族全員が好きな物を食べても良いことにしている（たとえば，お菓子，デザートなど）。
　　子どもたちは食卓で問題行動をすることで，両親からの注目を得る。

問題である日課を取り巻くパターンについての理解をふまえると，どんな支援計画を実行するのか？
問題を予防するためには？
　　食卓へ来る前にお風呂に入り，夕食を妨げるかもしれない他の用事を済ますように子どもたちを促す。
　　子どもたちが席に着く時に，食事の時間に期待される行動を思い出させる。
　　子どもたちが食べると思われる食事を準備する。新しい食事やなじみがない食事であれば，別の食事の選択肢を示す。
　　子どもたちに食事を程よい量で分け与える（たとえば，小皿を使うなど）。
　　食事と食事の間に子どもたちがお菓子を食べる時間を制限する（たとえば，朝食前，午前10時30分以降，午後4時半以降などに食べ物をあげないなど）。その他の時間に食べるお菓子の量を制限する。

問題行動の置き換え行動は？
　　食事の時間中は座り続けるよう子どもたちに再確認する。
　　どんな食事が出されたのかについて文句を言うことなく食事をすることや，場合によっては他の食事を要求することを子どもたちに促す。
　　日常の出来事に関する家族の会話に参加する。

後続事象のマネジメントは？
　　食後に台所が片付けられるまでに，子どもたちが座り続けて出された料理をすべて食べたら，デザートが食べられる。
　　子どもたちがポジティブな行動を行ったことに対してこまめに褒める。そして，適切に食事をして座っていることに対してフィードバックを示す。
　　子どもたちが適切に行動している時だけ子どもたちと会話する。
　　子どもたちが食事で遊んだ時，正しく食器を使わなかった時，周囲を乱す状態になった時（たとえば口論など）は，一度は注意して，その次からは食卓から離れさせる。子どもたちが食卓から離れたら，デザートが食べられず，他の家族全員が食卓を離れた後に食事を食べ終えなければならない。

問題を解決する状況と日課：挨拶

家族のゴールは何か？（たとえば，この困難な時間において望まれる変化，気になる行動など）

　　家族全員が人にあたたかく挨拶し，会話の最中に適切に受け答え，適切なマナーで振る舞うこと（たとえば，「どうぞ」や「ありがとう」を言うなど）。

この日課においてどのようなパターンが，自分たちの家族としての行動の一因となっている可能性があるのか？ 最もうまくいっている時と結びついた状況と，最も大変な時と結びついた状況はそれぞれどのようであるか？

　最も良い時：子どもたちが自分に期待される行動や日課を理解している時。子どもたちが親しい人とやり取りしている時。

　最も悪い時：子どもたちが知らない人と関わっている時。両親が適切な挨拶のモデルを示せていない時。

　パターンを続けさせている結果：

　　子どもたちが人とやり取りしなければならないことや質問に答えることを避ける。

問題である日課を取り巻くパターンについての理解をふまえると，どんな支援計画を実行するのか？

問題を予防するためには？

　　いつも友達や家族に対するポジティブな挨拶のモデルを示す（たとえば，近所の人がお喋りに立ち寄った時，子どもたちが朝起きた時，公共の場所に外出した時，親戚が来た時など）。

　　誰がそこに来るかもしれないのか，自分に期待される行動が何かについて話し合うことで人とかかわる状況の準備をする（必要であればロールプレイする）。

　　挨拶する時に注意をそらすものを最小限にする（たとえば，テレビ，ラジオ，テレビゲームを必ず消すなど）。

　　見知らぬ人に挨拶してもいいのは，両親がいる時だけであることをはっきりさせておく。

問題行動の置き換え行動は？

　　「こんにちは」と挨拶することや，適切な時には握手をすることで挨拶に応える。

　　何かお願いする時は「すみませんが」と言い，何かをもらう時は「ありがとう」を言う。

　　はっきりと質問に答える。答えられない時は「わかりません」と言う。

　　人と話している時は目を合わせる。

後続事象のマネジメントは？

　　子どもたちの挨拶，受け答え，マナーが良い振る舞いに対して，そっと褒める。

　　子どもたちが人と受け答えすることに気が進まないような時や遅いような時は，子どもの代わりに受け答えせず，子どもにやり取りを避けさせない。たとえ行動が遅くても，質問に答えることやマナーよく振る舞うことを子どもに求める。

問題を解決する状況と日課：一人で遊ぶこと

家族のゴールは何か？（たとえば，この困難な時間において望まれる変化，気になる行動など）

　　子どもたちが，問題行動（口論，家のルールを破るなど）をせずに，適当な時間（たとえば，45分など）を一人で遊んだり，他の子どもと遊んだりすること。

この日課においてどのようなパターンが，自分たちの家族としての行動の一因となっている可能性があるのか？最もうまくいっている時と結びついた状況と，最も大変な時と結びついた状況はそれぞれどのようであるか？

　最も良い時：子どもたちが特定の友達と一緒にいる時，楽しいと思う活動をしている時，遊びに明確なルールがある時。

　最も悪い時：問題行動を示す友達と遊んでいる時，遊びの時間が雑然としている時。

　パターンを続けさせている結果：

　　子どもたちは言い争うことで，大人からの注目を得たり，物や活動を手に入れたりしている。

問題である日課を取り巻くパターンについての理解をふまえると，どんな支援計画を実行するのか？

問題を予防するためには？

　　子どもたちに両親と一緒に遊べない時がいつであるのかと，その時間の長さを知らせる。

　　両親が他のことをしている時に子どもたちができる活動を提案する。

　　喧嘩についてのルールや，衝突した時に問題を解決する段取りを子どもたちに再確認する。

　　その遊びの時間がおやつの時間に近ければ，おやつを並べたり，子どもたちにどんなおやつを食べられるのかを知らせたりする。

　　遊びに関する制限のルールを説明する（たとえば，テレビは見ない，家の中にいる，台所は立入禁止など）。

　　子どもたちが大人の手を借りるべき時の条件を示す（たとえば，一人の子どもが別の子どもにある行動を止めるよう求めてもその子どもが続けた場合，ある子どもが言葉でけんかを解決できなかった場合，ある子どもが怪我した場合など）。

　　定期的に子どもの様子を見る（たとえば，15～20分ごと，新しい友達や親しくない友達と一緒の時はもっと頻繁になど）。

　　遊びを適当な時間内に制限する（たとえば，2時間など）

問題行動の置き換え行動は？

　　玩具やゲームを使って一人または二人で遊ぶ。

　　攻撃的にならずに落ち着いて公平にけんかを解決する。

　　家のルールや，両親などの大人が設けた制限に従う。

　　必要な時には大人からの手助けを得る。たとえば，ある特定の遊びをしてもいいのかどうかはっきりしない時，新しい遊びのアイディアが必要な時，けんかを解決するために助けが必要な時，誰かが怪我した時，遊びが心地よくない時など。

後続事象のマネジメントは？

　　子どもたちの様子を見る時に，遊びの創造性や自立性をほめて促す。子どもたちが歓迎してくれるようであれば，短い時間子どもたちと遊ぶ。

　　子どもたちが一人で遊んだ後に，子どもたちと密度の濃い時間を過ごす。

　　遊びの時間の後に子どもたちと話す。それにより，どのようにその時間を過ごして，何らかの気になることをどのように対処したのかについて話し合うことができる。

　　子どもたちが喧嘩したりルールを破ったりしたら，引き離す。

監訳者あとがき

　本書は「Parenting with Positive Behavior Support：A Practical Guide To Resolving Your Child's Difficult Behavior」(直訳は，「PBSを活用した子育て―あなたの子どもの困難な行動を解決するための実践ガイド」)の全訳です。ポジティブな行動支援（PBS）という考え方も日本で徐々に広まりつつありますが，どちらかといえば学校現場で活用されるPBSという文脈が多い印象を受けます。

　この本は，特に子育て真っ最中の保護者の方が，自分の子どもの問題行動ばかりに目が向いてしまって，行き詰っているような状態のときに，どうやればその状態を脱出できるのか，具体的には，もっと「子どものできる行動に着目」し，それを活用しながら問題的な状態を解決する具体的な原理と方法についてわかりやすく解説することを狙いとしています。日本では初めての親御さん向けのPBSの本です。内容を一読していただければすぐにおわかりいただけるように，この本は障害のある，なしに関わらず，子育てで悩む親御さんならば，どなたにも役立つ内容が満載です。特に基本的な行動の機能の見方をわかりやすく解説してくれていますので，「なぜ，うちの子は私の言うことをきかないのだろう？」と思われる親御さんは，第2部第5章から読まれると目からウロコではないかと思います。

　この素晴らしい本の訳者のお二人は新進気鋭の研究者でいらっしゃいます。大久保賢一氏と神山努氏は，お二人共，研究の興味関心はPBSであり，特に神山氏はPBSによる家庭支援が研究テーマです。私と大久保氏，神山氏とは，二人がまだ学生時代であった頃から一緒に応用行動分析学の文献講読をしたり，実践報告を共有してきた10年来の仲間です。そのお二人がまさに研究者として，実践家として，日々関わっていらっしゃる親御さんにすぐに読んでいただきたいという動機づけで本書を訳出することが決まりました。

　また，すべての訳については，所沢市教育委員会の脇貴典氏に日本語らしさのチェックをしていただきました。金剛出版の中村奈々氏には出版までのさまざまな調整を本当に快く執り行っていただきました。この場を借りて心よりお礼申し上げます。

　この本をきっかけに，日本で子育てに悩んでイライラしたり，落ち込んだりされる父親，母親が一人でも多く，子どもの「できる行動」を素早く見つけ，問題行動というものが実は環境との相互作用の中で生み出されているのだという行動の基本原理に立ち返って分析でき，原理に基づく科学的な解決方法を見出して，毎日が楽しく豊かな時間で満たされるようになりますことを祈念しています。

2014年6月10日
紫陽花の季節に
三田地　真実

[監訳者略歴]
三田地　真実（みたち まみ）　教育学博士（Ph. D.），言語聴覚士。
2002 年，米国オレゴン大学教育学部博士課程修了。
2011 年より，星槎大学共生科学部，2013 年より同大学大学院教育学研究科教授。

[訳者略歴]
神山　努（かみやま つとむ）　教育学修士，臨床発達心理士。
（序文，第 1 部，第 3 部，第 4 部，著者紹介，附録担当）
1983 年，栃木県生まれ。
2008 年，筑波大学大学院教育研究科修士課程修了。
2012 年より，独立行政法人国立特別支援教育総合研究所企画部調査・国際担当研究員。

大久保　賢一（おおくぼ けんいち）　博士（心身障害学）。（第 2 部担当）
1978 年，大阪府生まれ。
2010 年，筑波大学大学院人間総合科学研究科博士課程修了。
2008 年から 2014 年まで北海道教育大学教育学部准教授。
2014 年より，畿央大学教育学部現代教育学科准教授。

子育ての問題をPBSで解決しよう！
──ポジティブな行動支援で親も子どももハッピーライフ──

2014 年 8 月 20 日印刷
2014 年 8 月 30 日発行

原著者　ミミ・ハイネマン
　　　　カレン・チャイルズ
　　　　ジェーン・セルゲイ

監訳者　三田地真実

発行人　立石正信
発行所　株式会社 金剛出版
　　　　〒112-0005　東京都文京区水道 1-5-16
　　　　電話 03-3815-6661　振替 00120-6-34848

本文レイアウト　志賀圭一
装丁　本間公俊・北村仁
印刷製本　音羽印刷

ISBN978-4-7724-1354-1　C3011　　　　Printed in Japan ⓒ 2014

● http://kongoshuppan.co.jp/ ●

いじめサインの見抜き方

加納寛子著

いじめは常に起きており，多様化しながら子どもたちを取り込んでいる。無視，からかいから暴力行為にまで及び，果ては子どもの心や命を危機にさらすこともしばしばだ。SNSは新たな"いじめツール"となり，いじめそのものもエンターテインメント化している。これら現代的いじめの特徴を踏まえ，深刻な事態に陥らないよう解決を図っていくためには，早期発見と早期対処しかないと著者は言う。こうした問題意識から，子どもたちから発せられるさまざまなサインをキャッチし，早期解決のための手立てをまとめた。読者はいじめの見とりと手立ての鍵を手に入れていくことになるだろう。

定価（本体 2,400 円 + 税）

はじめはみんな話せない

行動分析学と障がい児の言語指導

谷　晋二著

「子どもと話したい」，この親の願いを現実に変えることを目指して，行動分析学の言語指導は精錬され実践されてきた。本書では，行動分析学の祖スキナーからロヴァースそしてモーリスへと受け継がれてきた行動分析学セオリーのわかりやすい解説を提供しながら，話せなかった子どもたちに言葉を与えるための様々なアイディアとスキルを紹介していく。子どもと家族に寄り添い共に歩みつづけた障害児言語指導の第一人者による，話せない子どもと家族の希望のための言語指導実践ノート。

定価（本体 2,800 円 + 税）

詳解
子どもと思春期の精神医学

中根　晃・牛島定信・村瀬嘉代子編

子どもと思春期の精神医学の領域では，器質的・生物学的な疾患だけではなく，非行や児童虐待，自殺などといった環境や社会的病理の強いもの，あるいは不適応や不安などの心理的葛藤の面が際立つものなど，さまざまな要因を多面的な角度から検討する必要が求められている。本書は，そうしたニーズに応え，脳科学や遺伝学，疫学などの知見と，各領域で活動する第一線の臨床家らの実践経験を融合したハンドブックである。病いや困難を得てしまった子どもとかかわるすべてのプロフェッショナルに役立つ一冊となるであろう。

定価（本体 20,000 円 + 税）

Ψ金剛出版　〒112-0005　東京都文京区水道1-5-16　URL http://kongoshuppan.co.jp/
　　　　　　Tel. 03-3815-6661　Fax. 03-3818-6848　e-mail　kongo@kongoshuppan.co.jp

● http://kongoshuppan.co.jp/ ●

子育て支援と世代間伝達
母子相互作用と心のケア
渡辺久子著

"子育て"とは"子どもが親を育てること"ともいえる。子どもと日々誠実にむきあうことにより，予想外の思わぬ自分に出会いながら，人はより内省的に己を見つめ成長させられていく。わが国の乳幼児精神保健の旗手ともいえる著者は，フライバーグ，スターン，クラメールら先達の知見と自身の長年の臨床経験から，親世代の苦悩が子やその孫へ無意識のうちに持ち込まれてしまうという情緒の世代間伝達の概念を示し，その連関を絶ち切る必要性を述べてきた。前著『母子臨床と世代間伝達』に続く，著者2冊目の論文集！

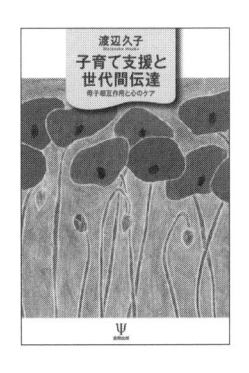

定価（本体3,200円＋税）

子どもから大人への発達精神医学
自閉症スペクトラム・ADHD・知的障害の基礎と実践
本田秀夫著

21世紀初頭の精神医学における最大のトピックスの一つである発達障害は，人口の少なくとも十数％はいると考えられ，医療，教育，福祉など，さまざまな分野に強いインパクトを与えている。本書では，乳幼児期から成人期までを縦断的に捉えた「発達精神医学」の視点から，DSM-5での変更点も含めて発達障害の基本的知識と実践の考え方が示されている。発達障害に関わるすべての臨床現場に必携の一冊。

定価（本体3,200円＋税）

発達障害とキャリア支援
田中康雄監修／藤森和美，辻　惠介編

武蔵野大学社会連携センターが3年度にわたり主催・実施したシンポジウムから，発達障害のある人のもつ特性と彼らを取り巻く社会の現状を解説する「理解編」と，特別支援教育からの移行支援・ジョブマッチングを重視した就労支援などの取り組みを探る「実践編」の2部を編み上げ，発達障害のある人の自立を目指し就労を視野に入れたキャリア形成を広く支援することを目指した。自立に向け就労を目指す際に利用できる制度・社会資源，職業リハビリテーションの観点から行う就労支援，高等専門学校における就労支援の事例，NPOによるピア・サポートを取り入れた雇用の取り組み，ジョブマッチングを重視した就労支援などを紹介した一冊。

定価（本体3,200円＋税）

Ψ金剛出版　〒112-0005　東京都文京区水道1-5-16　URL http://kongoshuppan.co.jp/
Tel. 03-3815-6661　Fax. 03-3818-6848　e-mail kongo@kongoshuppan.co.jp

● http://kongoshuppan.co.jp/ ●

学校コミュニティへの緊急支援の手引き

福岡県臨床心理士会編
窪田由紀・向笠章子・林　幹男・浦田英範著

　本書は，学校への緊急支援活動を幅広く展開する福岡県臨床心理士会によって制作された，実用的かつ実践的な手引き書である。ここで詳述される〈福岡モデル〉は，コミュニティ外からチームを派遣し学校そのものをサポートする現実的で有効な緊急支援方法となっている。また本書は，学校だけでなくさまざまなコミュニティの緊急支援にも応用できるものである。ネットワーク型の心理援助が必要とされている今，本書はあらゆる臨床家にとって必須の１冊である。

定価（本体 3,800 円＋税）

子どもと若者のための認知行動療法ワークブック

上手に考え，気分はスッキリ
ポール・スタラード著／下山晴彦監訳

　認知行動療法を子どもや若者に適用するために，発達段階に合わせて，彼らが理解しやすく，楽しんで課題に取り組めるように工夫をした。まず，認知行動療法の基本的な考え方を，日常の具体例や噛み砕いた喩えを多用して非常にわかりやすく説明。続くワークシートでは，実際に子どもや若者がそこに絵や文字を書き込むことで，自分の気持ち，認知，行動をつかみ，その関連性を理解し，感情や行動をコントロールする練習ができるようになっている。個人面接だけでなく，教室などのグループを対象とした心理教育や予防活動などにも幅広く応用できる実用的な一冊である。

定価（本体 2,600 円＋税）

子どもと若者のための認知行動療法ガイドブック

上手に考え，気分はスッキリ
ポール・スタラード著／下山晴彦訳

　科学的な信頼性と適用範囲の広さでニーズの高い心理援助アプローチである認知行動療法（CBT）を，幼少期から思春期・青年期にかけての子どもにどう適用し，いかに回復に導くかについて書かれた実践的なガイドブック。不安障害，恐怖症，抑うつ，強迫性障害，PTSD など子どもに多く見られる疾患や問題を対象に，従来の認知行動療法的技法に加え，イメージやリラクゼーション，お話作りなどの技法を合わせ，子ども向きのCBTをパッケージング。また，子どもの特性，背景にある理論，実際の臨床場面で使用できる付属のワークシート，「親訓練プログラム」の詳しい解説などを加え，より包括的な援助ができるようになっている。個人面接だけでなく，教室などのグループを対象とした心理教育や予防活動などにも幅広く応用できる実用的な一冊である。

定価（本体 2,600 円＋税）

Ψ 金剛出版　〒112-0005　東京都文京区水道1-5-16　URL http://kongoshuppan.co.jp/
Tel. 03-3815-6661　Fax. 03-3818-6848　e-mail　kongo@kongoshuppan.co.jp